BIBLIOTHÉRAPIE

Lire, c'est guérir

Du même auteur

«Introduction à la littérature talmudique et midrachique»
in Aggadoth du Talmud de Babylone
Verdier, 1981

Pirqé de Rabbi Eliézer
traduction, présentation et annotations
(avec Eric Smilévitch)
Verdier, 1983

«Le monde du Talmud»
in Les Religions de la Bible,
t. III : Les Juifs d'Orient et d'Occident
Dargaud, 1986

Le Livre brûlé. Lire le Talmud
Lieu commun, 1986
et Éd. du Seuil, coll. «Points Sagesses», nouvelle éd., 1993

Lire aux éclats. Éloge de la caresse
Lieu commun, 1989,
Quai Voltaire, 3e éd. augmentée, 1992
et Éd. du Seuil, coll. «Points Sagesses», nouvelle éd., 1994

Ouvertures hassidiques
Jacques Grancher, 1990

Concerto pour quatre consonnes sans voyelles.
Au-delà du principe d'identité
prix Émil-Domberger 1991; prix Actu-J d'or 1991
Balland, 1991

Méditations érotiques.
Essai sur Emmanuel Lévinas
Balland, 1992

Tsimtsoum. Introduction à la méditation hébraïque
Albin Michel, 1992

Le Grand Livre des prénoms bibliques et hébraïques
en collaboration avec Dory Rotnemer
Albin Michel, 1993

MARC-ALAIN OUAKNIN

BIBLIOTHÉRAPIE

Lire, c'est guérir

ÉDITIONS DU SEUIL
*27, rue Jacob, Paris VIe*

Ce livre est publié sous la responsabilité de Jean-Louis Schlegel dans la collection «La couleur des idées», dirigée par Jean-Pierre Dupuy, Jean-Luc Giribone et Olivier Mongin.

ISBN 2-02-020109-7

En hommage, en témoignage de reconnaissance,
à la mémoire
de Rav Hayyim Chajkin Zal (1906-1993),
immense figure de ce siècle,
incomparable talmudiste,
qui a éclairé et éclairera plusieurs générations
en leur transmettant l'enthousiasme de l'étude
et la passion de la lecture...

Pourtant, il y a autre chose : au moment où s'achève ce livre, je m'aperçois qu'il a suivi, comme cela, par hasard, à mon insu, le déroulement du cérémonial de guérison magique : Tahu Sa, Beka, Kakwahaï. *Ces trois étapes qui arrachent l'homme indien à la maladie et à la mort seraient-elles celles-là mêmes qui jalonnent le sentier de toute création : Initiation, Chant, Exorcisme ? Un jour, on saura peut-être qu'il n'y avait pas d'art, mais seulement de la médecine.*

Jean-Marie Gustave Le Clézio, *Haï.*

INTRODUCTION

La bibliothérapie ?

> Il y a de bons livres, des livres quelconques et de mauvais livres. Parmi les bons, il y en a d'honnêtes, d'inspirants, d'émouvants, de prophétiques, d'édifiants. Mais dans mon langage il y en a d'une autre catégorie, celle des *livres-ha !*
> Les *livres-ha !* sont ceux qui déterminent, dans la conscience du lecteur, un changement profond. Ils dilatent sa sensibilité d'une manière telle qu'il se met à regarder les objets les plus familiers comme s'il les observait pour la première fois.
> Les *livres-ha !* galvanisent. Ils atteignent le centre nerveux de l'être, et le lecteur en reçoit un choc presque physique. Un frisson d'excitation le parcourt de la tête aux pieds.
>
> Vernon Proxton[1].

La bibliothérapie ?

Ne cherchez pas ce mot dans un dictionnaire de langue française, vous ne l'y trouverez pas. Pas encore...

Le mot « bibliothérapie » se compose de deux termes d'origine grecque, βιβλιο et θεραπεία, « livre » et « thérapie ». Ainsi la « bibliothérapie » est la « thérapie par les livres ».

1. V. Proxton, avant-propos à Fynn, *Anna et Mister God*, Éd. du Seuil, 1976, p. 7.

Cette définition, qui semble simple, implique un ensemble de questions complexes, telles que : qu'est-ce qu'un livre? Qu'est-ce que la lecture? Qu'est-ce qu'une maladie et quel sens donner au mot «thérapie»? Est-ce seulement la «guérison»?

Dans le monde anglo-saxon, sans être très ancien, le mot «bibliothérapie» n'est pas une nouveauté puisqu'on le rencontre dans le *Webster International*[2] avec la définition suivante : *« The use of selected reading materials as therapeutic adjuvants in medicine and psychiatry. Also : guidance in the solution of personal problems through directed reading. »* («La bibliothérapie est l'utilisation d'un ensemble de lectures sélectionnées en tant qu'outils thérapeutiques en médecine et en psychiatrie. Et moyen pour résoudre des problèmes personnels par l'intermédiaire d'une lecture dirigée.»)

Si les termes de cette définition sont justes, il semble cependant que nous ayons à faire à une définition restreinte, due, en partie, à un ensemble de préconceptions sur la médecine et sur le sens du mot «thérapie». Notre recherche va consister à préciser et à ouvrir cette définition à partir d'horizons linguistiques et culturels différents et variés.

Dialogue entre *Les Mille et Une Nuits* et Héraclite, entre *Don Quichotte* et la Cabale, entre les contes de Grimm et ceux de Rabbi Nahman de Braslav, entre Kafka et le Talmud, entre Proust et Aristote, Joyce et Ricœur, Lévinas et le Baal Chem Tov, Freud et Philon d'Alexandrie...

* *
*

En français comme en anglais, le mot «thérapie» a essentiellement un sens curatif. Le remède et le médecin viennent après

2. Éd. de 1961.

coup pour «réparer» une «cassure» du corps, de l'esprit ou de l'âme.

Le grec, à la suite de l'hébreu, donne au mot «thérapie» le sens d'une attitude préventive et prospective. La תְּרוּפָה *(téroupha)* hébraïque et la θεραπεία grecque signifient beaucoup plus qu'une guérison.

Dans le texte biblique, Dieu se présente lui-même comme médecin : «Et Il dit : "Si tu écoutes la voix de *yhvh* ton Dieu, et que tu fasses ce qui est droit à ses yeux, et que tu écoutes ses commandements, et que tu observes ses lois, toutes les maladies que j'ai placées en Égypte, je ne les poserai pas sur toi, car je suis *yhvh*, ton médecin"[3].»

Les commentaires de la Bible s'interrogent sur la formulation énigmatique de ce texte. En effet, quel besoin Dieu a-t-Il de préciser qu'Il est médecin s'Il a décidé de n'envoyer aucune maladie? D'où l'interprétation suivante : le médecin n'a pas une fonction de guérisseur mais il doit faire en sorte que la maladie ne puisse s'installer en l'homme. Médecine préventive, où le médecin a surtout un rôle d'éducateur et d'enseignant qui apprend aux autres comment *prendre soin* d'eux-mêmes, comment *prendre soin de l'être*.

Le premier sens du mot «thérapeute» (θεραπευτής) est : «celui qui prend soin», d'où le sens de «serviteur et adorateur d'un dieu», celui qui prend soin de quelque chose, du corps, etc. D'où encore le sens de «celui qui soigne les malades», le médecin[4].

Au Ier siècle vivait au sud d'Alexandrie une confrérie qui portait le nom de «Thérapeutes» et que Philon a décrite en détail dans un livre intitulé *De la vie contemplative*[5].

3. Exode, 15, 26.
4. A. Bailly, *Dictionnaire grec-français*, Hachette, 37e éd., 1981, p. 927.
5. Cf. Philon d'Alexandrie, *De vita contemplativa*, présentation bilingue, introduction et notes de F. Daumas, Pierre Miquel (éd.), Éd. du Cerf, coll. «Les œuvres

Citons le paragraphe 2 de ce traité car il nous offre une remarque terminologique d'une grande importance :

> Leur nom révèle le projet de ces philosophes, on les appelle Thérapeutes, d'abord parce que la médecine *[iatrikè]* dont ils font profession est supérieure à celle qui a cours dans nos cités — celle-ci ne soigne que le corps, mais l'autre soigne aussi le psychisme *[psukas]* en proie à ces maladies pénibles et difficiles à guérir que sont l'attachement au plaisir, la désorientation du désir, la tristesse, les phobies, les envies, l'ignorance, le non-ajustement à ce qui est et la multitude infinie des autres pathologies *[pathon]* et souffrances[6].

Ces premiers thérapeutes sont des «philosophes», hommes et femmes attachés à la philosophie, amants d'une vérité toujours future. Philosophie qui est «amour de la sagesse» et «sagesse de l'amour»[7]. Ces philosophes sont des médecins car ils soignent les corps. On retrouve cette racine *iatrikè* dans des mots classiques tels que «psych-*iatrique*», «péd-*iatrique*», etc.

Mais si ces hommes et ces femmes sont des thérapeutes, s'ils méritent ce titre, c'est qu'ils s'occupent non seulement du corps-objet, mais aussi de ce qui fondamentalement anime le corps, le souffle de vie, qu'on nomme aussi l'âme.

> Le thérapeute prend soin de ce souffle qui informe le corps. Guérir quelqu'un, c'est le faire respirer : «mettre son souffle au large» et observer toutes les tensions, blocages et fermetures qui empêchent la libre circulation du souffle, c'est-à-dire l'épanouissement de l'âme dans un corps. Le rôle du thérapeute

---

de Philon d'Alexandrie», 1963. Il existe une nouvelle trad. par J.-Y. Leloup, *Prendre soin de l'être. Philon et les Thérapeutes d'Alexandrie*, Albin Michel, 1993.

6. *Ibid.*, p. 30.

7. Cf. E. Lévinas, *Autrement qu'être ou au-delà de l'essence*, La Haye, Nijhoff, 1978, p. 37 : «La vérité se promet. Toujours promise, toujours future, toujours aimée, la vérité est dans la promesse et l'amour de la sagesse», qui ouvre ensuite à une «sagesse de l'amour».

> sera de « dénouer » ces nœuds de l'âme, ces entraves à la Vie et à l'intelligence créatrice dans le corps animé de l'homme[8].

En hébreu, le « souffle », *rouah*, se lit aussi *révah*, « être au large, à l'aise, en situation de bien-être », *berévah*. Mais ce qui caractérise le souffle humain, son âme de vie, c'est la parole. Le traducteur araméen Onkelos traduit l'expression hébraïque *nichmat hayim*, « respiration de vie », par *rouah memalléla*, un « souffle parlant »[9].

Pour les thérapeutes formés à l'école du texte hébraïque, l'« être humain vivant » est un « corps parlant ». Le « souffle de vie » passe par le « souffle de la parole ». Le thérapeute prend soin de la parole qui anime et informe le corps. Guérir quelqu'un, c'est le faire parler et observer tous les obstacles à cette parole dans le corps. La parole est le souffle de vie de l'homme...

Il est intéressant de noter que Freud, avant d'utiliser le terme « psychanalyse », employait l'expression *Seelenbehandlung*, qui doit se traduire exactement par « traitement de l'âme » mais qui a été traduit par « traitement psychique ». Chez les Thérapeutes antiques, la psyché est bien l'âme en général, ce qui anime le corps, le souffle parlant que nous avons évoqué.

Voulant définir le traitement psychique, traitement d'âme, Freud écrit en 1890 :

> « Traitement psychique » signifie : [...] traitement prenant origine dans l'âme, traitement — de troubles psychiques ou corporels — à l'aide de moyens qui agissent d'abord et immédiatement sur l'âme de l'homme. *Un tel moyen est avant tout le mot, et les mots sont bien l'outil essentiel du traitement psychique*. Le profane trouvera sans doute difficilement concevable que des troubles morbides du corps ou de l'âme puissent être dissipés

8. J.-Y. Leloup, *Prendre soin de l'être..., op. cit.*, p. 61. Le grec oppose généralement *therapeia* « thérapie », « prendre soin de son être », à *iatrikè* « médecine », « prendre soin de son corps ».

9. Genèse, 2, 7.

> par la « simple » parole du médecin. Il pensera qu'on lui demande de croire à la magie. En quoi il n'aura pas tout à fait tort : *les mots de nos discours quotidiens ne sont rien d'autre que magie décolorée*[10].

Ne faut-il pas plutôt dire que nous avons appelé à tort « magique » ce qui était tout simplement le noyau de la vitalité de l'humain, que nous avons appelé « magiques » des phénomènes que notre ignorance ne nous permettait pas encore de comprendre ? Ainsi, contrairement aux médecins *(iatrikè)*, qui *traitent le corps et l'âme par le corps*, les thérapeutes mettent en œuvre une *therapeia* qui *traite l'âme et le corps par l'âme*, en se servant de la parole.

De quelle parole s'agit-il ? Celle du thérapeute ? Celle du consultant ? Nous montrerons qu'il s'agit d'une interaction de ces deux paroles dans un dialogue.

En fait, c'est toujours *notre* parole qui est le mouvement et le souffle de *notre* vie. Mais il arrive souvent que la parole de l'autre dynamise notre univers psychique et nous transmette des émotions que nous ressentons à notre tour.

N'est-ce pas là, d'ailleurs, le sens de la *catharsis* dont parle Aristote dans *La Poétique* à propos de la tragédie ? Par le langage une personne peut communiquer des affects à une autre personne, l'influencer, la convaincre, l'émouvoir, etc. De la parole de l'autre peuvent naître chagrin, terreur, angoisse, joie, enthousiasme. Ainsi, dans le même texte, Freud poursuit son argumentation :

> Les mots sont bien les instruments les plus importants de l'influence qu'une personne cherche à exercer sur une autre ; *les*

10. « Traitement psychique (traitement d'âme) », in *Résultats, idées, problèmes*, PUF, t. I, 1984. C'est nous qui soulignons. Il est vrai que dans ce texte Freud parle de la technique de « psychothérapie-suggestion » de Berhneim, qu'il abandonnera par la suite. Cependant, la confiance dans le pouvoir des mots ne sera jamais abandonnée par Freud, mais dévolue, non seulement à la parole du médecin, mais aussi à celle du patient et de tout homme en général.

> *mots sont de bons moyens pour provoquer des modifications psychiques chez celui à qui ils s'adressent, et c'est pourquoi il n'y a désormais plus rien d'énigmatique* dans l'affirmation selon laquelle la magie du mot peut écarter les phénomènes morbides[11].

Mais les mots d'autrui, les mots, où les rencontrons-nous tout d'abord ?

Le texte biblique fait ici une remarque intéressante concernant l'épisode de la révélation des dix paroles : avant d'*entendre* la voix du Sinaï, le peuple *vit* la voix[12]. *Vision* avant *écoute*, que les maîtres du Talmud interprètent de la façon suivante : « Que signifie la "vision des voix" ? demande Rabbi Aquiva. Cette expression enseigne que le peuple voyait et entendait le visible *[roïne vechomeïne hanireé]*[13]. »

Que veut dire Rabbi Aquiva ? Qu'il n'y eut aucune parole sortie de la bouche de Dieu qui ne fût gravée sur les tables. Le visible, c'est la voix devenue écriture. Entendre la voix de la transcendance, c'est passer par les lettres, par la matérialité physique du livre. Enseignement qui dessine les modalités de la « rencontre avec l'autre » sur les bases d'une médiation, celle du livre, dans lequel « reste enfermé un surplus de sens, peut-être inépuisable, enfermé dans les structures syntaxiques de la phrase, dans ses groupes de mots, dans ses vocables, phonèmes et lettres — dans toute cette matérialité du dire toujours signifiante[14] ».

La bibliothérapie trouve son acte de naissance dans la rencontre entre la « force » langagière — que nous avons évoquée et qui n'est plus abandonnée aux magiciens, aux prêtres et aux charlatans —

11. *Ibid.*, p. 12. C'est nous qui soulignons.
12. Exode, 20, 15.
13. *Mekhilta*, cité par A.Y. Heschel, *Theology of Ancient Judaism*, New York, Soncino Press, 1962, t. II, p. 22.
14. E. Lévinas, *L'Au-Delà du verset*, Éd. de Minuit, 1982, p. 135.

et le lieu d'expression primordiale et première de cette « force » : le livre.

* *
*

La lecture, c'est d'abord un événement solitaire, un rendez-vous privé avec un autre monde, seul à seul avec le livre, seul à seul avec soi-même.

Pour certains, malgré cette solitude, la lecture est une conversation. Ainsi Descartes : « La lecture de tous les bons livres est comme une conversation avec les plus honnêtes gens des siècles passés qui en ont été les auteurs[15]. » Ou encore Ruskin : « La lecture est exactement une conversation avec des hommes beaucoup plus sages et plus intéressants que ceux que nous pouvons avoir l'occasion de connaître autour de nous[16]. »

Pour d'autres, cette solitude est justement ce qui fait que :

> La lecture ne saurait être assimilée à une conversation, fût-ce avec les plus sages des hommes. Ce qui diffère essentiellement entre le livre et un ami, ce n'est pas leur plus ou moins grande sagesse, mais la manière dont on communique avec eux, la lecture, au rebours de la conversation, consistant pour chacun de nous à recevoir communication d'une autre pensée, mais tout en restant seul, c'est-à-dire en continuant à jouir de la puissance intellectuelle qu'on a dans la solitude et que la conversation dissipe immédiatement, en continuant à pouvoir être inspiré, à rester en plein travail fécond de l'esprit sur lui-même[17].

* *
*

15. Cité par M. Proust, *Sur la lecture*, Actes Sud, 1988, p. 27.
16. *Ibid.*
17. *Ibid.*, p. 29.

Aristote enseignait, dans *La Poétique*, que la tragédie nous tient en haleine par la crainte et la pitié et que c'est pour éprouver ces deux émotions que l'on se rend au théâtre :

> La tragédie est l'imitation d'une action d'un caractère élevé et complète, d'une certaine étendue, dans un langage relevé d'assaisonnements d'une espèce particulière suivant les diverses parties, imitation qui est faite par des personnages en action, et non au moyen du récit, et qui, suscitant pitié et crainte, opère la purgation *[katharsis]* propre à pareilles émotions. J'appelle langage relevé d'assaisonnements, celui qui a rythme, mélodie et chant[18].

De nombreux commentaires ont été donnés à ce texte. Certains auteurs insistent pour ne voir dans la catharsis qu'une purification de ces deux passions — la crainte et la pitié — et n'ont pas eu l'audace de généraliser la dimension cathartique à d'autres passions ou sentiments.

Il semble que non seulement on puisse généraliser l'effet cathartique à d'autres émotions, passions, sentiments et affections, mais que, de plus, il soit possible de remplacer la scène théâtrale par la scène littéraire. Comme le dit Ricœur : « La lecture solitaire remplace de nos jours la réception festive de la narration épique ou tragique[19]. »

Aristote insiste sur un point important : par la catharsis, le trouble où nous jette le spectacle tragique est transformé en une joie esthétique. L'effroi et la pitié que nous éprouvons, précisément parce qu'ils sont suscités par une représentation artistique, ne sont plus des émotions violentes comme celles de la vie; ils sont déchargés de leur force nocive — c'est un des sens du verbe

18. Aristote, *La Poétique*, J. Hardy (éd. et trad.), Les Belles Lettres, 1979, 1449*b*, 24 à 28. Dans *La Politique* VII, 1342*a* et *b*, Aristote parle d'une fonction cathartique de la musique.

19. P. Ricœur, *Lectures II. La contrée des philosophes*, Éd. du Seuil, 1992, p. 439.

katharein — et deviennent des émotions esthétiques à la source d'une «joie sereine»[20]. La pitié et la frayeur sont inscrites dans la composition même de l'œuvre, mais la réception coopérative de l'œuvre par un spectateur ou un lecteur produit non pas la pitié ou la frayeur, mais la jouissance. Le spectateur-lecteur d'Aristote est fait de «chair capable de jouissance[21]». La catharsis est cette «alchimie subjective» qui consiste à transformer en plaisir la peine inhérente à ces émotions que sont la pitié ou la frayeur.

Dans l'acte de lire, la catharsis, c'est aussi — et peut-être d'abord — ce plaisir que Roland Barthes appelait le «plaisir du texte».

* *
*

Outre le «plaisir du texte», la lecture offre au lecteur, par identification et «coopération textuelle», par appropriation et projection, la possibilité de découvrir une sécurité matérielle et économique, une sécurité émotionnelle, une alternative à la réalité, une catharsis des conflits et de l'agressivité, une sécurité spirituelle, un sentiment d'appartenance, l'ouverture aux autres cultures, des sentiments d'amour, l'engagement dans l'action, des valeurs individuelles et personnelles, le dépassement des difficultés, etc.

La liste est longue. Lire répond à un besoin, qu'il soit — pour prolonger encore la liste précédente — de réparation, de qualification, d'affirmation de soi, de confirmation, de glorification, de projection dans le futur, de projection dans le passé, de sublimation, d'exploration, d'identification, d'éducation, de désidentification, de dépersonnalisation, de création ou, tout simplement et avant tout, de jeu, c'est-à-dire l'entrée dans le domaine du vivant[22]...

20. Aristote, *La Poétique, op. cit.*, 1453*b*, 11-12.
21. P. Ricœur, *Temps et Récit*, Éd. du Seuil, 1983, t. I, p. 82.
22. On lira avec beaucoup d'intérêt *La Lecture comme jeu* de M. Picard, Éd.

* *
*

La lecture peut être aussi un événement public : des hommes, des femmes et des enfants se réunissent pour écouter un conteur, un narrateur ou pour suivre ensemble une lecture, chacun avec son livre, échangeant impressions et commentaires. Rencontre *autour du livre* pour entendre mythes et légendes, paroles fondatrices d'une identité collective ou individuelle.

* *
*

La bibliothérapie telle que nous la présentons dans ce livre s'intéressera à ces deux modalités de lecture : solitaire et collective. Mais nous insisterons plutôt sur le phénomène de l'activité de lecture en lui-même.

Que se passe-t-il lorsque nous lisons? Que se produit-il lorsque nous interprétons un texte? Nous montrerons que toute lecture implique un phénomène d'interprétation, que l'acte d'interprétation est inhérent à la lecture et que l'interprétation est en soi une thérapie...

C'est pour cela que nous intitulons précisément notre pratique une *bibliothérapie herméneutique* et c'est en cela peut-être qu'elle diffère de la bibliothérapie telle qu'elle est pratiquée dans les pays anglo-saxons.

* *
*

Revenons aux Thérapeutes d'Alexandrie. Philon distingue

---

de Minuit, 1986, et aussi *Récit de l'âme. La bibliothérapie pratique* d'Adir Cohen, Tel-Aviv, 1990, 2 vol. (en hébreu).

donc la *therapeia* «thérapie», prendre soin de l'être, de la *iatrikè* «médecine», prendre soin du corps.

Philon insiste : «S'ils s'appellent Thérapeutes, c'est aussi parce qu'ils ont reçu une éducation conforme à la nature et aux saintes lois et qu'ils prennent soin de l'Être *[therapeuèn to Ōn]*, qui est meilleur que le Bien, plus pur que l'Un, antérieur à la monade[23].» Avant tout, les Thérapeutes *prennent soin de l'Être.* Que signifie cette expression?

On sait que le *Ō Ōn* des Septante traduit le nom-tétragramme *yhvh* de la Bible hébraïque. On peut donner une interprétation psychothéologique de cette remarque :

> Quand on sait que le *Ō Ōn* des Septante traduit le *yhvh* de la Bible hébraïque, on comprend que c'est de Dieu que nous devons prendre soin. Autant dire que nous devons «soigner» particulièrement ce qui n'est pas malade et ce qui n'est pas mortel en nous. Ainsi le regard du Thérapeute n'est pas tourné d'abord vers la maladie ou le malade, mais vers ce qui est hors d'atteinte de la maladie et de la mort en lui. Philon précise bien : «prendre soin de l'Être» et non pas de «mon» être ou de «son» être [...]. L'Être n'est pas «quelque» chose, mais un Espace, un Ouvert qu'il s'agit de garder libre[24]. «Dieu est la liberté de l'homme»; prendre soin de cette liberté, ne l'aliéner à rien ni à personne, la garder vive et humble... Prendre soin dans l'homme de ce qui échappe à l'homme... La guérison nous est donnée par surcroît[25].

Cette belle interprétation peut être poursuivie par une analyse des mots à partir de leur structure hébraïque.

Si *Ō Ōn* traduit le Tétragramme ineffable, il faut s'interroger

23. J.-Y. Leloup, *Prendre soin de l'être*..., *op. cit.*, p. 30.
24. En recopiant cette citation, nous avons fait un *lapsus calami* : nous avons écrit «livre» au lieu de «libre»; cf. notre analyse au début du chap. I, 5e partie.
25. J.-Y. Leloup, *Prendre soin de l'être*..., *op. cit.*, p. 84-87.

sur le sens exact de ce nom énigmatique qui est le cœur même de l'être. Certes, le Tétragramme est l'*être*, mais c'est avant tout un nom constitué de *quatre consonnes sans voyelles*[26], pure image qui ne donne rien à voir, pur mot qui ne donne rien à entendre. Cependant, les maîtres de la Cabale font remarquer que ces quatre lettres consonnes nous disent quelque chose d'essentiel. En se combinant, elles s'écrivent *hvh, hyh, yhh,* c'est-à-dire précisément le présent *(hovéh)*, le passé *(hayah)* et le futur *(yehéh)*.

Le Tétragramme n'est pas le nom de Dieu, mais l'ouverture aux trois dimensions du temps. L'être, c'est le temps. Prendre soin de l'être, c'est prendre soin du temps, de son inscription juste et harmonieuse dans la temporalité de l'existence, tendu entre la mémoire et l'espoir, entre ce que nous sommes, ce que nous avons été et ce que nous pourrons être. Prendre soin de l'être, c'est prendre soin du temps, faire en sorte que ne se produise aucun dysfonctionnement de la temporalité.

Dès lors, la *therapeia* (thérapie) est toujours une *chronothérapie* et les maladies des *chronopathologies*. Le temps mort, l'absence de passé, la perte de la capacité de se projeter dans le futur, d'anticiper, sont des maladies du temps mais aussi le temps de la maladie.

La *bibliothérapie herméneutique* se fonde sur l'idée qu'il n'y a accès au temps humain qu'à travers le récit[27], que le livre est un tempo-objet, un «objet porteur de temps», et que la lecture interprétative est une «petite fabrique du temps» et d'identité narrative.

Notre recherche va ainsi essayer d'approfondir cette articulation du *temps* et du *livre*, de la *parole d'interprétation* et du *temps*. La bibliothérapie est une *herméneutique de la temporalité* et en

26. Cf. notre livre intitulé *Concerto pour quatre consonnes sans voyelles. Au-delà du principe d'identité,* Balland, coll. «Métaφora», 1991.

27. C'est la thèse de Ricœur dans *Temps et Récit, op. cit.*

même temps, une *temporalité déployée par l'herméneutique*. Il sera donc important d'élucider le sens de l'herméneutique, ses différentes écoles et méthodes.

La bibliothérapie se situe dans le courant de l'herméneutique existentielle, qui est un plaidoyer pour la subjectivité et le droit à la *parole parlante* d'un « Je », et non à la *parole parlée* du « on » de l'institution.

* *
*

Approfondissons encore le sens du Tétragramme pour illustrer la remarque précédente.

Nous avons souligné son imprononçabilité. Pourtant, il féconde une autre parole, le nom *adonaye*, autre tétragramme, qui s'écrit : *aleph-dalèt-noun-yod*. Si ce nom signifie « mon Seigneur », il dit aussi : « voici une porte qui s'ouvre dans le Je » *(dalèt-Ani)*[28].

Selon une formule de Lévinas, le Nom a un nom, la Parole engendre la parole — herméneutique —, qui est le déploiement même du temps et l'accès au Je.

Mais si nous avons la possibilité de dire et de faire dire aux mots plus qu'ils ne veulent dire, c'est que les mots sont d'abord des lettres et que les lettres peuvent entrer dans un mouvement combinatoire d'une fécondité inouïe. C'est aussi parce que les consonnes sont libérées du mot par l'absence de voyelles, qui joueraient — si elles étaient présentes — la fonction de lien et de ciment.

Le rôle du thérapeute est de prendre soin de l'être, c'est-à-dire, essentiellement, de la liberté et de l'ouverture que provoque un

28. Le nom *Adonaye : aleph-dalèt-noun-yod*, écrit en permutant la syntaxe des lettres : *dalèt-aleph-noun-yod* ou *dalèt-ani* (ce dernier mot, qui s'écrit par les trois lettres *aleph-noun-yod*, signifie « je » ou « moi »).

langage en mouvement. Le thérapeute doit ainsi « dénouer » non seulement les « nœuds de l'âme », qui sont une entrave à la vie et à l'intelligence créatrice, mais aussi les « nœuds du langage », des mots enfermés dans la prison d'un sens unique.

La lecture bibliothérapeutique est une opération de dissémination qui restitue la vie, le mouvement et le temps, au cœur même des mots ; c'est ainsi qu'elle les constitue comme des œuvres d'art et les soustrait aux risques de l'idole. Ici, les mots ne sont plus finalisés par *le* sens, mais par *les* sens. La lecture brise l'instance du sens et tous les éléments du texte, les mots, les syllabes, les consonnes, les voyelles, se répondent et se parlent entre eux.

La lecture est révolution ; la vie redonnée au langage dans cette lecture « éclatante » est révolution car « la révolution est partout où s'instaure un échange qui brise la finalité des modèles[29] ». Ainsi la lecture incarne-t-elle une attitude de contestation face à la tradition. La lecture fait obstacle à la transmission des stéréotypes des discours idéologiques.

Une des clefs de la bibliothérapie est la lecture des lettres contre la lecture des mots. Il n'y a pas un apprentissage par une lecture globale. La lecture des lettres est une « éducation », au sens premier de ce mot, qui signifie « conduire au-dehors du chemin déjà tracé à l'avance[30] ».

Lire les lettres et non les mots. La lecture des mots est imposition d'une totalité qui nous dérobe le chemin difficile de l'assemblage d'une lettre à l'autre. La lecture des lettres, une à une, est rêverie d'un « autrement qu'être », qui aura déjà beaucoup plus de difficultés à s'investir en un simple « être autrement ». La lecture des lettres signifie l'exigence de la simultanéité du *dire* et du

29. J. Baudrillard, *L'Échange symbolique et la mort*, Gallimard, 1975, p. 290.
30. « Éduquer », du latin *ex-ducere*.

dédire, qui permet au monde de ne pas être enfermé dans les conditions de son énonciation.

Il va de soi que le langage est communication et que, de ce fait, la thématisation est inévitable pour que la signification elle-même se dévoile. Ainsi le *dire* doit inévitablement s'échouer dans un *dit*; le *dire* est sans cesse dissimulé dans un *dit*. Mais sans cesse le *dire* doit chercher à se *dé-dire*, à sortir de cette dissimulation sans entrer cependant dans le mode de la totale clarté[31]. Le *dé-dire* est le refus de l'installation dans le giron de l'être déterminé, refus de la fermeture du chemin...

La bibliothérapie herméneutique est une activité de lecture et de commentaire, où le commentaire est un « dire qui doit aussitôt s'accompagner d'un dédit et le dédit doit encore être dédit à sa manière, et là, il n'y a pas d'arrêts, il n'y a pas de formulation définitive[32] ».

S'explicite ici le sens de la structure talmudique en forme de commentaire de commentaire. Une autre parole est toujours nécessaire pour effacer ce qui vient de se dire et l'empêcher de devenir *dit*.

On comprend aussi le rôle d'une préface qui consiste à défaire le livre à tout instant par l'avant-propos ou l'exégèse, à dédire le dit, « à tenter de redire sans cérémonie ce qui a déjà été mal entendu dans l'inévitable cérémonial où se complaît le *dit*[33] ».

Ici résonne toute la force du geste subversif de l'*avant-propos*, qui est nécessairement toujours écrit *après* le livre, car il n'est pas « une redite en termes approximatifs de l'énoncé rigoureux, qui justifie un livre. Il peut exprimer le premier — et l'urgent — commentaire, le premier "c'est-à-dire", qui est aussi le premier dédit

31. Cf. M.-A. Ouaknin, *Méditations érotiques. Essai sur Emmanuel Lévinas*, Balland, 1992, p. 39 *sq.*

32. E. Lévinas, *Autrement qu'être*, *op. cit.*, p. 228.

33. *Id.*, *Totalité et Infini. Essai sur l'extériorité*, La Haye, Nijhoff, 1961, p. 18.

des propositions où, actuelle et assemblée, s'absorbe et s'expose, dans le dit, l'inassemblable proximité de l'un "pour" l'autre signifiant comme dire[34] ».

* *
*

Avant de conclure cette introduction, nous devons encore souligner plusieurs points importants.

Le fait que nous ayons cité et insisté sur Philon d'Alexandrie n'est pas seulement dû à l'intérêt de sa réflexion, mais aussi à la position particulière que ce philosophe occupe dans l'histoire et la géographie de la philosophie. Philon est homme de l'« entre-deux », un médiateur et un passeur. A Alexandrie, entre l'hébreu et le grec, il réalise la rencontre de deux mondes, de deux cultures et de deux civilisations. Il commente la Bible hébraïque en grec, donnant à la parole biblique un nouvel espace, de nouvelles sonorités et de nouvelles inspirations[35].

Le noyau de notre réflexion sur la bibliothérapie repose sur la rencontre linguistique de deux mots, un mot grec et un mot hébreu, signifiant tous deux la « guérison », le « remède » et la « thérapie », θεραπεία et תְּרוּפָה, *therapeia* et *téroupha*, deux mots presque homophones, qui viennent peut-être nous enseigner cette idée fondamentale que *guérir, c'est traduire*, s'ouvrir à une autre dimension, sortir de tout enfermement dogmatique, théologique, philosophique, artistique, etc.[36].

Philon n'est pas solitaire dans son entreprise ; il est le contemporain de tous ces savants qui, sur la terre d'Israël de ce Ier siècle,

34. *Id.*, *De Dieu qui vient à l'idée*, Vrin, 1982, p. 141, et *L'Humanisme de l'autre homme*, Fata Morgana, 1972, p. 11.
35. Sur Philon et sa vie, cf. art. « Philo judaeus » in *Encyclopaedia judaica*, t. 13, p. 409-415 (en anglais).
36. Cf. ci-dessous, livre premier, quatrième partie.

construisent cet univers extraordinaire du commentaire, *lectures infinies* des textes bibliques, qui vont constituer le Midrach et le Talmud : compilations des analyses, des discussions de la Loi, des rites et des mythes, fondements mêmes de la culture hébraïque et du judaïsme jusqu'à aujourd'hui.

Si nous insistons sur ce point, c'est que les enjeux sont importants. Par de nombreux aspects, nos développements philosophiques sont proches de l'herméneutique *existentiale* de Gadamer, elle-même héritière en grande partie du souffle de la philosophie de Heidegger.

Cependant, notre horizon philosophique ne s'arrête pas à cette référence heideggerienne, mais s'inscrit aussi dans celui de la culture hébraïque. Heidegger a souligné avec force que la métaphysique est *l'histoire de l'oubli de l'être*. Mais attention : un oubli peut en cacher un autre!

Dans un très beau et important livre[37], Marlène Zarader étudie en profondeur cet «autre oubli», qu'elle introduit par une citation clef de Paul Ricœur :

> Ce qui m'a souvent étonné chez Heidegger, c'est qu'il ait, semble-t-il, systématiquement éludé la confrontation avec le bloc de la pensée hébraïque. Il lui est parfois arrivé de penser à partir de l'Évangile et de la théologie chrétienne; mais toujours *en évitant le massif hébraïque*, qui est l'étranger absolu par rapport au discours grec [...]. Cette méconnaissance me semble parallèle à l'incapacité de Heidegger de faire le «pas en arrière» d'une manière qui pourrait permettre de penser adéquatement toutes les dimensions de la tradition occidentale. La tâche de repenser la tradition chrétienne par un «pas en arrière» n'exige-t-elle pas qu'on reconnaisse la dimension radicalement hébraïque du christianisme, qui est d'abord enraciné dans le judaïsme, et seulement après dans la tradition grecque? Pourquoi réflé-

37. M. Zarader, *La Dette impensée. Heidegger et l'héritage hébraïque*, Éd. du Seuil, 1990.

> chir seulement sur Hölderlin et non pas sur les Psaumes, sur Jérémie? C'est là la question[38].

Sans être un ouvrage de pure philosophie, *Bibliothérapie* expose une philosophie qui, pour une grande part, trouve ses racines dans le « massif hébraïque » que vient d'évoquer Ricœur. Massif proprement gigantesque, foisonnant, où s'entrelacent de façon inextricable une langue (l'hébreu), un texte (la Bible), une tradition de pensée, d'écriture et de commentaires (les littératures talmudique, midrachique et cabaliste), une seconde langue (l'araméen), une pratique religieuse et culturelle qui découle logiquement des éléments précédents (le judaïsme), un peuple enfin, avec ses histoires, ses multiples voyages à travers le monde, qui, à chaque fois, enrichirent, modifièrent et renouvelèrent l'ensemble de cette civilisation en marche...

* *
*

Une des dimensions essentielles de ce « massif hébraïque » est celle de l'interprétation, selon une formule d'Armand Abécassis que nous avons souvent citée dans nos précédents ouvrages : « Le peuple juif n'est pas le peuple du Livre, mais le peuple de l'interprétation du Livre. »

Le « massif hébraïque », c'est une tradition qui s'appuie conjointement sur la langue hébraïque et sur le texte biblique et qui se perpétue dans l'*interprétation* juive de ce texte : interprétation qui a sa logique et son rythme et qui a pu rencontrer d'autres influences, sans pourtant s'y résoudre.

Mais pourquoi interpréter?

38. P. Ricœur, « Note introductive » au recueil coll. *Heidegger et la question de Dieu*, Grasset, 1980, cité par M. Zarader, *La Dette impensée*, *op. cit.*, p. 20. C'est nous qui soulignons.

En forçant le trait, nous pouvons dire que l'homme n'a pas de sens, il s'en donne un. Le monde non plus n'a pas de sens, l'homme va lui en donner. Comme le dit Merleau-Ponty, «c'est l'homme qui investit le monde de significations». Ainsi l'interprétation n'est-elle pas un jeu superflu et la fureur d'interpréter est une fureur de vivre. L'homme est «condamné» à interpréter!

L'interprétation recèle la possibilité même de l'existence, transcendance et liberté. La vie est fondamentalement — ontologiquement — herméneutique. Le rôle de l'interprétation, et plus précisément du processus d'interprétation, est de produire un ensemble de paroles et de significations irréductibles à l'existant prédonné, de significations nouvelles qui ne se laissent pas absorber comme une chose prise dans le monde mais qui prétendent elles-mêmes offrir de nouvelles perspectives sur ce monde.

Selon l'univers talmudique qui nous sert de référence, l'interprétation est avant tout un travail sur la langue et sur la parole, qui vise à une transformation de notre manière d'être au monde et du monde lui-même. La structure du monde se constitue à partir de la structure du langage. C'est d'abord le langage qui guide la pensée...

La culture hébraïque, biblique, talmudique et cabaliste, se rapporte au langage en se laissant porter par lui. Le texte biblique, comme la tradition qui s'y rapporte, s'appuie sur des rapports proposés par la langue, afin de les découvrir dans le monde.

Ce qui est présupposé ici, c'est toute une conception du langage et son rapport au réel. Comme l'a très bien souligné Marlène Zarader, «si la Bible peut faire dériver la structure du monde de la structure de la langue, c'est parce que la langue est préalablement pensée comme abri de toute présence. Et c'est bien la raison pour laquelle jouer avec les mots, c'est laisser les mots nous dire ce qu'il en est des choses; rapprocher des vocables de même racine, c'est laisser déployer une proximité d'essence[39] ».

Ce n'est pas un rapport mystique ou mystificateur au langage, mais la confiance qu'en lui se sont déposées des orientations de significations qui ne délivrent aucune pensée mais qui ouvrent et donnent à penser[40].

Dans une très belle page de *Quelque part dans l'inachevé* que nous avons aussi maintes fois citée dans nos précédents livres, Vladimir Jankélévitch résume en quelques lignes l'essence même de notre démarche :

> Les mots qui servent de support à la pensée doivent être employés dans toutes les positions possibles, dans les locutions les plus variées; il faut les tourner, les retourner sur toutes leurs faces, dans l'espoir qu'une lueur en jaillira; les palper et ausculter leurs sonorités pour percevoir le secret de leur sens. Les assonances et les résonances des mots n'ont-elles pas une vertu inspiratrice? Cette rigueur doit être atteinte parfois au prix d'un discours illisible : il s'en faut de peu, en effet, qu'on ne se contredise; il suffit de continuer sur la même ligne, de glisser sur la même pente, et l'on s'éloigne de plus en plus du point de départ, et le point de départ finit par démentir le point d'arrivée. Je me sens provisoirement moins inquiet lorsque, après avoir longtemps tourné en rond, creusé et trituré les mots, exploré leurs résonances sémantiques, analysé leurs pouvoirs allusifs, leur puissance d'évocation, je vérifie que je ne peux décidément aller outre. Certes, la prétention de toucher un jour à la vérité est une utopie dogmatique, ce qui importe, c'est d'aller jusqu'au bout de ce qu'on peut faire, d'atteindre à une cohérence sans faille, de faire affleurer les questions les plus cachées et les plus informables[41]...

39. *Ibid.*, p. 60.
40. On entend très bien dans toutes ces remarques la proximité avec la démarche heideggerienne, pour laquelle « l'être n'advient que par le mot ».
41. V. Jankélévitch, *Quelque part dans l'inachevé* (entretiens philosophiques avec B. Berlovitch), Gallimard, 1978, p. 18.

C'est dans cet esprit que nous avons essayé de mieux comprendre le sens du *livre*, de la *lecture* et leurs articulations avec la *thérapie*.

Le lecteur, dès lors, sera peut-être moins étonné de nous voir jouer — avec beaucoup de plaisir d'ailleurs — avec les mots, avec les chiffres et les lettres, les voyelles et les consonnes, les consonnes sans voyelles, les homophonies, les homographies, la forme graphique des lettres, etc. Un ensemble de jeux où le *talmudique* est souvent plus proche — pour sa plus grande fécondité — du tam-*ludique*.

* *
*

Cependant, si la « galaxie talmudique » nous permet d'ouvrir les portes de la bibliothérapie, il serait appauvrissant et réducteur d'assimiler l'une à l'autre. Le Talmud fonctionne pour nous comme un paradigme, un modèle de compréhension exemplaire à partir duquel se développe et se construit une réflexion.

Dans cet ouvrage, la bibliothérapie est un arbre dont les racines et le tronc sont hébraïques, talmudiques, et dont les branches et les feuillages aux multiples couleurs ont pour noms Ricœur, Proust, Kafka, Joyce, Derrida, Freud, Binswanger, Gadamer, Heidegger, Philon, Aristote, Dolto, Artaud, Carroll, Poe, Deleuze, Le Clézio, Lévinas, Héraclite, Rabbi Nahman, Jonas, Maldiney, Fédida, Kimura Bin, Jean Sutter, Berta, Rabelais, les auteurs des *Mille et Une Nuits* et les frères Grimm, etc.

Une telle construction est due à la formation (ou déformation) de l'auteur. Il aurait été fort possible de partir de n'importe quel autre nom de cette liste (non exhaustive) pour faire pousser d'autres arbres avec d'autres fruits...

* *
*

INTRODUCTION

La bibliothérapie, une nouveauté?

Nenni! Si loin qu'on remonte dans l'Histoire, on retrouvera cette intuition de la vertu thérapeutique du livre et du récit.

Peut-être qu'un jour on saura qu'il n'y avait pas de littérature, mais seulement de la médecine...

LIVRE PREMIER

Première partie

Lire, guérir

CHAPITRE PREMIER

Mille et une nuits pour guérir[1]

Compter les nuits

« On raconte qu'il y avait, dans l'antiquité du temps et le passé des âges et des siècles, un sage d'entre les sages de la Grèce qui s'appelait Danial. »

Tout étant possible dans les contes, nous le retrouvons aujourd'hui avec son fils Hassib.

DANIAL : Hassib, mon fils, connais-tu l'histoire des *Mille Nuits et une nuit* ?

1. Nous proposons en guise d'épigraphe à notre voyage bibliothérapeutique un extrait d'un texte collectif consacré aux *Mille et Une Nuits*. Ce texte est paru dans *Corps écrit*, n° 31, PUF, 1989, sous le titre « Layla : les nuits parlent aux hommes de leur destin. » Ce texte a été composé par certains participants d'un séminaire de l'EMESS (anthropologie du monde arabe), animé par Gilbert Grandguillaume et François Villa, psychanalyste, sous le titre *Anthropologie et psychanalyse : autour de l'origine et de la transmission*. Ont contribué à l'élaboration du texte : Wahiba Afrit, Abdallah Bounfour, Claudette Dupraz, Gilbert Grandguillaume, Jacqueline Guy-Heinemann, Badia Hadj-Nassar, Michèle Tordjmann, François Villa. On lira aussi avec beaucoup d'intérêt, de G. Grandguillaume et F. Villa, « *Les Mille et Une Nuits*, la parole délivrée par les contes », in *Psychanalyse*, n° 33, 1989, p. 140-149. Et aussi « *Les Mille et Une Nuits* : un mythe en travail, présence et actualité du récit », par F. Villa et G. Grandguillaume, in « Mythes et récit d'origine », *Peuples méditerranéens*, n°s 56-57, juillet-décembre 1991, p. 55-82, avec une bibliographie sur *Les Mille et Une Nuits*.

HASSIB : Je connais quelques contes, mais de quoi est-il question au juste dans ce recueil d'histoires ?

DANIAL : Il s'agit d'un roi, Schahriar, qui est témoin d'une scène où il surprend sa femme avec un esclave noir. Il les tue et, à la suite de cet événement, chaque jour il prend une vierge qu'il tue une fois la nuit écoulée. Mais arrive Schahrazade, qui entreprend de lui raconter des histoires qui éveillent sa curiosité, de sorte qu'il attend à chaque fois la fin de l'histoire jusqu'au lendemain. Ainsi il épargne Schahrazade d'une nuit à l'autre. Cela dura mille nuits et une nuit, à la fin desquelles, l'histoire terminée, il décida de ne pas la tuer.

HASSIB : Mais comment a-t-elle pu raconter autant d'histoires ?

DANIAL : Cette jeune fille était très intelligente et elle savait ce qu'elle faisait. Elle connaissait les légendes des rois anciens, des peuples passés, et elle avait lu mille livres d'histoires.

HASSIB : Mais pourquoi mille et une nuits ? Elle aurait pu s'arrêter avant ou continuer. Et pourquoi ce titre : *Mille Nuits et une nuit* ? Pourquoi le roi ne l'a-t-il pas tuée quand elle s'est arrêtée, comme toutes les autres ? Que s'est-il passé ?

DANIAL : Très bonnes questions. En effet, pourquoi après cet événement a-t-il tué une jeune fille chaque nuit, répétant inlassablement le même acte, comme s'il ne pouvait faire autre chose que répéter cette première scène où il surprit sa femme et la tua ? Cet événement ne pouvant être nommé, il a fallu mille et une nuits pour qu'il cesse.

HASSIB : Que veut dire « nommer » ?

DANIAL : « Nommer », c'est passer du sensible à l'intelligible.

HASSIB : Cela voudrait dire qu'il a fallu mille et une nuits pour qu'il puisse s'arrêter de répéter la même chose ? Autrement dit, pour pouvoir passer du sensible à l'intelligible, pouvoir nommer ?

DANIAL : Exactement.

HASSIB : Mais alors, pourquoi mille nuits et une nuit ?

DANIAL : La réponse est dans le titre : *Alf Lailah oua lailah*[2]. Sois très attentif à ce qui va suivre : tu sais que d'après la tradition des Anciens chaque lettre de l'alphabet a une valeur numérique : ainsi la première lettre correspond à 1, la deuxième à 2, etc. Ainsi la première lettre *a* correspond à 1 et le nom de cette lettre s'écrit *alf*. *Alf* signifie « mille ». Ce qui revient à dire que le nom de la première lettre s'écrit de la même manière que le mot qui veut dire « mille ». La racine est la même, seule la vocalisation change.

HASSIB : J'entends bien, mais quel rapport avec les contes ?

DANIAL : Tu dois savoir qu'*alf* est aussi la racine d'un verbe qui veut dire « apprivoiser, éduquer, apprendre », et il est dit dans le préambule que les légendes des Anciens sont une « leçon » pour les Modernes. Il faut donc prendre ces contes comme des leçons.

HASSIB : Si je comprends bien, ces mille nuits ou leçons serviraient à passer du sensible à l'intelligible, à pouvoir nommer. De même que pour nommer *a*, on écrit *alf*, on passe par *alf lailah* « mille nuits » pour pouvoir nommer. Mais a-t-on d'autres éléments qui nous permettent cette interprétation ?

DANIAL : A la fin des *Mille Nuits et une nuit*, il est dit que le roi ordonna aux scribes d'écrire « tout ce qui lui était arrivé avec son épouse Schahrazade depuis le commencement jusqu'à la fin, sans omettre un seul détail. Et ils se mirent à l'œuvre et écrivirent de la sorte, en lettres d'or, trente volumes, pas un de plus, pas un de moins » (Mardrus, II, 1018).

HASSIB : Pourquoi trente volumes, pas un de plus, pas un de moins ?

DANIAL : C'est justement là où je veux en venir : de la même façon qu'*alf*, nom de la première lettre, est aussi la racine d'un verbe qui veut dire « apprendre », il existe une autre lettre dont le nom en hébreu, langue dont l'arabe est proche, est aussi un verbe

2. Trad. littérale : « Mille Nuits et une nuit ».

qui veut dire «apprendre», c'est la lettre *l*, nommée *lmd*, qui a donné dans notre langue *tilmidh*, «élève». Et cette lettre *l* a pour valeur numérique 30, d'où les trente volumes.

HASSIB : Je suis satisfait de ces explications, mais jusqu'à présent on s'est interrogé sur «mille» et il s'agit de «mille nuits et *une nuit*». Que signifie cette nuit après la millième?

DANIAL : La nuit après la millième est une ère nouvelle, car il est écrit dans l'épilogue que la mille et unième nuit «devient la date d'une ère nouvelle pour les sujets du roi Schahriar» (Mardrus, II, 1017). Sache, mon fils, que toutes les réponses sont dans le livre pour qui se donne la peine de les chercher...

* *
*

Je m'appelle Schahriar. Je suis le roi de Sassan, fils d'Abraham et d'Agar. Je suis dans la quatre-vingt-dix-neuvième année de ma vie. Au terme de cette année, cette nuit, le souffle de mon corps va s'en aller. Je ne verrai pas le matin du premier jour de ma centième année. En cet instant où la Séparatrice des amis, la Destructrice des palais, l'Inexorable va à la compassion d'Allah me soumettre, ce n'est ni de mon histoire ni des histoires racontées que je veux me souvenir. De cela les historiens et les annalistes se sont chargés : trente volumes, pas un de plus, pas un de moins, en tiennent annales. En cette veille de ma mort, j'essaie de saisir ce qui, en moi, survint par la voix à qui Schahrazade donna corps.

Mon nom, je vous ai dit, oubliant que je suis celui que l'on oublie toujours; je suis pourtant le roi dont le malheur vous donna, à vous, postérité des hommes, *Le Livre des mille nuits et une nuit*. Par sa voix, Schahrazade se fit «rançon pour les filles des Mousslemines afin d'être la cause de leur délivrance d'entre mes mains» (Mardrus, I, II) en me délivrant de l'empire du malheur. Par ses contes, nuit après nuit, elle distilla, en mes veines, le doux poison de la vie. Sans que j'y prenne garde, elle fit renaître en moi la jouissance de la vie et il me devint inenvisageable de « passer une nuit sans ses paroles à mes oreilles et sans sa vue à mes yeux » (Mardrus, II, 917). Cela, je ne pus lui dire qu'après neuf cent cinquante-huit nuits passées ensemble.

En mon cœur elle fut bien avant que je ne puisse le reconnaître et elle le fut encore plus lors de la mille et unième nuit, premier jour d'une ère nouvelle, quand d'elle j'appris qu'au cours de ces mille nuits, par son entremise, le Rétributeur m'avait octroyé trois fils. Ma parole put, alors, s'adresser à elle, s'élevant de l'oubli du malheur que ses contes avaient rendu possible, pour lui dire que je l'avais « aimée en mon esprit parce qu'en elle j'avais trouvé une femme pure, pieuse, chaste, douce, indemne de toute duperie, intacte à tous égards, ingénue, subtile, éloquente, discrète, souriante et sage » (Mardrus, II, 1014). Par elle, mes nuits de l'angoisse et de l'insomnie furent délivrées, de nouveau je pus goûter au plaisir du sommeil sans peur du rêve où l'âme s'accomplit. Sa voix et ses paroles m'enlevèrent la crainte du noir de la nuit, les nuits devinrent trop courtes pour l'envie d'entendre sa voix qui m'avait saisi (Mardrus, II, 905).

Cela faisait trois ans que j'étais tout à mon mal comme une ombre parmi les vivants, tous les gestes propres à ceux-ci je faisais absent à moi-même. La raison s'était envolée de ma tête, quand j'avais voulu voir de mon propre œil ce qui, dans le jardin de mon palais, se passait, en mon absence, selon mon frère. Posté à une fenêtre, j'avais vu l'état de choses qui y régnait, mon épouse la reine accolée au nègre Massaoud, les esclaves hommes prenant les esclaves femmes. J'étais resté sans mots, pétrifié par cette vision, sans autre réaction que la fuite. Après un temps d'errance en compagnie de mon frère, ayant trouvé plus puissant que moi à qui pire malheur était arrivé, je revins en mon palais et exerçai sans goût mes tâches royales. Dès mon retour, j'avais fait décapiter l'infidèle et ses complices. Et j'avais ordonné à mon vizir qu'à compter de ce jour, chaque nuit, une jeune fille vierge me soit amenée, à qui je ravirais sa virginité et qu'au petit matin je ferais décapiter. Nuit après nuit, vierge après vierge, ne s'épuisait pas mon malheur, sans nom il restait, blanches étaient mes nuits, grande l'angoisse.

Vint alors Schahrazade. D'abord je ne sus pas qu'elle était venue, tant elle me paraissait semblable à celles qui l'avaient précédée. Pourtant, dès que j'avais voulu la prendre, un changement était apparu, ses larmes imposèrent la présence de sa sœur Doniazade, qu'elles réclamaient. Ce fut par celle-ci que vint la sollicitation à raconter une histoire. L'idée d'un conte m'était apparue comme un moyen de passer une nuit, d'éviter l'angoisse et l'insomnie. Ainsi commença la première nuit de narration, mais ce ne fut que bien plus tard, lors de la neuf cent quatrième nuit, que je la reconnus comme ayant été la première.

Au terme de cette première nuit, le conte n'était pas fini. Je voulus en connaître la suite, aussi : « Par Allah ! me dis-je, je ne la tuerai que lorsque j'aurai entendu la suite de son conte. » La deuxième nuit s'acheva sans que l'histoire à son dénouement soit parvenue. Schahrazade, ainsi, survécut à cette nuit-là aussi. La troisième nuit, j'entendis la fin de la première histoire, mais à peine Schahrazade eut-elle achevé sa narration que, d'une promesse, elle me laissait entendre qu'une plus étonnante histoire elle connaissait. Ma curiosité étant éveillée, je l'invitai à la raconter. Au petit matin de la quatrième nuit, la deuxième histoire n'était pas finie. « Par Allah ! Je ne la tuerai que lorsque j'aurai entendu la suite de son conte. »

Et ainsi, sans que je m'en rende compte, s'écoulèrent les nuits, passèrent les jours. Prêtant sa voix aux légendes du passé, Schahrazade le faisait revivre devant moi, derrière les personnages qu'elle rendait présents. Elle se faisait oublier comme victime possible; par cette voix prêtée sa vie prenait une valeur considérable à mes yeux sans que je m'en aperçoive. Si aucune nuit je n'oubliais de faire ma chose avec elle, chaque matin j'oubliais ou remettais l'exécution de Schahrazade. Celle-ci veillait dans sa narration à ce que je ne me fatigue pas ni ne perde mon intérêt. Dans le jour, somnambule, je vaquais aux affaires de mon royaume, toujours aussi peu présent aux intérêts de celui-ci mais commençant à être plus présent à mes affaires la nuit. Nuit dont je commençais à attendre le retour avec impatience.

Passèrent ainsi cent quarante-cinq nuits sans que je songe à mettre Schahrazade à mort; cette nuit-là, selon *Le Livre*, la tendresse vint au regard que sur elle je posai. Pour la première fois surgit en moi le regret du massacre de tant d'adolescentes et je pensai que je devais épargner Schahrazade.

Schahrazade, je m'en rends compte, était attentive au moindre mouvement de mon âme, aux froncement de mes sourcils, à mon air triste ou gai; la moindre de mes remarques guidait sa narration, déterminait le choix des histoires. Cela, elle le faisait non par vile flatterie, mais par le réel souci que de moi elle prenait. Vigilante aux effets de ce qu'elle me racontait elle était. Tantôt me détournant de mon malheur par des histoires plaisantes ou extraordinaires, tantôt m'y ramenant au risque de perdre sa tête.

Elle tissait, autour de moi, en donnant voix au passé immémorial des rois et des peuples passés, le filet au moyen duquel elle m'arracherait à l'océan de mon malheur, pour me redonner le bonheur de vivre. Par sa voix, elle détournait mon esprit de la scène terrible où mon regard l'avait gardé prisonnier. A moi qui ne dormais plus, ou si mal et si peu, depuis des nuits et des nuits, elle redonnait la force du rêve, cette capacité de voir l'invisible, l'épaisseur du jour.

Diserte Schahrazade, de sa bouche coulait le miel, brillait son intelligence dans la nuit, resplendissait sa beauté et devenaient le grain de sa peau, le toucher de sa voix mes biens les plus précieux, ceux que je ne possédais que du don qu'elle m'en faisait. Intimes nous devenions, je prenais goût à dormir auprès d'elle, chacun rêvant de son côté au côté de l'autre.

Par elle me revenait la patience, se reconstituait ma capacité de différer; en la promesse je retrouvais confiance. Dès la deux cent quarante-neuvième nuit, ce n'était plus pour être gardé de l'insomnie que je souhaitais des histoires, c'est pour écouter ma conteuse que je retardais le moment de dormir.

Au fil des histoires, je pouvais enfin parler de ce qui m'était arrivé, d'abord avec colère, celle que je n'avais pas eue sur le moment, puis avec une certaine prise de distance et enfin comme d'une chose qui m'était arrivée dans un passé n'ayant plus maintenant d'actualité.

A produire l'oubli en moi en me permettant de donner un nom à ce qui fut et fit s'envoler ma raison travaillait la voix de Schahrazade. Par elle de mon passé la nuit ne fis plus cauchemar mais rêve.

Quand elle vint à moi pour la première fois, en mon royaume, les humains étaient dans les cris de douleur et le tumulte de la terreur, les pères et les mères fuyaient les villes de mon royaume avec ce qu'il leur restait de filles. Avec elle, la bénédiction fut sur le pays et bienheureux, comme elle, furent mes sujets.

Mille nuits il lui fallut pour que mon regard se détourne de la scène où il était emprisonné. Si, à mon insu, de ma bouche jaillirent dès la deux cent soixante-dixième des louanges indirectes, neuf cent trente-sept nuits furent nécessaires pour que ma conscience reconnaisse l'amour qui de mon âme avait pris possession et pour qu'enfin j'accepte de voir Schahrazade dans toute sa splendeur et que je sache que, désormais, je ne saurais passer un jour de ma vie sans que sa voix parvienne à mon oreille.

Par elle revint à mon esprit l'entendement qu'il avait perdu. Les mots retrouvèrent toute leur saveur. Et, en eux, il me fut possible d'entendre le nom absent d'Allah, le centième, et, pour que cela fût, la voix eut à se faire entendre mille nuits du sans-foi que j'étais devenu.

Ma vie arrive à son terme; à ma vie pas un jour n'a manqué Schahrazade. Demain, je la laisserai seule. Le temps en rien n'a entamé mon amour, dans nos corps il a creusé les sillons des rencontres, les traces de la vie. Certes, la figure de Schahrazade de rides s'est creusée mais sans la défigurer, rendant plus précis et plus pur le visage de mon amour. En sa peau, les creux laissés en celle qui, pendant tant d'années, fut mon hôtesse par l'hôte que, bien des jours et des nuits, je fus.

De la bouche de ma compagne, cette femme aux longues cuisses de gazelle, aux yeux palombe et aux cheveux de geai, coula le miel d'entre ses lèvres, qui sont « tel un fil écarlate ». Par sa voix furent sauvées de ma folie meurtrière les filles des Mousslemines, ainsi au peuple issu d'Abraham et d'Agar une descendance fut assurée qui louanges et gloire pourra faire entendre jusqu'à la fin des temps à Celui qui reste intangible dans son éternité. A lui notre recours pour une heureuse et bienheureuse FIN.

CHAPITRE II

A l'ombre des mots en fleur

Dans un magnifique livre intitulé *Sur la lecture*, Marcel Proust nous introduit à sa façon à la bibliothérapie. Il faudrait presque le citer en entier, chaque phrase nous faisant mieux comprendre l'univers des livres et de la lecture. Nous ne retiendrons cependant qu'une longue citation où Proust expose explicitement certaines modalités du rapport entre lecture et thérapie :

> Il est cependant certains cas pathologiques pour ainsi dire, de dépression spirituelle, où la lecture peut devenir une sorte de discipline curative et être chargée, par des incitations répétées, de réintroduire perpétuellement un esprit paresseux dans la vie de l'esprit. Les livres jouent alors auprès de lui un rôle analogue à celui des psychothérapeutes auprès de certains neurasthéniques. On sait que, dans certaines affections du système nerveux, le malade, sans qu'aucun de ses organes soit lui-même atteint, est enlisé dans une sorte d'impossibilité de vouloir, comme dans une ornière profonde d'où il ne peut se tirer tout seul, et où il finirait par dépérir, si une main puissante et secourable ne lui était tendue. Son cerveau, ses jambes, ses poumons, son estomac sont intacts. Il n'a *aucune incapacité réelle* de travailler, de marcher, de s'exposer au froid, de manger. Mais ces différents actes, qu'il serait très capable d'accomplir, il est incapable de les vouloir. Et une déchéance organique qui finirait par devenir l'équivalent des maladies qu'il n'a pas serait la conséquence irrémédiable de l'inertie de sa volonté, si l'impulsion qu'il ne peut trouver en lui-même ne lui venait du

dehors, d'un médecin qui voudra pour lui, jusqu'au jour où seront rééduqués ses divers pouvoirs organiques. Or, il existe certains esprits qu'on pourrait comparer à ces malades, et qu'une sorte de paresse ou de frivolité empêche de descendre spontanément dans les régions profondes de soi-même où commence la véritable vie de l'esprit. Ce n'est pas qu'une fois qu'on les y a conduits ils ne sont capables d'y découvrir et d'y explorer de véritables richesses, mais, sans cette intervention étrangère, ils vivent à la surface dans un perpétuel oubli d'eux-mêmes, dans une sorte de passivité qui les rend les jouets de tous les plaisirs, les diminue à la taille de ceux qui les entourent et les agitent, et, pareils à ce gentilhomme qui, partageant depuis son enfance la vie des voleurs de grand chemin, ne se souvenait plus de son nom, pour avoir depuis trop longtemps cessé de le porter, ils finiraient par abolir en eux tout sentiment et tout souvenir de leur noblesse spirituelle, si une impulsion extérieure ne venait les réintroduire en quelque sorte de force dans la vie de l'esprit, où ils retrouvent subitement la force de penser par eux-mêmes et de créer. Or, cette impulsion que l'esprit paresseux ne peut trouver en lui-même et qui doit lui venir d'autrui, il est clair qu'il doit la recevoir au sein de la solitude hors de laquelle, nous l'avons vu, ne peut se produire cette activité créatrice qu'il s'agit précisément de ressusciter en lui. De la pure solitude l'esprit paresseux ne pourrait rien tirer, puisqu'il est incapable de mettre lui-même en branle son activité créatrice. Mais la conversation la plus élevée, les conseils les plus pressants ne lui serviront à rien, puisque cette activité originale, ils ne peuvent la produire directement. Ce qu'il faut donc, *c'est une intervention qui, tout en venant d'un autre, se produise au fond de nous-mêmes, c'est bien l'impulsion d'un autre esprit, mais reçue au sein de la solitude. Or nous avons vu que c'était précisément là la définition de la lecture, et qu'à la lecture seule elle convenait.* La seule discipline qui puisse exercer une influence favorable sur de tels esprits, c'est donc la lecture : ce qu'il fallait démontrer, comme disent les géomètres. Mais, là encore, la lecture n'agit qu'à la façon d'une incitation qui ne peut en rien se substituer à notre activité personnelle ; elle se contente de nous en rendre l'usage, comme, dans les affections nerveuses auxquelles nous faisions allusion tout à l'heure, le psychothérapeute ne fait que restituer au malade la volonté de se servir de son estomac, de ses

> jambes, de son cerveau restés intacts. Soit d'ailleurs que tous les esprits participent plus ou moins à cette paresse, à cette stagnation dans les bas niveaux, soit que, sans lui être nécessaire, l'exaltation qui suit certaines lectures ait une influence propice sur le travail personnel, on cite plus d'un écrivain qui aimait à lire une belle page avant de se mettre au travail. Emerson commençait rarement à écrire sans relire une page de Platon. Et Dante n'est pas le seul poète que Virgile ait conduit jusqu'au seuil du paradis[1].

Quel bonheur de rencontrer un texte aussi simple et aussi pertinent ! Ce n'est pas un hasard si ce texte émane de l'auteur d'*A la recherche du temps perdu* car la dimension fondamentale sous-jacente à toutes ses réflexions est le temps. Le temps ou — un terme plus philosophique, qui fait mieux sentir le processus dynamique du déploiement du temps — la temporalité est le noyau de la bibliothérapie. Toute l'œuvre de Proust peut être considérée comme une «petite fabrique de temps» par le biais de la narration, écriture et lecture.

Accession au temps, fabrication du temps, rencontre entre l'homme et le temps grâce au récit. C'est là l'hypothèse de base de toute la réflexion bibliothérapeutique, hypothèse qui a été admirablement formulée, commentée et développée dans l'œuvre de Paul Ricœur, et plus particulièrement dans sa trilogie *Temps et Récit*[2]. Il y relance systématiquement la question que l'on

1. M. Proust, *Sur la lecture, op. cit.*, p. 34-37. C'est nous qui soulignons.

2. Paul Ricœur, *Temps et Récit, op. cit.* Trois tomes : t. I : *Temps et Récit*, 1983 ; t. II : *La Configuration du temps dans le récit de la fiction*, 1984 ; t. III : *Le temps raconté*, 1985. Nous citons désormais *TR I, TR II, TR III*. Deux ouvrages complètent cette réflexion : *Du texte à l'action. Essais d'herméneutique II*, Éd. du Seuil, 1986 ; *Soi-même comme un autre*, Éd. du Seuil, 1990. Quelques articles concernant cette problématique se trouvent dans *Lectures II. La contrée des philosophes*, Éd. du Seuil, 1992. Il existe quatre recueils consacrés à cette problématique de *Temps et Récit*, avec des articles importants de Ricœur lui-même. Un numéro de la revue *Esprit*, «Paul Ricœur», 1988 ; *«Temps et Récits» de Paul Ricœur en débat*, Éd. du Cerf, coll. «Procope», 1990 ; le n° 11 de la revue *Études*

trouve textuellement chez Aristote, Augustin, Kant, Husserl et Heidegger : qu'est-ce que le temps[3] ? A la suite de l'échec de la philosophie ou de la phénoménologie, d'Augustin à Heidegger, à conceptualiser le temps de manière satisfaisante, Ricœur propose une nouvelle voie pour essayer de résoudre cette question. « Le titre — *Temps et Récit* —, par sa simplicité et sa structure, est trop apparenté au titre *Être et Temps* de Heidegger pour ne pas apparaître comme son prolongement ou sa réplique[4]. »

La réponse de Ricœur peut se formuler de la manière suivante : l'échec d'une philosophie du temps est inhérente à la nature du temps lui-même. Le temps ne se laisse pas conceptualiser. Le temps insaisissable est un défi lancé à la pensée. « Or ce défi, ce n'est plus la philosophie, qui paraît avoir épuisé ses possibilités, mais le récit qui le relèvera[5]. » Thèse fondamentale : « Le temps devient temps humain dans la mesure où il est articulé de manière narrative. En retour, le récit est significatif dans la mesure où il dessine les traits de l'expérience temporelle[6]. »

Il existe ainsi une circularité entre la narrativité et la temporalité qui n'est pas un cercle vicieux, mais un cercle « bien portant », qui va rendre possible un mieux « se porter ». Par le récit, le temps sort de la philosophie pour entrer dans la vie... « Le récit atteint sa signification plénière quand il devient une condition de l'écriture temporelle[7]. »

Il est important de distinguer trois modalités du rapport de l'homme au temps :

---

phénoménologiques, « Paul Ricœur : temporalité et narrativité », Ousia, 1990 ; le colloque de Cerisy de 1988, publié sous le titre, *Paul Ricœur, les métaphores de la raison herméneutique*, Éd. du Cerf, 1991.

3. *TR III*, p. 144.

4. Jean Grondin, « L'herméneutique positive de P. Ricœur », in *« Temps et Récit » en débat, op. cit.*, p. 127.

5. *Ibid.*, p. 130.

6. *TR I*, p. 17.

7. *Ibid.*, p. 85.

— penser le temps : temps conceptualisé;
— être conscient du temps : temps éprouvé;
— vivre le temps : temps vécu.

Ces trois modalités de rapport au temps ne sont pas trois types d'attitude distincts à l'égard du même temps unique, mais trois événements entièrement différents dans leurs structures ontologiques. Il s'agit en effet de réalités nettement différenciées bien qu'elles aient pour seul nom commun «le temps»[8].

Même si *Temps et Récit* est une réflexion théorique sur le temps et appartient ainsi d'abord à «penser le temps» et «être conscient du temps», la bibliothérapie, fondée sur les effets du récit, appartient sans aucun doute au domaine du *temps vécu* :

> Le *temps vécu* se distingue du *temps éprouvé* dans le sens où dans le *temps vécu*, le temps lui-même ne devient pas nécessairement le contenu de l'expérience de la conscience. Autrement dit, dans ce dernier cas, le temps n'est pas nécessairement constitué noématiquement en tant qu'objet de l'intentionnalité. Dans le temps vécu, ce sont tous les éléments constituant la vie qui entrent dans le champ de la conscience, sans nécessairement que la temporalité y apparaisse en tant que telle.

* *
*

Revenons à Proust.

Dans le texte que nous avons cité, le mot «temps» n'apparaît pas une seule fois, temps disparu en même temps que la volonté, «où l'homme est enlisé dans une sorte d'impossibilité de vouloir,

8. Dans *Écrits de psychopathologie phénoménologique*, PUF, 1992, Kimura Bin insiste sur la distinction entre temps vécu (vivre le temps) et temps éprouvé (être conscient du temps), p. 47 *sq.* Nous ajouterons à cette distinction le temps conceptualisé et philosophique (penser le temps).

comme dans une ornière profonde[9] ». Le corps est intact : « Aucune incapacité réelle de travailler, de marcher, de s'exposer au froid, de manger ; mais ces différents actes, qu'il serait capable d'accomplir, il est incapable de les vouloir[10]. » Nous avons là une description de « cet étrange malaise qu'on nomme dépression[11] ».

Au centre de la symptomatologie : fatigue, impuissance, ennui, mais surtout raréfaction, puis disparition du désir... Ce dont il est question ici est une atrophie centrale de la capacité de désirer. Tout est atteint, la libido, bien sûr, l'appétit, la curiosité intellectuelle, la volonté même de vouloir. Disparaît aussi la capacité d'éprouver du plaisir : l'*anhédonisme*. Il en résulte une véritable anesthésie à l'égard de tout ce qui est, qui peut conduire à l'extrême difficulté, voire l'arrêt de l'agir.

Le déprimé stagne dans l'inaction ? Dans des états graves, on observe une sidération complète. Ces situations s'accompagnent d'une baisse d'estime de soi, d'accumulation de pensées dévalorisantes concernant la santé, les qualités humaines et professionnelles[12]... Mais le symptôme primordial de la dépression est une perturbation de l'appréhension du temps, de la faculté d'anticiper[13].

Stagnation temporelle, impasse temporelle et fermeture spatiale. Le monde se referme sur lui-même en un univers clos, sans aucun horizon. « Par rapport au temps, le déprimé est un homme ligoté, astreint au ressassement et à la répétition de mêmes pensées pénibles et dévalorisantes[14]. » « L'anticipation est le mouvement par

9. *Ibid.*, p. 48.
10. M. Proust, *Sur la lecture, op. cit.*, p. 34.
11. *Ibid.*, p. 35.
12. *Ibid.*
13. Titre d'un article de Y. Pélicier, in *L'Anticipation, clé du temps du déprimé*, Euthérapie, 1991, p. 6 *sq.*
14. *Ibid.*, p. 12.

lequel l'homme se porte de tout son être au-delà du présent dans un avenir, proche ou lointain, qui est essentiellement son avenir[15].» La dépression est en quelque sorte une «amputation du futur».

Il est intéressant et important de noter qu'il n'y a pas de futur sans passé, pas d'espoir sans mémoire. Cette remarque nous permettra de mieux comprendre le rôle de certaines lectures. Les maladies de l'âme sont des maladies du temps, chronopathologies auxquelles doit répondre une chronothérapie.

Pour Proust, c'est dans ces cas de dépression spirituelle que «la lecture peut devenir une sorte de discipline curative[16]...». Elle n'agit pas de façon miraculeuse, mais «à la façon d'une incitation qui ne peut en rien se substituer à notre activité personnelle; elle se contente de nous en rendre l'usage [...] de restituer au malade la volonté de se servir de son estomac, de ses jambes, de son cerveau restés intacts[17]...».

La lecture ne fait pas seulement sortir de la dépression mais pourra, selon différentes modalités, rendre possible une réinsertion dans une temporalité harmonique où le futur puise sa force dans le passé et où la mémoire donne des ailes à l'espoir.

15. J. Sutter, «L'anticipation dans l'impasse dépressive», art. cit., *ibid.*, p. 22 *sq.*
16. M. Proust, *Sur la lecture, op. cit.*, p. 34.
17. *Ibid.*, p. 37.

CHAPITRE III

Les sept mendiants

Un conte de Rabbi Nahman de Braslav

1

Il était une fois un roi qui avait un fils unique. Il voulut lui transmettre le royaume de son vivant. Il donna une grande fête. La joie fut particulièrement grande en ce jour où le roi, de son vivant, transmettait le royaume à son fils. Tous les princes, tous les ducs, tous les nobles assistaient à la fête. Le pays était très content que le roi transmette le royaume de son vivant à son fils, car c'était un grand honneur pour le roi. La joie était très grande. Il y avait toutes sortes de festivités : orchestre, pièces de théâtre et autres amusements, bref, tout ce qu'il faut pour une fête.

Alors que tout le monde était déjà bien joyeux, le roi se leva et dit à son fils : « Je sais lire dans les étoiles et j'ai vu qu'un jour tu abdiquerais. Par conséquent, veille à ne pas être triste si tu abdiques et sois joyeux. Même si tu es triste, je serai joyeux que tu ne sois pas roi. En effet, tu ne mériterais pas d'être roi si tu n'étais pas joyeux. Si tu es homme à ne pas être joyeux lorsque tu abdiques, tu n'es pas digne d'être roi. Mais si tu es joyeux, je serai, moi, très joyeux. »

Le prince régna sur le pays avec rigueur. Il nomma des ministres, des ducs, des nobles et organisa une armée. Le prince était un sage et il aimait beaucoup la sagesse. Il était entouré de sages éminents et celui qui venait le voir et possédait quelque savoir était bien considéré. Le prince accordait honneurs et richesses aux sages en récompense de leur sagesse. Ce que chacun voulait, il le lui donnait. Voulait-on des honneurs ? Il les accordait. Tout cela en récompense de la sagesse. Comme le prince aimait beaucoup la sagesse, le pays tout entier s'adonna à l'étude des sciences. Celui qui voulait de l'argent étudiait les sciences et celui qui voulait des honneurs faisait de même. Tous s'adonnaient aux sciences. Le pays oublia l'art de la guerre parce que tous les habitants étudiaient les sciences, et le moins savant d'entre eux eût été très sage dans un autre pays. Les sages de ce pays étaient des hommes de sagesse extraordinaire.

Ces sages tombèrent dans l'hérésie à cause des sciences et entraînèrent le prince. Cependant, les gens simples ne furent pas atteints et ne tombèrent pas dans l'hérésie. La science des sages était si profonde que les gens simples ne pouvaient s'y plonger et c'est pourquoi ils ne tombèrent pas dans l'hérésie. Par contre, les sages et le prince devinrent hérétiques. Cependant, le prince était bon car il était né doué de bonté et de bonnes qualités. Il pensait souvent : « Où suis-je ? Que suis-je en train de faire ? » Et il gémissait et soupirait. Il se disait : « A quoi cela rime, de se plonger là-dedans ? Qu'est-ce que cela peut me faire ? Où suis-je ? » Et il soupirait. Pourtant, dès qu'il se remettait à réfléchir, il revenait aux sciences hérétiques. Et cela se reproduisit plusieurs fois. Il se demandait : « Où suis-je ? Qu'ai-je à faire là-dedans ? » Et il gémissait et soupirait. Mais dès qu'il se remettait à réfléchir, l'hérésie revenait de plus belle.

2

Un jour, dans un pays, il y eut un exode. Tous les habitants s'enfuirent. Dans leur fuite, ils traversèrent une forêt où ils perdirent deux enfants, un garçon et une fille. Quelqu'un perdit un garçon, quelqu'un d'autre une fille. Ils étaient encore petits, ils avaient entre quatre et cinq ans. Les petits n'avaient pas de quoi manger : ils pleuraient et criaient...

Alors un mendiant qui portait des sacs arriva. Les enfants commencèrent à tourner autour de lui et à s'agripper à lui. Il leur donna du pain et ils mangèrent. Il leur demanda : «D'où venez-vous?» Ils lui répondirent : «Nous ne savons pas», car ils étaient encore petits. Il s'éloigna, mais ils lui demandèrent de les emmener avec lui. Il leur dit : «Je ne veux pas que vous veniez avec moi.» Et ils s'aperçurent que le mendiant était aveugle. Ils furent très étonnés qu'étant aveugle il sût où aller. (En vérité, on peut être surpris que les enfants se soient posé la question car ils étaient encore petits. Mais comme ils étaient intelligents, ils s'étonnèrent.) Le mendiant leur donna sa bénédiction : «Puissiez-vous être comme moi! Puissiez-vous être aussi vieux que moi!» Puis il leur donna encore du pain et s'éloigna. Les enfants comprirent que Dieu veillait sur eux et leur avait envoyé un mendiant aveugle pour leur donner à manger. Puis le pain fut épuisé. Ils se remirent à crier : «A manger!» La nuit tomba et ils passèrent la nuit dans la forêt. Ils crièrent et pleurèrent à nouveau.

Un mendiant, qui était sourd, arriva. Ils commencèrent à lui parler mais il fit un geste de la main et dit : «Je n'entends pas.» Le mendiant leur donna du pain et commença à s'éloigner. Ils voulaient que le mendiant les emmenât avec lui, mais il refusa. Et lui aussi leur donna sa bénédiction : «Puissiez-vous être comme moi!» Il leur laissa du pain et s'éloigna. Lorsque le pain fut épuisé, ils se remirent à crier.

Un autre mendiant, qui était bègue, arriva. Ils commencèrent à lui parler et il répondit en bégayant. Ils ne comprirent pas ce qu'il disait, mais lui les comprit. Il leur donna du pain et sa bénédiction, à savoir qu'ils soient comme lui, et il partit.

Puis un autre mendiant, qui avait le cou déformé, arriva. Plus tard survint un mendiant qui n'avait pas de mains. Et vint un mendiant qui n'avait pas de pieds. Chaque mendiant leur donna du pain et les bénit en leur souhaitant d'être comme lui.

Lorsque le pain fut épuisé, ils réussirent à quitter la forêt et rencontrèrent une route. Ils l'empruntèrent et arrivèrent au village. Les enfants entrèrent dans une maison. On eut pitié d'eux et on leur donna du pain. Ils se rendirent dans une autre maison où on leur donna aussi du pain. Ils allèrent de maison en maison en voyant que cela marchait : on leur donnait du pain.

Les enfants décidèrent de rester toujours ensemble et ils se fabriquèrent de grands sacs. Ils allaient dans les maisons, participaient à toutes les fêtes, circoncisions et mariages. Ils continuèrent leur chemin, entrèrent dans les villes. Ils allaient de maison en maison, visitaient les foires, s'installaient avec les mendiants. Ils s'asseyaient sur des bancs, leur sébile à la main. Tous les connaissaient et savaient qu'ils étaient les petits enfants qui s'étaient perdus dans la forêt.

Un jour, une grande foire eut lieu dans une grande ville. Tous les mendiants et les deux enfants s'y rendirent. Les mendiants eurent l'idée de les marier. Ils en discutèrent et l'idée leur plut beaucoup. Mais comment célébrer le mariage? On décida que, puisque tel jour était l'anniversaire du roi, tous les mendiants se rendraient à la fête et mendieraient du pain natté et de la viande. Ils auraient ainsi de quoi célébrer le mariage. C'est ce qui arriva : tous les mendiants se rendirent à la fête et mendièrent de la viande et du pain natté et prirent tout ce qui restait du banquet, viande et pain. Ils s'en allèrent et creusèrent un grand trou qui pouvait abriter cent personnes. Ils le couvrirent avec des poutres, de la terre et des détritus et y entrèrent. Ils installèrent un dais nuptial et célébrèrent le mariage des enfants. Ils se réjouirent beaucoup. Les jeunes mariés étaient aussi très joyeux et ils se rappelèrent les bienfaits que Dieu leur avait accordés lorsqu'ils étaient dans la forêt. Ils se mirent à pleurer et à se languir : « Comment retrouver le premier mendiant, l'aveugle, qui nous a apporté du pain dans la forêt ? »

Le premier jour

Alors qu'ils se languissaient, le mendiant aveugle les appela : « Me voici. Je suis venu à votre mariage et je vous apporte un "cadeau de parole[1]" : puissiez-vous être aussi vieux que moi ! Je vous avais souhaité d'être aussi vieux que moi. Maintenant je vous apporte cela en cadeau de mariage : être aussi vieux que moi ! Vous croyez peut-être que je suis aveugle ? Il n'en est rien. Le temps est relatif. Un clin d'œil : l'éternité. L'éternité : un clin d'œil. De ce fait, je suis très vieux et cependant je suis jeune et je n'ai pas encore commencé à vivre. Pourtant je suis très vieux et je ne suis pas le seul à le dire, car j'ai l'approbation du grand aigle. Je vais vous raconter mon histoire :

> « Un jour, des hommes partirent sur la mer avec toute une flotte. Une tempête éclata et brisa tous les navires. Les hommes furent sauvés et arrivèrent à une tour. Ils montèrent dans

1. En yiddich, *droche geshenk* : cadeau que l'on donne aux mariés après le discours prononcé par le marié. En hébreu, *matana ledracha* : un cadeau pour le discours ou un cadeau sur lequel il y a à discourir.

la tour et trouvèrent toutes sortes de nourritures et de boissons, des vêtements, tout ce dont ils avaient besoin. Tout était très bien, tous les plaisirs du monde étaient disponibles. Les naufragés décidèrent que chacun raconterait une histoire ancienne, l'histoire la plus ancienne dont il se souvenait depuis qu'il avait commencé à avoir de la mémoire. Il y avait parmi eux des vieux et des jeunes.

«Ce fut le plus vieux d'entre eux qui eut l'honneur de parler le premier. Il dit : "Que vais-je pouvoir raconter? Je me souviens du jour où la pomme fut arrachée de l'arbre." Personne ne comprit ce qu'il avait dit. Mais il y avait parmi eux des sages qui déclarèrent : "C'est vraiment une histoire très ancienne." Puis un autre vieillard, un peu plus jeune, eut l'honneur de parler à son tour et il dit : "C'est une histoire ancienne? Moi, je me souviens de cette histoire et je me souviens même du moment où la lumière brûlait." Ils s'écrièrent que cette histoire était bien plus ancienne que la première. C'était d'ailleurs bien étonnant car le deuxième vieillard était plus jeune que le premier et pourtant il se souvenait d'une histoire plus ancienne.

«Puis le troisième vieillard eut l'honneur de parler. Il était plus jeune que les deux premiers. Il dit : "Je me souviens du moment où la constitution du fruit eut lieu, lorsqu'il commença à être fruit." On s'écria : "Cela est vraiment une histoire très ancienne!" Puis le quatrième vieillard, qui était encore plus jeune, s'écria : "Je me souviens du moment où on apporta la graine pour planter le fruit." Le cinquième, qui était bien plus jeune, dit : "Je me souviens même des sages qui ont conçu le fruit." Le sixième, qui était plus jeune que le précédent, dit : "Je me souviens même de la saveur du fruit avant qu'elle ne pénétrât en lui." Le septième dit : "Je me souviens même de l'odeur du fruit avant qu'elle n'entrât en lui." Le huitième dit : "Je me souviens même de l'apparence du fruit avant qu'elle ne se posât en lui."»

Le mendiant poursuivit sa narration et enchaîna :

«Je n'étais encore qu'un enfant et j'étais présent. Je me suis écrié : "Je me souviens de toutes ces histoires et je me souviens même de rien." Tous s'écrièrent : "Voilà une histoire vrai-

ment très ancienne, c'est la plus ancienne de toutes!" Ils étaient stupéfaits que l'enfant se souvînt plus que les autres hommes présents. Alors un grand aigle arriva. Il frappa à la tour et dit : "Cessez d'être pauvres, retournez à vos trésors, servez-vous-en!" Puis il leur dit de sortir de la tour, le plus vieux devant sortir le premier, et il les emmena loin de la tour. Il avait d'abord fait sortir l'enfant, qui était en vérité le plus vieux de tous. Il avait donc fait sortir le plus jeune en premier. Le vieillard le plus âgé sortit le dernier. En effet, le plus jeune était le plus vieux puisqu'il avait raconté l'histoire la plus ancienne. Et le vieillard le plus âgé était le plus jeune de tous.
« Le grand aigle leur dit : "Je vais vous expliquer toutes les histoires. Celui qui a dit se souvenir du moment où la pomme fut arrachée de l'arbre voulait dire qu'il se souvenait du moment où son cordon ombilical fut coupé. Il se souvient de ce qu'on lui a fait à la naissance. Celui qui dit se souvenir du moment où la lumière brûlait voulait dire qu'il se souvient du moment où il était dans le ventre de sa mère et de la lumière qui brûlait au-dessus de sa tête comme l'enseigne le Talmud : une lumière brûle au-dessus de la tête de l'enfant qui est dans le ventre de sa mère. Celui qui a dit se souvenir du fruit en devenir voulait dire qu'il se souvenait du moment où son corps était en cours de formation, lorsque l'enfant commence à être créé. Celui qui se souvient du moment où la graine fut apportée pour planter le fruit veut dire qu'il se souvient du moment où la goutte fut émise. Celui qui se souvient des sages qui ont conçu la graine veut dire qu'il se souvient du moment où la goutte était encore dans le cerveau. Celui qui se souvient de la saveur veut parler de la première partie de l'âme[2]. Celui qui se souvient de l'odeur veut parler de la deuxième partie de l'âme[3]. Et l'apparence, c'est la troisième partie de l'âme[4]. C'est pourquoi il a déclaré se souvenir de *rien*[5]."
« Puis le grand aigle leur dit : "Retournez vers vos navires [c'est-à-dire les corps qui s'étaient brisés et allaient se reformer], retournez donc vers eux!" Et il les bénit. Puis il me dit :

2. *Néfech.*
3. *Rouach.*
4. *Néchama.*
5. C'est-à-dire du *ayin* (qui fait allusion au *Ein Sof* : « Sans fin »). Il se souvenait donc du moment avant la Création où tout faisait partie intégrante de son unicité.

> “Toi, viens avec moi car tu es comme moi, tu es très vieux et très jeune. Tu n’as pas encore commencé à vivre et cependant tu es très vieux. Et je suis comme cela aussi, car je suis très vieux et je suis très jeune”.»

«J’ai donc l’approbation du grand aigle pour dire que je suis très vieux et très jeune. Maintenant je vous donne cela en cadeau de mariage : être aussi vieux que moi!»

La joie et l’allégresse furent grandes et tous se réjouirent...

* *
*

Puis vint le deuxième jour, le troisième... Chaque jour un des mendiants vint raconter une autre histoire, jusqu’au sixième jour.

Mais le septième jour — c’est-à-dire lorsque le narrateur en arriva à conter l’histoire du septième mendiant — il s’arrêta et dit qu’il ne raconterait pas la suite et qu’on n’entendrait pas la fin avant que ne vienne le Messie.

CHAPITRE IV

Le Messie est fait pour ne pas venir

Le vide suspensif de la narration, sortir de la dépression, désencombrer le vide

L'auteur du conte relaté dans le chapitre précédent est Rabbi Nahman de Braslav, maître hassidique du XVIIIe siècle, qui décida un jour de 1806 de raconter des histoires à ses disciples[1]. Ainsi il devint conteur, créant un univers peuplé de princes, de rois, de sages et de fous, de mendiants et de démons. L'œuvre littéraire de Rabbi Nahman évoque celle de Franz Kafka, dont il aurait été, selon certains, une sorte d'inspirateur[2].

1. L'œuvre de Rabbi Nahman (1772-1810) se compose essentiellement d'un recueil de philosophie hassidique en deux tomes : *Liqouté Moharan* (1808) et de contes : *Sipouré Maassiyot*, éd. bilingue hébreu-yiddich (1810), *Liqouté Etsot*, recueils de courts aphorismes (dix-huit). Il existe une édition des contes en français par Martin Buber, Stock, 1972, et une trad. de Franz Regnot, Braslav, 1980.
2. Hypothèse tentante et même plausible : séparés par plus d'un siècle, les deux hommes semblent avoir en commun thèmes et obsessions, qui font que leur écriture tient à la fois du style réaliste et du délire. Leurs héros vivent leur vie en l'imaginant et leur mort en la racontant. Coïncidence frappante : le rabbin d'Ukraine et l'écrivain de Prague subirent des destins similaires. Tous deux moururent jeunes : le maître hassidique à trente-huit ans, l'auteur du *Procès* à quarante et un ans, emportés par le même mal, la tuberculose. Tous deux avaient exigé que l'on brûlât leurs écrits. Et chacun avait un ami fidèle, un interprète dévoué, un apôtre, à qui nous devons la survie de l'œuvre. Ce que Max Brod

Le conte des sept mendiants est typique du récit braslavien car il est construit sous la forme d'emboîtements, d'histoires dans l'histoire, comme si la narration était d'abord une porte qui permettait d'entrer plus avant dans un autre niveau de narration, sans qu'il existe un rapport nécessairement logique entre les différents niveaux du récit. Progression par sauts, qui ouvre au devenir et à l'aventure. Pour Rabbi Nahman, la nature de la littérature est l'imprévisibilité et la vocation du narrateur est de faire naître, de et par son art, de nouvelles significations.

Comme le dit admirablement bien Maurice Blanchot :

> Le récit est mouvement vers un point, non seulement inconnu, ignoré, étranger, mais tel qu'il ne semble avoir, par avance et en dehors de ce mouvement, aucune sorte de réalité, si impérieux cependant que c'est de lui seul que le récit tire son attrait, de telle manière qu'il ne peut même «commencer» avant de l'avoir atteint, mais cependant c'est seulement le récit et le mouvement imprévisible du récit qui fournissent l'espace où le point devient réel, puissant et attirant[3].

Chaque nouvelle histoire est une avancée dans la narration et l'inconnu, mais, de façon encore plus essentielle, une avancée dans le temps. La narrativité — écriture, lecture et narration — ouvre à la temporalité même. Temporalité créatrice d'être, articulée à la lecture créatrice, où le lecteur ne fait pas que répéter le texte mais le réinvente à chaque page, à chaque phrase.

Le déploiement du temps qui avance vers le futur est souligné et redoublé par la mise en scène temporelle de la narration, qui est exposée selon la modalité de la sanction des jours : «premier jour», «dernier jour»...

---

fut pour Kafka, Rabbi Nathan l'avait été pour Rabbi Nahman. Cf. Elie Wiesel, *Célébration hassidique*, Éd. du Seuil, 1972, sur les contes de Rabbi Nahman.

3. M. Blanchot, *Le Livre à venir*, Gallimard, coll. «Idées», 1986, p. 13.

Lorsque Rabbi Nahman raconta l'histoire, cela dura sept jours, un jour réel par jour dans l'histoire. La référence en est évidente : il s'agit des sept jours de la création du monde, telle qu'elle est décrite dans le livre de la Genèse : « Pendant six jours, Dieu créa le ciel et la terre, et tout ce qui est en eux, le septième jour Il se reposa de ce qu'Il avait fait, ce fut le *chabbat* [sabbat], Il créa le repos[4]. »

Le repos chabbatique n'est pas une absence de travail, mais une réelle création, la création du « vide » et du « rien » :

> La Création s'est faite par vagues successives — six « jours » —, et la septième vague, qui en principe doit accomplir et achever, voilà qu'elle donne sur un jour vide ; elle *est* le jour vide, l'évidement du temps qui se renouvelle. On voit le paradoxe : quand il fut créé tout ce qui était mûr pour l'être, la Création était *encore* inachevée ; et voilà que son achèvement l'a fait s'ouvrir sur un jour vide où ce qui se crée, c'est le Rien. L'achèvement donne sur le vide ; la Création est donc radicalement inachevée : il reste donc encore à créer, beaucoup, infiniment[5]...

Pour Rabbi Nahman, le récit ne peut déployer le temps de la création du monde que s'il préserve en lui un temps vide, une suspension du temps, en un mot un « suspens ». Le « suspens » narratif se fonde sur une suspension du temps, garant de la possibilité pour le temps de se régénérer, de continuer à produire un temps créateur, un temps pour la création.

Cela ne veut pas dire que ce vide doive être comblé, bien au contraire, il doit être préservé, pour porter le temps d'un encore à venir, d'un projet. Le temps du récit n'est pas le temps de la plénitude, mais celui d'une ouverture à un autre temps, celui d'un

4. Cf. Exode, 20.

5. D. Sibony, *Les Trois Monothéismes*, Éd. du Seuil, 1992, p. 150. C'est nous qui soulignons.

futur inachevé, sens même du temps messianique. De façon provocatrice et quasiment hérétique, on peut dire que «le Messie est fait pour ne pas venir», nous offrant dans sa non-venue le vide de l'attente créatrice.

Le récit temporalise l'existence, c'est-à-dire qu'il abolit l'immédiateté, où le Soi collant au Soi constitue un «Moi déterminé», qui est une véritable pathologie.

La maladie de l'existence est une sortie du temps créateur. Recherche d'une identité fixe et définitive, achevée, plénitude absolue, immédiateté de la présence et du présent, abolition du futur et du passé. Comme le fait remarquer Kimura Bin, «tous les personnages de Dostoïevski, qu'ils soient épileptiques ou non, participent à l'élaboration littéraire d'un monde qui a une forte tendance à la fête, où prédomine le présent de façon évidente. Il va sans dire que ce monde de Dostoïevski est celui du présent pur qui se présentifie dans la plénitude de son immédiateté et dont les moments essentiels sont les différentes formes d'ivresse, le ravissement, la débauche sexuelle, le jeu, la violence, le crime, la mort, le sacré et le sacrilège, auxquels on peut encore ajouter la beauté, la béatitude comme objets d'effroi[6]».

Le vide suspensif de la narration n'est pas le vide du nirvana, de l'extase hors temps d'un présent éternel. Le vide narratif doit devenir le lieu de l'Événement, émergence radicale de nouveau, fracturant l'immobilité de l'être et du présent. Le vide narratif produit comme un appel d'air, souffle de nouveautés, appel d'appels : appel au jeu, appel au rêve, appel à la pensée, appel au temps[7]. Le récit est «différance» au sens derridien, espacement et temporalisation, langage et identité en mouvement.

Si nous revenons sur l'idée de dépression abordée dans le cha-

6. Kimura Bin, *Écrits de psychopathologie phénoménologique, op. cit.*, chap. sur la «pathologie de l'immédiateté», p. 152.

7. M. Kundera, *L'Art du roman*, Gallimard, 1986, p. 31-32.

pitre II, on peut dire que «ce qui caractérise justement la dépression, ce n'est pas le vide que croit le dépressif. Le vide qu'il accuse est une espèce de vide encombré et qui, précisément, l'oppresse[8]». Henri Maldiney essaie de nous faire sentir la nécessité de ce vide à partir d'une contre-expérience, celle d'un trop-plein étouffant et dépressif :

> Récemment, m'étant retrouvé pour la énième fois devant *Les Nymphéas* de Monet dans les deux salles de l'Orangerie, j'ai été frappé par le caractère dépressif de cette peinture. Dépressif, pourquoi? Parce que tout cet espace aquatique et végétal disposé autour de moi comme un élément qui m'enveloppe est quelque chose qui est simplement là, à l'état d'accompli, excluant tout moment apparitionnel. Il est là et reste là, pure insistance à soi, refoulant l'ex-sistence en tant que tenue hors [...]. L'étant est pris en lui-même [...]. Monet réduit à un œil — mais quel œil!, comme dit Cézanne — est tellement enveloppé par les nénuphars de son étang de Giverny qu'ils sont directement sur lui et que le spectateur se trouve au milieu d'eux — sans se trouver soi — dans une situation obsidionale. Il n'y a pas en eux, rompant la compacité de leur manifestation, de ressources à partir d'où ex-ister ni vide irremplaçable où ex-ister. C'est le point commun à la dépression et à la mélancolie en tant que psychose que cette absence, *cette obstruction du vide, ce voilement de rien. Par là s'explique aussi l'impression de pesanteur, une impression de poids et de fatalité* [9].

Le vide suspensif-narratif crée une réceptivité qui n'est pas de l'ordre seulement du projet, mais de l'accueil, de l'ouverture qui n'admet aucun *a priori*, qui, attendant sans s'attendre à quoi que ce soit, se tient ouverte par-delà toute anticipation[10].

8. H. Maldiney, *Penser l'homme et la folie. A la lumière de l'analyse existentielle et de l'analyse du destin*, Jérôme Millon, 1991, p. 113.
9. *Ibid.*, p. 114. C'est nous qui soulignons.
10. *Ibid.* C'est ce que Maldiney nomme la «transpassibilité» : «Et c'est faute de transpassibilité que non seulement la schizophrénie mais la mélancolie s'installent et que commence aussi la dépression.»

Dans un texte plein d'humour, Didier Anzieu fait le récit d'un souvenir où nous ressentons à «fleur de mot» cette expérience de l'attente et du vide :

> 18 octobre 1990.
>
> Un soir, pendant les premières semaines de 1953, par un temps frais mais non hivernal, me voici pour l'unique fois de mon existence au théâtre de Babylone, minuscule dans mon souvenir et disparu par la suite. J'ai trente ans. Nous sommes quatre : ma femme, qui attend notre deuxième enfant, une collègue psychologue qui fréquente comme moi le séminaire de Daniel Lagache pour les psychanalystes en formation, et qui, comme moi, est en analyse chez Lacan; enfin, son mari, ingénieur. On joue la première pièce d'un inconnu, mais que tout intellectuel habitant la rive gauche à l'instar de l'auteur se doit d'aller voir; scandaleuse non pas en raison d'un contenu qui serait outrageusement politique ou érotique, mais parce qu'elle n'a pas de contenu, parce qu'elle est une pièce sur rien et pour rien : outrage, pire, atteinte aux bonnes mœurs littéraires, au spectateur bafoué dans son attente, au contrat implicite qui suppose qu'il se passera quelque chose, qu'une représentation théâtrale est une représentation d'une action. Au lever du rideau, la salle est à demi vide. A l'entracte, l'ami ingénieur ne supporte plus la situation et s'en va, ainsi que beaucoup d'autres; il nous donne rendez-vous à un café proche : son hostilité à la psychanalyse et au théâtre moderne sera définitive. Deuxième acte : répétition du premier à quelques vaines variantes près. Malgré les moqueries des acteurs qui s'adressent directement à nous en tournant en dérision notre attente, nous nous obstinons à attendre. Jusqu'au bout nous attendons, comme tout au long de la vie on attend que ça finisse, ce qui prend finalement beaucoup de temps. Le titre nous avait pourtant avertis : *En attendant Godot*[11].

Certes, on peut interpréter Beckett de façon «triste». Voir dans l'attente et dans le vide qu'il nous dévoile une condition dramatique de l'existence. C'est d'ailleurs l'interprétation qu'en donne

11. D. Anzieu, *Beckett et la psychanalyse*, Mentha, 1992, p. 8.

Anzieu lui-même, en voyant chez Beckett une transposition à la scène des *Pensées* de Pascal, en reconnaissant toutefois une différence énorme dans le traitement de cette révélation du vide :

> Une différence énorme toutefois : la pièce de Samuel Beckett faisait déferler sur nous des houles de rires. Des rires jaunes, ou plutôt noirs. Pascal par contre ne rit pas. Ni dans sa vie, ni dans son œuvre, il ne cherche à faire rire. Il manie l'angoisse, la polémique, les accusations, les formes abstraites. Quand il joue, ce n'est pas avec autrui, mais avec les choses : un tube vertical rempli de mercure, une machine à calculer. Beckett a connu aussi bien que lui la misère de la condition humaine. Mais il en parle avec ironie, sarcasme, jeux de mots, pastiches, parodies, canulars. L'éclat de rire provoqué chez le lecteur, le spectateur, rend tolérable le dévoilement du néant qui occupe le cœur de notre être[12].

Notre lecture est un peu différente. L'humour de Beckett provoque un décalage par rapport à la banalité du quotidien, même si c'est cette banalité même qu'il décrit — mais justement elle n'est plus banale parce que artistiquement transposée. Ce n'est pas le « dévoilement du néant » qui devient tolérable, mais la vie elle-même parce qu'elle prend conscience de ce vide qui doit occuper nécessairement le « cœur de notre être ». L'aspect non théologique du récit est le pendant de son aspect an-archique, de l'impossibilité de découvrir l'archi-commencement du temps et de l'Histoire.

Nous retrouvons ici la théorie du *Tsimtsoum*[13], retrait de Dieu à l'origine du monde, qui a fait une place en lui-même pour laisser une place à un autre être que lui. Au commencement était le vide... L'inachevé du récit conduit à retrouver ce vide et ce

12. *Ibid.*, p. 9.
13. Sur le *Tsimtsoum*, cf. plus loin, livre deuxième, chap. XVII, « La contraction créatrice de l'infini ».

retrait, laissant une place à une autre forme de soi-même, possibilité de continuer à s'inventer autrement.

* *
*

Dans le texte cité précédemment, Maldiney poursuit son analyse sur la «pathologie du manque du vide». Question moderne des vacances :

> Voilà de quoi nous éclairer sur l'état dépressif de notre époque. Particulièrement significatif à cet égard, le temps des vacances et des loisirs où l'idée de vide ou de rien («faire le vide», «ne faire rien») exprime seulement une retraite inane. Vacances où il s'agit de *faire* le vide en vue de le remplir en occupant le temps. Vacances à quoi — par contresens — on *vaque* à ses divertissements. Cette situation est, en son fond, dépressive. Il y manque le Rien à partir de quoi seulement peut surgir l'événement-avènement[14].

14. H. Maldiney, *Penser l'homme et la folie*, *op. cit.*, p. 114-115. C'est nous qui soulignons.

CHAPITRE V

«Vivre, c'est naître à chaque instant...»

Si le récit temporalise l'être-homme, ce n'est pas seulement sous la forme d'une «évasion vers l'avenir», ni dans l'insistance sur un point du présent qui n'est qu'un maintenant, pas plus que dans un ancrage morbide au passé[1]. Le récit permet l'existence dans sa temporalité harmonique et équilibrée entre les trois temps : passé, présent, futur.

Dans le conte des sept mendiants, cette double orientation du temps est tout à fait évidente. Un peu à la manière de Proust, plus on avance dans la narration, plus on se retrouve plongé dans la mémoire et le passé. C'est le thème du «premier jour». Après l'histoire du roi qui transmet la royauté à son fils de son vivant, après l'histoire des enfants perdus dans la forêt, le premier mendiant, l'aveugle, vient leur offrir un cadeau de mariage, et ce cadeau, c'est une histoire. Son enseignement, le temps est relatif :

1. Ce sont là les trois formes de temporalité pathologique qui concernent le schizophrène, le maniaque et le mélancolique. Dans ces pathologies, il s'agit d'abord de trouble de la temporalité. Cf. R. Ebtinger, «Phénoménologie et psychiatrie», in *Phénoménologie, psychiatrie et psychanalyse*, P. Fedida (éd.), Écho-Centurion, 1986, p. 79 *sq.*; cf. aussi Kimura Bin, *Écrits de psychopathologie phénoménologique*, *op. cit.*, p. 157.

> Me voici. Je suis venu à votre mariage et je vous apporte un «cadeau de parole». Puissiez-vous être aussi vieux que moi! Je vous avais souhaité d'être aussi vieux que moi. Maintenant je vous apporte cela en cadeau de mariage : être aussi vieux que moi! Vous croyez peut-être que je suis aveugle? Il n'en est rien. Le temps est relatif. Un clin d'œil : l'éternité. L'éternité : un clin d'œil. De ce fait, je suis très vieux et cependant je suis très jeune et je n'ai pas encore commencé à vivre [...]. Je vais vous raconter mon histoire...[2].

L'enseignement du «premier mendiant» concerne la remise en question de la linéarité logique du temps. Remise en question aussi des signes extérieurs de vieillesse et de jeunesse.

Pour mieux comprendre le sens de ce conte, il nous faut citer aussi deux aphorismes clefs de Rabbi Nahman. Il avait l'habitude de dire : «Il faut à chaque fois commencer à nouveau[3]», phrase qu'il paraphrasait lui-même dans cette extraordinaire formule : «Il est interdit d'être vieux[4].» Formidable leçon de vie, qui nous rappelle que «bien que les hommes doivent mourir, ils ne sont pas nés pour mourir, mais pour innover[5]».

Rien de pire que la vieillesse psychologique! Qui peut nous faire croire que nous sommes arrivés au bout du chemin, qu'enfin nous avons acquis une identité définitive, qui peut nous faire dire : «je suis»? Miracle de la langue hébraïque, où le verbe «être» n'existe pas au présent. On peut dire «j'étais», «je serai», mais il n'existe pas de «je suis». Seul un «Je», en devenir... D'où l'image du «grand aigle» qu'invoque le mendiant : image du phé-

2. Rabbi Nahman de Braslav, *Contes*, F. Regnot (trad.) : «Les sept mendiants, premier jour».

3. En hébreu : «*Tsarikh lehathil bekhol paam méhadach.*» Cf. «*Liqouté halakhot*. Recueil d'enseignements mystiques et philosophiques sur le rite et la jurisprudence hébraïque, par Rabbi Nathan de Némirov», in *Hilkhot Téfilin Halakha* n° 5, p. 34 *sq.*, en particulier p. 40 et 41.

4. En hébreu : «*Assour liheyot zaquèn.*» *Ibid.*, p. 39.

5. H. Arendt, *La Condition de l'homme moderne*, Calmann-Lévy, 1961, p. 277.

nix qui renaît de ses cendres, allusion au psaume 103 : «Que tout être bénisse son Saint Nom! Lui qui rassasie de bonheur ton existence, tandis que, comme l'aigle, se renouvelle ta jeunesse[6].»

La fonction du récit est d'ouvrir à la possibilité de la renaissance perpétuelle de l'être.

D'une certaine manière, la maladie se définit comme un enfermement, une attitude bloquée et définitive. Pour mieux comprendre l'approche nahmanienne de la bibliothérapie, mettons-nous d'abord à l'écoute de sa façon d'aborder la maladie et la guérison. Le style utilisé par Rabbi Nahman est théologique, mystique. Il faut souvent le traduire en termes anthropologiques pour entendre résonner un sens vivant et existentiel. Dans ses *Liqouté Moharan*[7], il explique que la maladie — physique et psychique, les deux étant intimement liés — provient d'un obstacle à la circulation de l'énergie vitale : le *chéfa*. L'être malade est un être bloqué, obstrué, enchaîné, «bouché». La guérison consiste à dénouer les nœuds qui bloquent cette circulation de l'influx vital.

Pour Rabbi Nahman, la bibliothérapie consiste à mettre au jour les nœuds qui font obstacle à l'influx d'énergie et à les délier, ce qui sera fait essentiellement par l'éclatement et la dynamisation de la façon de nommer les êtres et les choses, par la mise en mouvement du langage. Il écrit :

> Tous les manques de l'homme sont du côté de l'homme lui-même. Car la lumière du Saint, béni soit-Il, se répand en permanence sur lui. Cependant, c'est l'homme lui-même qui se fait de l'ombre *[tsèl leatsmo]*, faisant obstacle à la lumière de Dieu qui ne peut l'atteindre. La meilleure façon de supprimer l'ombre obstruante et de s'annuler est de se faire *ayin*, c'est-à-dire transformer son «je suis» en un «je-rien», un «je-néant».

6. *La Bible*, Gallimard, coll. «Bibliothèque de la Pléiade», 1959, E. Dhorme (trad.), t. II, p. 1122.
7. *Liqouté Moharan*, chap. 172.

Nous verrons précisément plus loin que l'identité est une identité narrative, identité dialectique entre un Moi stable et un Moi en devenir, entre un « je suis » et un « je deviens », articulés dialectiquement par un « je-néant ». Rabbi Nahman veut dire que lorsqu'il y a un mal-être, il est nécessaire d'annuler provisoirement son identité « fermée, lourde et définitive » pour retrouver l'énergie créatrice d'un « savoir à être ». En redevenant « néant », l'homme se donne une possibilité de repartir à nouveau, nouvelle créature dans un monde nouvellement recréé.

Il est important de noter que la « santé » se dit en hébreu *bériyoute*, mot qui vient de *bériya*, qui signifie « création du monde ». Être en bonne santé, c'est donc, pour la pensée hébraïque, retrouver la dimension et les modalités de la « création », recréation incessante de soi et du monde. La *bériyoute*-« santé » se fonde sur une attitude dynamique du soi, corporelle et spirituelle. Ce dynamisme est possible si l'homme ne se vit pas comme une structure achevée mais un incessant devenir. Il ne faut pas voir le monde en ce qu'il est mais dans son en-train-d'être et son en-train-de-naître.

La vieillesse est l'acceptation d'un état de fait, « enfin, c'est comme ça... », « c'est la vie... ». En fait, la naissance n'est pas un acte unique, l'émergence à l'air du monde d'un nouveau-né. La naissance est un processus et, comme le dit merveilleusement Erich Fromm, « vivre, c'est naître à chaque instant » ! Et il poursuit : « La mort survient quand la naissance s'arrête [...]. Le drame : que la plupart d'entre nous meurent avant même d'être nés [...] ou qui sont arrivés à un certain point cessent de naître[8]. »

Cette éthique du renouvellement est fondée sur une philoso-

8. E. Fromm, « La nature du bien-être, évolution psychique », in *Bouddhisme zen et psychanalyse*, PUF, coll. « Quadrige », 1981, p. 98.

phie de la joie et du désir. En ces deux termes se rencontrent Rabbi Nahman et Spinoza[9]. L'existence est une aventure de la joie.

Rabbi Nahman en a formulé un impératif catégorique : *«Mitsva guedola liyehot besimha tamid»* : «C'est une grande obligation d'être toujours dans la joie»[10]. Et il ajoutait :

> La tristesse, c'est l'exil de la présence divine; mais, lorsque l'homme fait une action dans la joie, il s'ouvre au miracle du futur et délivre les étincelles de sainteté retenues prisonnières dans les êtres. La joie de l'action libère les étincelles, et la libération des étincelles est la source même de la joie. Lorsque la joie saisit le corps de l'homme, ses mains se lèvent, ainsi que ses pieds. Il ne peut alors s'empêcher de danser.

La joie est le passage d'un état d'être à un autre état d'être, accroissement de la vie, devenir. La joie est donc liée au refus de la «vieillesse» comme stagnation de l'être, elle est recherche infinie, non pas d'un «bien-être», mais d'un «mieux-être». Il y a chez Rabbi Nahman une thérapie par la joie :

> C'est une grande *mitsva* [précepte] d'être toujours dans la joie, de se renforcer et d'éloigner la tristesse et l'amertume de toutes ses forces. *Toutes les maladies qui viennent sur l'homme, toutes viennent de la dégradation de la joie...* La dégradation de la joie vient d'une distorsion du «chant profond» *[nigoun]*, des rythmes vitaux *[defiquim]*. Quand la joie et le chant sont abîmés, la maladie s'empare de l'homme. La joie est un grand remède. Il s'agit de trouver en soi un seul point positif qui nous rende joyeux et de nous y attacher[11].

9. Rencontre surprenante car Rabbi Nahman se méfiait de la philosophie «athée», qu'il avait surnommée l'«araignée» *(Spinne)* et qu'il mit en scène dans un conte intitulé «La mouche et l'araignée».
10. *Liqouté Moharan*, *op. cit.*, 24.
11. *Ibid.* C'est nous qui soulignons.

La joie est la création d'un espace où la parole peut se donner, exister... Comme le rire, en son éclat, bouleverse l'espace sonore, l'agrandit et lui ouvre son champ de résonance, ainsi la joie est liée à la capacité de s'exprimer, de se dire, pour briser les chaînes de l'enfermement, du cercle des mots et des pensées toutes faites. La joie est cette capacité que l'homme a à s'inventer. La joie, c'est une danse, une ronde qui trouve la force d'ouvrir un maillon pour donner un nouveau souffle à la vie.

En hébreu, le mot « maladie » se dit *mahala*, de la racine *mahol*, « faire une ronde », « tracer un cercle ». Pour sortir de la maladie, il faut sortir de l'enfermement, de l'image du cercle, briser le cercle !

La recherche de la sécurité pousse l'homme à construire des structures où il se sent protégé et dont il aime se faire le centre. Ces structures sont nécessaires pour la construction de l'humain, pour la stabilité d'une personnalité. Mais, en même temps, s'installer dans ces structures déterminées est le plus grand des dangers. En effet, même si le « foyer », son « chez-lui », la « communauté » offrent un sentiment d'acceptation, d'accueil, de structure vivable à laquelle il peut s'identifier et trouver sa place, c'est là que surgit le problème.

Naissance d'un paradoxe : par son identification avec le centre d'identité de la structure, il perd de son identité.

Dans la pratique quotidienne de la vie en société, cela se traduit par l'affiliation au groupe, à la communauté, au parti, à l'*establishment*, à l'idéologie, à la patrie, à la matrie, etc., qui exigent l'adaptation de leurs membres par règlement, subordination. L'identité centrale du groupe dépouille les membres de leur liberté, de leur identité. Le sujet disparaît dans l'anonymat du groupe.

La bibliothérapie, liée à une pratique herméneutique faisant éclater les structures des « déjà-là » de l'institution, offre au sujet le chemin de la liberté. La «jeunesse» dont parle Rabbi Nahman est cette renaissance incessante et non enfermée dans une «parole parlée» et dans une «pensée pensée». La guérison est en même temps une régénérescence du sujet et de sa subjectivité, dépouillés de l'enfermement d'un «on» collectif.

* *
*

La possibilité de retrouver la «jeunesse» est liée, pour la bibliothérapie, à la nécessité primordiale de se retrouver soi-même, et ceci va se faire par un réapprentissage de la lecture. Apprendre à lire pour faire échec à la «capture sociale de la subjectivité[12]», échec aux textes qui modèlent, en anéantissant l'existence de la subjectivité. Apprendre à lire pour ne pas se contenter des idées, qui, même vraies, «deviennent fausses à partir du moment où l'on s'en contente» (Alain).

12. P. Legendre, *Leçons IV. L'inestimable objet de la transmission*, Fayard, 1985, p. 75.

Deuxième partie

Les aventures du nom

CHAPITRE PREMIER

Don Quichotte, un homme en route vers son nom

Quand Dieu quittait la place d'où il avait dirigé l'univers et son ordre de valeurs, séparé le bien du mal et donné un sens à chaque chose, Don Quichotte sortit de sa maison et ne fut plus en mesure de reconnaître le monde. Celui-ci, en l'absence du juge suprême, apparut subitement dans une redoutable ambiguïté; *l'unique Vérité divine se décomposa en centaines de vérités relatives que les hommes se partagèrent.* Ainsi, le monde des Temps modernes naquit et le roman, son image et modèle, avec lui. Comprendre avec Descartes l'*ego pensant* comme le fondement de tout, être ainsi seul en face de l'univers, c'est une attitude que Hegel, à juste titre, jugea héroïque. Comprendre avec Cervantès *le monde comme ambiguïté, avoir à affronter, au lieu d'une seule vérité absolue, un tas de vérités relatives qui se contredisent* (vérités incorporées dans des *ego imaginaires* appelés personnages), posséder donc comme seule certitude *la sagesse de l'incertitude*, cela exige une force non moins grande[1].

Milan Kundera, *L'Art du roman.*

1. *Op. cit.*, p. 20. C'est nous qui soulignons.

Dans le concert des interprétations du *Quichotte*, nous voulons apporter une petite contribution supplémentaire, une façon pour nous de rendre hommage à cette grande œuvre.

Pour ne pas nous perdre dans l'immensité des aventures du «chevalier fou», nous suivrons une ligne directrice, celle de ses différents noms tout au long du récit. Nous pensons que *Don Quichotte* est l'histoire d'un homme à la recherche de son nom et que *tout* récit est le chemin qui permet à chaque lecteur de se rapprocher de ce noyau d'être qu'est le nom. Il faudra plus de mille pages à don Quichotte pour arriver à destination; mais commençons par le commencement. Au commencement, c'est un homme d'une cinquantaine d'années :

> [...] de *complexion robuste, maigre de corps, sec de visage, fort matineux et grand ami de la chasse.* On a dit qu'*il avait le surnom de Quixada ou Quesada*, car il y a sur ce point quelques divergences entre les auteurs qui en ont écrit, bien que les conjectures les plus vraisemblables fassent entendre qu'il s'appelait *Quijana.* Mais cela importe peu à notre histoire; il suffit que, dans le récit des faits, on ne s'écarte pas d'un atome de la vérité[2].

Quixada, ou Quesada, ou Quijana? Au commencement, il y a un «chevalier sans nom», seulement quelques douteux surnoms.

Qui dit chevalier dit cheval. Ainsi «notre hidalgo» se mit en quête d'une armure et d'un cheval. Il les trouva sans tarder. Le plus long fut de trouver un nom à ce dernier :

> Quatre jours se passèrent à ruminer dans sa tête quel nom il lui donnerait : «Car, se dit-il, il n'est pas juste que cheval de si fameux chevalier, et si bon par lui-même, reste sans nom connu...» Ainsi, après une quantité de noms qu'il composa, effaça, rogna, augmenta, défit et refit dans sa mémoire et son

2. M. de Cervantès, *Don Quichotte de la Manche*, Maurice Bardon (éd.), Garnier, coll. «Classiques», 1989, p. 10. C'est nous qui soulignons.

> imagination, à la fin il vint à l'appeler *Rossinante*, nom, à son idée, majestueux et sonore, qui signifiait ce qu'il avait été et ce qu'il était devenu, la première de toutes les rosses du monde[3].

Une fois le cheval pourvu d'un nom, le chevalier partit en quête d'un nom pour lui-même. Ce qui lui prit huit autres jours : «Il passa huit autres jours en cette pensée, au bout desquels il décida de s'appeler *don Quichotte*. C'est de là, comme on l'a dit, que les auteurs de cette véridique histoire prirent occasion d'affirmer qu'il s'appelait *Quixada* et non *Quesada*, comme d'autres ont voulu le faire croire[4]...»

Comme tout bon chevalier, il ajouta le nom de sa patrie, il devint ainsi don Quichotte *de la Manche*. Mais à tout bon chevalier l'armure, le cheval et le nom ne se suffisent pas, il faut aussi une dame :

> Il se persuada qu'il ne manquait plus rien sinon de chercher une dame de qui tomber amoureux, car, pour lui, un chevalier errant sans amour était un arbre sans feuilles et sans fruits, un corps sans âme [...]. Il se trouva donc une jeune paysanne de bonne mine qui demeurait dans un village voisin du sien et dont il avait été quelque temps amoureux, bien que la belle n'en eût jamais rien su et ne s'en fût pas souciée davantage[5].

Là encore, notre homme ne se contenta pas du nom porté par la jeune fille, *Aldonza Lorenzo*. Il lui en offrit un autre, «qui ne s'écartât pas trop du sien, qui sentît et représentât la grande dame et la princesse. Il vint à l'appeler *Dulcinée du Toboso* parce qu'elle était native du Toboso, nom harmonieux à son avis, rare et distingué, et non moins expressif que tous ceux qu'il avait donnés à son équipage et à lui-même[6]».

3. *Ibid.*, p. 13.
4. *Ibid.*
5. *Ibid.*, p. 14-15.
6. *Ibid.*

Chez Cervantès, cette affaire du nom n'est pas un caprice, mais le cœur d'une philosophie où le nom est moteur et articulation entre le temps et le récit. Un récit est une manière de déployer le temps, déploiement marqué par les métaphores des noms. «Il était normal que, changeant de condition, il changeât aussi de nom[7].» Les nombreux exégètes du *Quichotte* se sont amusés à comprendre les sens cachés de ces noms et ont découvert des choses tout à fait passionnantes[8].

Mais continuons notre voyage dans le récit. L'aventure de la métamorphose des noms ne fait que commencer.

En chemin, don Quichotte va devenir le «chevalier de la triste figure» (*«caballero de la trista figura»*), pour devenir, après une rencontre et un combat bouffon avec un lion, le «chevalier des lions» (*«caballero des leones»*), jusqu'au jour où don Quichotte tombe malade et, sur le point de mourir, s'exprime ainsi : «Félicitez-moi, mes bons seigneurs, de ce que je ne suis plus don Quichotte de la Manche, mais *Alonzo Quijana*, que des mœurs simples et régulières ont fait surnommer le bon *[el bueno]*[9].»

Quixada? Quesada? Quijana? Quichotte? Chevalier de la triste figure? Chevalier des lions? Alonzo Quijana *el bueno*?...

Don Quichotte est une illustration parfaite de l'identité en mouvement, de l'identité narrative et de l'identité interminable[10]. Comme nous l'a enseigné Kundera en citant Hermann Broch : «Découvrir ce que seul un roman peut découvrir, c'est la seule raison d'être d'un roman. Le roman qui ne découvre pas une portion jusqu'alors inconnue de l'existence est immoral[11].»

7. *Ibid.*, p. 13.
8. Nous renvoyons ici au très beau livre de R. Reichelberg *«Don Quichotte» ou le roman d'un Juif masqué*, Philippe Nadal, 1989. On pourra aussi consulter D. Aubier, *Don Quichotte prophète d'Israël*, Laffont, 1966 (livre malheureusement épuisé).
9. *Ibid.*, p. 1074.
10. Cf. plus loin, troisième partie.
11. M. Kundera, *L'Art du roman*, *op. cit.*, p. 18.

Que veut dire le grand roman de Cervantès?

> Il en est qui prétendent voir dans ce roman la critique rationaliste de l'idéalisme fumeux de don Quichotte. Il en est d'autres qui y voient l'exaltation du même idéalisme. Ces interprétations sont toutes deux erronées parce qu'elles veulent trouver à la base du roman non pas une interrogation mais un parti pris moral.
> L'homme souhaite un monde où le bien et le mal soient nettement discernables car est en lui le désir, inné et indomptable, de juger avant de comprendre. Sur ce désir sont fondées les religions et les idéologies. Elles ne peuvent se concilier avec le roman que si elles traduisent son langage de relativité et d'ambiguïté dans leur discours apodictique et dogmatique. Elles exigent que quelqu'un ait raison; ou Anna Karénine est victime d'un despote borné, ou Karénine est victime d'une femme amorale; ou bien K., innocent, est écrasé par le tribunal injuste, ou bien derrière le tribunal se cache la justice divine et K. est coupable.
> Dans ce *«ou bien-ou bien»* est contenue l'incapacité de supporter *la relativité essentielle des choses humaines*, l'incapacité de regarder en face l'absence du Juge suprême. A cause de cette incapacité, *la sagesse du roman (la sagesse de l'incertitude)* est difficile à accepter et à comprendre[12].

Pour nous, il est une introduction magistrale à l'importance du nom, de ses métamorphoses et de ses aventures.

Nous allons maintenant approfondir cette problématique du nom à partir des textes de la tradition hébraïque.

Le livre et le nom

Pour la tradition hébraïque, une des dimensions essentielles du livre est le nom. Le Zohar, par exemple, souligne de façon para-

12. *Ibid.*, p. 21-22. C'est nous qui soulignons.

digmatique l'identité numérique des mots « livre » et « nom » — en hébreu : *sépher* et *chèm* (*samèkh-phé-rèch* : 60 + 80 + 200 = 340; *chin-mèm* : 300 + 40 = 340)[13]. On peut aussi noter l'habitude d'appeler les maîtres non par leur nom, mais par le titre de leur ouvrage le plus marquant. Cette pratique est tellement bien ancrée que le nom lui-même s'efface et s'oublie ou, du moins, est ignoré d'un grand nombre. Ainsi parle-t-on du *Hafets-Hayyim*, du *Chla*, du *Ben ich Haï*, etc., pour désigner en fait Rabbi Hayyim Hacohen, Rabbi Ichaya Horowitz et Rabbi Yossef Hayyim de Bagdad. Tout se passe comme si on disait « M. *Critique de la raison pure* » à la place de Kant ou « M. *L'Être et le Néant* » à la place de Sartre. Certains élèves des classes de philosophie n'appellent-ils pas parfois leur professeur « Cripure », en hommage à son obsession et à sa fascination pour la *Critique de la raison pure*?

Les rapports du nom et du livre, qui s'entendent aussi comme les rapports de la vie et du livre, occupent une place centrale dans l'existence et la culture hébraïques. Comme le dit admirablement Maurice Blanchot :

> S'il y a un monde où, cherchant la vérité et des règles de vie, ce que l'on rencontre, ce n'est pas le monde, c'est un livre, le mystère et le commandement d'un livre, c'est bien le judaïsme, là où s'affirme, au commencement de tout, la puissance de la parole et de l'exégèse, où tout part d'un texte et tout y revient, livre unique, dans lequel s'enroule une suite prodigieuse de livres, bibliothèque non seulement universelle, mais qui tient lieu de l'univers et plus vaste, plus énigmatique que lui[14].

« Volume du livre en guise d'espace vital! » dit Lévinas[15]. Affir-

13. Zohar, t. I, 37*b*, cité aussi et analysé par Rabbi Nahman de Braslav, *Liqouté Moharan*, II, 32.
14. M. Blanchot, *L'Entretien infini*, Gallimard, 1969, p. 575.
15. E. Lévinas, *L'Au-Delà du verset*, *op. cit.*, p. 159.

mation dont le sens est aussi : « Volume du nom en guise d'espace vital ! » Vivre, c'est habiter dans son nom...

Ce n'est pas un hasard si le deuxième des cinq livres de la Tora s'appelle *Sépher Chémot*, c'est-à-dire le « livre des Noms ». Le livre des Noms raconte l'épisode de la libération de l'esclavage d'Égypte. L'expérience de la libération et l'expérience de la nomination sont vécues et racontées dans le même récit.

Si la bibliothérapie est en quelque sorte une « guérison par le livre », elle est aussi et de façon éminente une « guérison par le nom » ; thérapie grâce au nom et thérapie du nom. Certaines personnes sont malades de leur nom. Il y a les mal nommés, les in-nommés, les in-nommables, les pseudo-nommés, les re-nommés, les sur-nommés, etc. Le livre comme « livre des Noms » signifie que le récit, la narration sont les chemins fondamentaux qui permettent la meilleure possibilité d'assumer le nom.

On peut souligner dans le cadre de ce rapport entre le nom et la guérison l'habitude de changer le nom du malade au cours d'une cérémonie, pour l'aider par cela à puiser de nouvelles forces qui lui permettront de combattre la maladie. Le nom a tellement d'importance dans la tradition hébraïque qu'il devient le moteur de l'Histoire, la possibilité même du déploiement du temps de l'Histoire. Ainsi on peut rappeler qu'*Avram* et *Saraï*, couple stérile, doivent d'abord changer de nom — ils deviennent *Avraham* et *Sarah* —, ce n'est que par la suite qu'ils accèdent à la fécondité.

CHAPITRE II

Trois voyages au cœur du nom

1. Le nom, une identité infinitive

Qu'est-ce qu'un nom?

En hébreu *chèm* — deux lettres hébraïques, *chin* et *mèm*, dont l'association est riche de significations. La racine hébraïque du mot *chèm*, qui veut dire «nom», est *cham*, qui signifie «là-bas». Avoir un nom, porter un nom, c'est se porter «au-delà» de soi, s'inscrire dans un mouvement de transcendance, de dépassement de soi, de projet. Dans ce sens, avoir un nom, c'est littéralement «exister» au sens étymologique de «se tenir hors...», hors de toute contenance qu'on puisse se donner.

Tout homme à la naissance possède deux dimensions : un «être ici» et un «être là-bas». L'«être ici» est la situation passive de la naissance, où je suis sans jamais y être arrivé, échu à moi-même comme une dette que je n'ai pas contractée. C'est l'«ici» d'un échouage où je me trouve jeté, héritage des ancêtres, destin.

A l'«être ici» s'oppose l'«être là-bas», le *cham* et le *chèm*, le «nom». Ainsi «être homme» signifie essentiellement «être à... être là-bas», *cham*; c'est-à-dire être dans un projet, dans une ouverture au futur. Plus qu'un contenu, le projet est l'ouverture de l'être à une autre dimension de lui-même, l'«être homme» se définit alors comme un « en train d'être », une *essance*, un pouvoir et vouloir être autrement.

C'est en ce sens que l'on peut comprendre le verset du psaume 145 : « *Potéah' ète yadékha oumassbia lekhol h'aï ratsone* », (« Tu ouvres tes mains et tu rassasies tout être vivant de... », il n'est pas dit « de pain » ou « de nourriture », mais « de volonté », *ratsone* »).

Le « là-bas » du nom permet d'échapper au destin d'une vie déjà écrite, déjà tracée. Par le nom comme projet, la vie devient aventure... C'est donc avec beaucoup de justesse que Rabbi Nahman de Braslav écrit : « Ne demande jamais ton chemin à quelqu'un qui le connaît car tu ne pourrais t'égarer... »

L'art de porter son nom signifie dès lors cette capacité à se porter soi-même, se transporter, se faire « métaphore » de soi, au sens étymologique de ce mot, qui veut dire « porter au-delà ». Porter un nom, c'est aussi tout simplement être présent. « Être présent », du latin *praesens*, c'est-à-dire « être à l'avant de soi ».

Le nom n'est pas une pellicule sonore qui recouvre un individu pour l'enfermer dans une identité, mais, à l'inverse, le nom est en l'homme l'ensemble des forces qui le poussent à s'inventer, dans un processus infini d'être et de dés-être, d'identification et de désidentification, de signification et de dé-signification de soi[1]. Ainsi ne peut-on plus parler d'une identité personnelle, mais d'une dialectique d'identité personnelle qui oscille entre la mêmeté de soi et l'altérité de soi.

Porter un nom, c'est se porter vers son nom. Lorsque l'écart entre le nom et l'être n'existe plus, lorsque l'on colle à son identité, s'inscrit alors la fin du voyage, dans le malheur d'un « ci-gît » certainement prématuré !

1. Cf. plus loin, troisième partie, « Langage, récit et identité ».

2. Que jamais la voix de l'enfant en lui ne se taise...

Si le nom est donné à la naissance, c'est qu'il a aussi pour vocation de nous rappeler sans cesse que nous avons à naître et renaître infiniment.

Le nom que l'enfant reçoit à la naissance est un formidable cadeau, celui de porter sur soi le moment même de cette naissance. L'art de porter un nom, c'est sentir cet événement de la naissance qui nous accompagne inlassablement, qui prend la forme de la capacité à voir et à sentir la naissance de l'événement, d'une rupture dans la trame du monde, d'une déchirure inattendue dans le temps et dans l'espace. Porter un nom, se porter vers son nom, c'est vivre l'événement de la naissance de l'événement qui se produit entre deux mondes, l'ouverture même de la transformation entre un premier monde éclaté et l'autre en éclosion.

L'événement, le véritable événement-avènement, nous expose au risque, à la chance de devenir autre, il est imprévisible. L'événement est rencontre. Il est de soi transformateur. Il est donc naissance et renaissance. Il ouvre un monde de l'être humain qui l'accueille en se transformant et dont l'accueil consiste dans cette transformation même, dans un devenir autre. Si la transformation, si la renaissance n'ont pas lieu, l'événement surgit dans la béance, dans le vide de l'être.

« Je porte un nom » signifie dès lors « je porte la capacité infinie de ma renaissance ». Le nom est un « mémorial d'enfance », une part de l'enfant naissant que l'on porte en soi comme un cadeau, comme le cadeau de l'existence elle-même.

Nous entendons ici résonner ces vers de Louis-René des Forêts, qui écrit dans *Les Poèmes de Samuel Wood :*

Dis-toi que nous n'en finissons pas de naître
Mais que les morts, eux, ont fini de mourir[2].

Le nom, c'est ce « ne pas finir de naître », cette initiale et inaugurale lueur de l'être, le pouvoir même de la liberté. Le nom en tant que « mémorial d'enfance » est l'obstination de l'en-train-de-naître de l'être, obstination que Louis-René des Forêts a nommée *Ostinato*, titre d'un livre dans lequel il écrit ce qui est pour nous une des plus belles définitions du nom : « Que jamais la voix de l'enfant en lui ne se taise, qu'elle tombe comme un don du ciel offrant aux mots desséchés l'éclat de rire, le sel de ses larmes, sa toute-puissante sauvagerie[3]. »

3. Rêver dans les mots
Remarques sur la notion de *Guématria* différentielle[4]

Nous allons utiliser une méthode d'interprétation appelée *Guématria*. Classiquement, ce terme désigne la mise en évidence d'une équivalence entre les lettres et les chiffres[5]. Dans les réflexions qui vont suivre, la *Guématria* prendra un autre sens, non cumulatif mais différentiel. On peut donc mettre en évidence deux modèles : la *Guématria* cumulative et la *Guématria* différentielle.

2. Cité par M. Blanchot, « Une voix venue d'ailleurs. Sur les poèmes de Louis-René des Forêts », in *Ulysse fin de siècle*, Dijon, 1992.

3. *Ibid.*

4. Je tiens à remercier Laurent Picard qui, par sa passion des chiffres et son génie créateur, a découvert et nous a offert cette lecture révolutionnaire de la langue hébraïque.

5. Pour le tableau de correspondance entre les chiffres et les lettres, cf. plus loin, quatrième partie, chap. VI, « Éclats de lire », p. 223.

La *Guématria* n'a pas la valeur ni la fonction d'une « arithmétique théologique ». Son rôle est de permettre à un mot de sortir de son sens premier exposé par le rassemblement de ses lettres. Le mouvement de la *Guématria* est transcendant. Il délivre le savoir de son enfermement dans l'illusion d'une vérité. En passant des lettres aux chiffres, puis des chiffres aux lettres, les possibilités de sens sont multipliées. Le nombre n'est plus un signe qui accompagne le signifiant et le signifié, il est au contraire l'éclatement de cette articulation. Par le recours à la *Guématria*, on pose l'impossibilité de l'instance d'un seul sens, qui serait sens unique, impasse.

La *Guématria* n'offre pas simplement une grille qui permette une traduction d'un langage dans un autre. En usant d'une grille de lecture, d'un grillage, comment ne pas faire violence aux mots et aux noms qui ont pour objet de les briser toutes ? Ainsi la *Guématria* est le contraire d'une table de correspondance.

Le passage d'un « mot en lettres » à un « nombre en chiffres », qui retourne à son tour à un mot formé de lettres, et ainsi de suite, nous introduit à une connaissance qui n'est plus totalisation, conceptualisation, mais sagesse en mouvement, questionnement. Toute pensée ne devient-elle pas fausse à partir du moment où l'on s'en contente (Alain) ?

La *Guématria* rompt le rapport du mot à la chose. Elle pratique une entaille dans la langue, qui n'est plus une donnée mais un mouvement infini de la signifiance. Le passage aux chiffres est ainsi un « effacement » de la signification habituelle.

La *Guématria* fait obstacle au naturel du sens, à la normalisation du sens, qui s'imposerait par simple habitude ou convention. Par elle, l'évidence est toujours déjà une dé-scription, une rature. N'est-ce pas là le sens même de la « litté-rature » (Joyce)[6] ?

La *Guématria* est un des procédés qui arrachent les mots et

6. Rapporté par D. Sibony, conférence sur le nom (non publiée).

leurs noms à leurs tombes. Grâce à elle, « le livre est le passage d'un mouvement infini, allant de l'écriture comme opération à l'écriture comme désœuvrement. Par le livre passe l'écriture, mais le livre n'est pas ce à quoi elle se destine (sa destinée)[7] ». Comme différentialité, la *Guématria* nous fait comprendre qu'un mot n'est pas une unité ni la coïncidence d'un sens. La différentielle dans le mot indique qu'il demeurera toujours une différence entre le mot marqué et l'ensemble des termes susceptibles de l'exprimer : l'unité est disloquée.

Par la *Guématria* différentielle nous entrons dans une « lecture des lettres » qui s'oppose à une « lecture des mots ». La « lecture des lettres », c'est lire, lettre après lettre, être à l'écoute du sens en train de se faire. La langue voyage déjà dans le mot. D'une lettre à l'autre, d'un chiffre à l'autre se déroule un voyage du sens qui interdit la mise en place d'un sens préfabriqué. Entrons dans les mots comme nous entrons dans une maison :

> Imaginons que les mots sont de petites maisons avec cave et grenier. Le sens commun séjourne au rez-de-chaussée [...]. Monter dans l'escalier du mot, c'est, de degré en degré, s'abstraire. Descendre à la cave, c'est rêver, c'est se perdre dans les lointains couloirs d'une étymologie incertaine, c'est chercher dans les mots des trésors introuvables. Monter et descendre dans les mêmes mots, c'est la vie du poète. Monter trop haut, descendre trop bas est permis au poète qui joint le terrestre et l'aérien[8]...

Par un ensemble de procédures d'éclatement, et en particulier par la *Guématria*, la langue hébraïque nous offre les chemins d'une rêverie à l'intérieur des mots.

7. M. Blanchot, *L'Entretien infini*, *op. cit.*
8. G. Bachelard, *La Poétique de l'espace*, PUF, 1975, p. 139.

4. Premier voyage dans le nom : le détour, l'événement

Prenons le risque, le temps de quelques pages, de devenir les spéléologues et les alpinistes du langage et entrons dans les mystères du nom.

En hébreu, le mot *chèm*, le « nom », se compose de deux lettres, *chin* et *mèm*, qui ont respectivement les valeurs numériques 300 et 40. La *Guématria* comme lecture différentielle consiste à comprendre ce qui articule (et en même temps disloque) les lettres *chin* et *mèm*. Le sens du nom n'est pas l'addition des deux lettres *chin* et *mèm*, mais le sens du mouvement, du chemin qui conduit du *chin* au *mèm*, sens que nous découvrirons par les indices que nous donnent les valeurs numériques :

chin ⟶ *mèm*
300 40

Pour passer du *chin* au *mèm*, de 300 à 40, il faut parcourir 260, qui peut s'écrire en lettres *rèch-samèkh* ou *samèkh-rèch* ; c'est cette deuxième lecture que nous retiendrons ici.

Samèkh et *rèch* écrivent le mot *sar*, qui signifie le « détournement », « l'écart », la « révolte » :

260
chin ⟶ *mèm*
300 *sar* 40

La règle de la première occurrence, qui consiste à voir dans la première occurrence biblique d'un mot son orientation sémantique fondamentale, nous invite à étudier et à analyser la première apparition du verbe *lassour*, «se détourner», dans sa forme *sar*.

Nous lisons dans le troisième chapitre de l'Exode :

> 1. Et Moïse faisait paître le troupeau de son beau-père Yitro, le prêtre de Madian. Il conduisit le troupeau au-delà du désert, il vint vers la montagne de Dieu, vers le Horev.
> 2. Un envoyé de Dieu *[yhvh]* lui apparut dans une langue de feu de l'intérieur du buisson et il vit : voici que le buisson brûlait dans le feu, et le buisson ne se consumait pas.
> 3. Et Moïse dit : «Je vais me détourner et voir cette grande vision; pourquoi le buisson ne brûle pas?»
> 4. Et Dieu *[yhvh]* vit qu'il s'était détourné *[sar]* pour voir, et Dieu *[Elohim]* l'appela du milieu du buisson et Il dit : «Me voici.»
> 5. Et Il dit : «N'approche pas d'ici, enlève tes chaussures car l'endroit sur lequel tu te tiens est terre de sainteté.»

Texte essentiel, qui énonce les structures de la révélation de Dieu à Moïse. C'est seulement parce que Moïse est capable d'être ouvert à l'événement, à la vision qui provoque l'étonnement et au pourquoi *(madoua)*[9] que Dieu lui adresse la parole. C'est seulement parce que Moïse est capable de faire un écart, de se détourner du chemin tracé, pour aller voir la contradiction du «cela brûle mais ne se consume pas», qu'il est apte à entendre la parole de la Révélation.

Le *sar*, écart et détournement, est une aptitude à la rencontre, et cette rencontre est révélation. Pour se détourner, il faut «être», en entendant dans ce verbe toute la dimension de l'ex-istence. «Être» n'est plus ainsi un verbe d'état ou de pose :

> Être, c'est-à-dire ex-ister, non pas extériorité mais transcendance. Dans l'ex-istence, l'homme et le monde ne sont pas, ne sont plus des choses, des objets disponibles, sous la main et

9. Cf. plus loin, livre deuxième, chap. VII.

> prêts à l'emploi. Dire que le monde n'est pas un objet ne veut pas seulement dire qu'il devient, mais qu'il advient. Son être, sur lequel nous faisons quotidiennement l'impasse, est un événement-avènement toujours en arrivance, jamais arrivé[10].

C'est le sens exact de ce que le Talmud nomme le *olam haba*, le « monde qui vient », qui advient. Le cœur du nom est le *sar*, la capacité d'ouverture à l'événement, à la nouveauté imprévisible. L'homme capable d'événements est ouvert à son propre devenir, en chemin vers son nom, qu'il ne pourra jamais atteindre. En se détournant, attentif aux signes que nous offre le « monde qui vient », naît l'événement.

L'événement ne se produit pas dans le monde, mais le monde s'ouvre à chaque fois à partir de l'événement. Et chaque événement transforme notre être, nous disons alors : *hinéni*, « me voici », en réponse à la « voix venue d'ailleurs », qui ne peut s'entendre qu'à la suite de l'écart, du détournement, du *sar*.

5. Le voyage à Prague

Lorsque de nouveaux disciples arrivaient chez Rabbi Bounam, son premier souci était de les mettre en garde contre le culte de la personnalité du maître. Il voulait leur faire comprendre qu'il n'était là que pour les aider à se découvrir eux-mêmes... Et Rabbi Bounam leur racontait l'histoire suivante :

> A Cracovie vivait un Juif du nom de Rabbi Eisiq fils de Rabbi Yankel. Une nuit, il fit un rêve, dans lequel un homme lui dit :

10. H. Maldiney, *Penser l'homme et la folie*, *op. cit.*

> « Va à Prague, va jusqu'au pont qui mène au château royal et sous le troisième pilier creuse et tu découvriras un trésor. » Il ne fit pas vraiment attention au rêve. Mais quand celui-ci se répéta, identique, une deuxième nuit, puis une troisième, il prit son balluchon, ses chaussures de marche et se mit en route vers Prague [...]. Arrivé sous le pont royal, il voulut commencer à creuser, mais la garde royale faisait les cent pas et jetait des regards étonnés vers Rabbi Eisiq. Le capitaine des gardes l'appela et lui dit : « Que fais-tu ? Que cherches-tu ? » Et Rabbi Eisiq dans sa droiture habituelle lui raconta son rêve. Alors le capitaine des gardes éclata de rire. « Mon pauvre ami, lui dit-il, c'est pour un rêve que tu as fait tout le trajet de Cracovie à Prague ! Imagine un peu, si je devais aussi écouter mes rêves ! La nuit dernière, j'ai rêvé que je devais aller à Cracovie chez Eisiq fils de Yankel, car sous son fourneau je trouverais un grand trésor. Tu penses, qu'irais-je faire dans une ville où la moitié des Juifs s'appellent Eisiq et l'autre moitié se nomment Yankel ! » Rabbi Eisiq fils de Yankel eut un grand sourire, remercia le capitaine et retourna à Cracovie, où il trouva le trésor caché sous son fourneau[11] !

Merveilleuse histoire, qui nous conduit dans le nom, vers le nom. Nous devons tous aller à Prague pour découvrir qu'il existe un trésor à Cracovie. Nous devons tous faire le détour par la parole de l'autre pour entendre résonner nos propres paroles. Il ne s'agit pas de l'utilisation de l'autre, mais de la force de la rencontre et du dialogue. Le récit de l'autre homme, sa *haggada*, vient faire fracture en moi pour m'ouvrir à une autre dimension du monde et de moi-même.

Seule l'existence d'autrui permet au temps de se temporaliser. L'infinitif du temps, vie et histoire, passe par le détour de l'être, par l'autre de l'être, qui n'est pas le néant mais l'altérité d'autrui...

Le « voyage à Prague » me permet de rencontrer la parole de l'autre homme qui peut me conduire à moi-même. Odyssée où le Moi à l'arrivée est radicalement différent du Moi au départ.

11. Cité par M. Buber, *Le Chemin de l'homme d'après la doctrine hassidique*, Éd. du Rocher, 1989.

6. L'homme révolté : Anatoli Chtcharanski

Il existe un autre sens du mot *sar*. Il signifie aussi, dans sa forme verbale *sarar (samèkh-rèch-rèch)*, le fait de se révolter. Le détour qui construit le nom est aussi capacité de révolte. L'homme du nom, c'est l'« homme révolté ».

Je voudrais citer à titre d'exemple le cas d'un « homme révolté », d'un homme du nom, homme de refus, de révolte et de liberté : Anatoli Chtcharanski, *refuznik* dissident russe, arrêté par le KGB le 15 mars 1977 et condamné le 14 juillet 1978 à trois ans de prison et à dix ans de goulag pour avoir demandé un visa pour Israël !

Il ne restera « que » neuf ans dans les geôles du KGB. Pendant neuf ans, il va dire non aux autorités soviétiques sans aucune concession. La veille de sa libération, le lundi 10 février 1986 au matin, Anatoli ne savait pas encore qu'il allait être relâché. Il était en train de lire dans sa cellule les classiques allemands Goethe et Schiller. Tout à coup, la porte s'ouvrit et on lui apporta une pile de vieux vêtements civils. « Habillez-vous ! » C'était la première fois que cela se produisait et Anatoli eut alors la certitude que quelque chose d'exceptionnel se préparait. Il enfila les vêtements, beaucoup trop grands pour lui, rassembla les quelques livres qu'il avait toujours réussi à garder avec lui et suivit les quatre hommes qui étaient venus le chercher.

C'est dans une Volga noire qu'ils firent le chemin, par des rues familières, jusqu'à l'aéroport de Moscou où un avion les attendait. Lorsqu'il descendit de la voiture, un des hommes du KGB lui prit son paquet de livres en lui disant qu'il était interdit de les porter à bord de l'appareil.

Anatoli insista pour n'en garder qu'un, le petit recueil de psaumes en hébreu que sa femme Avital lui avait offert bien des années plus tôt. Mais l'homme refusa. Alors Anatoli se coucha dans la neige et déclara qu'il ne bougerait pas tant qu'on ne lui aurait pas rendu son livre. Il sentait que sa libération était proche, mais il ne pouvait pas renoncer à mener jusqu'au dernier instant sa bataille acharnée contre le KGB. Les quatre hommes jurèrent et menacèrent, en vain, et, finalement, lui rendirent son livre. Anatoli monta dans l'avion, qui décolla.

Pendant le vol, on lui apprit qu'en tant qu'« espion américain », il était expulsé d'Union soviétique. Il répondit qu'il était satisfait qu'après treize ans à avoir demandé à être déchu de sa nationalité on accède enfin à sa requête. L'avion atterrit en Allemagne de l'Est. Les hommes du KGB lui expliquèrent qu'en vertu de certaines réglementations diplomatiques ils ne pouvaient mettre le pied en territoire est-allemand et qu'il devait descendre seul.

« Vous voyez cette voiture, là-bas? demanda l'un des hommes en montrant du doigt une limousine sombre garée sur la piste d'atterrissage. Vous y allez tout droit, d'accord?

— Vous savez, je ne suis jamais d'accord avec le KGB, alors, si vous me dites d'aller tout droit, je vais partir dans une autre direction. »

L'homme du KGB lui répondit que cela risquait d'être dangereux pour lui.

« Nous verrons bien! » jeta Anatoli.

Il descendit de l'avion et se mit à zigzaguer jusqu'à la voiture[12]...

12. Cité *in* A. et A. Chtcharanski, *Un aussi long voyage*, Lieu commun, 1986.

7. Deuxième voyage dans le nom : « Lève-toi, va à Ninive... »

Continuons notre voyage « dans le nom ». Par la lecture différentielle de la *Guématria*, nous sommes passés de *chèm* à *sar*. Utilisons maintenant le même procédé pour la lecture du mot *sar*. Quel chemin faut-il parcourir entre la lettre *samèkh* et la lettre *rèch* ?

Pour passer du *samèkh* au *rèch*, dont les valeurs numériques sont respectivement 60 et 200, il faut parcourir 140, chiffre qui s'écrit *qof* (100) et *mèm* (40), deux lettres qui forment le mot *qam*, qui signifie « il se lève », « il se tient debout », « il existe » :

140

samèkh ——————→ *rèch*

60 *qam* 200

Le nom se construit d'un détour *(sar)*, qui n'est lui-même possible que s'il existe un mouvement de se lever, de s'élever, de se tenir dans la droiture digne d'un corps vertical.

Lecture à double sens : c'est dans la force de l'élévation que le détour *(sar)* peut se produire, peut constituer la fonction du nom. *Qam* ou *qoum*, c'est le « lève-toi » qu'entendent les prophètes, à l'instar de Jonas : « Et la parole de Dieu fut adressée à Jonas fils d'Amitaï pour dire : "Lève-toi, va à Ninive" *[Qoum lèkh èl Ninevéh]*. » « Et Jonas se leva *[Vayaqom Yona]*. »

Notons au passage que tout le livre de Jonas est l'histoire d'un homme qui se lève *(qam)* pour aller vers son nom[13]. En effet, le mot « Ninive » en hébreu contient toutes les lettres du mot *Yona*

13. Comme don Quichotte. Cf. ci-dessus, deuxième partie, chap. Ier.

«Jonas». «Va vers Ninive», «va vers ton nom», «transporte-toi vers ton nom». Et Jonas se lève *(vayaqom)* pour fuir, c'est-à-dire pour réaliser le détour, l'écart, le *sar* (mot qui va revenir comme un leitmotiv en filigrane dans tout le texte de Jonas). L'art de porter son nom, c'est ainsi se lever, se mettre en chemin vers, en passant par le détour.

Mouvement apparemment paradoxal dans le livre de Jonas car il est entièrement constitué par la descente (il descendit à Jaffa, dans le bateau, dans le sommeil, dans l'eau, dans le ventre du poisson...). Il y a comme une nécessité de descendre pour remonter. Thème cher à la littérature hassidique, qui utilise l'expression *yerida letsorekh aliya*, «descendre pour remonter».

Le détour est peut-être ainsi tout intérieur, dans les profondeurs du Moi. Mais la descente ne doit pas être une chute dans le vide ni une déchéance dans la passivité de l'être. Le voyage intérieur, même sous la forme d'une descente, est apprentissage d'une élévation et d'une transcendance *(qam)*.

8. La nuit utérine : au plus profond de la mémoire

Cette descente et ce voyage intérieur, c'est aussi un voyage dans la mémoire et dans le passé. Si le nom est tendu vers le futur, il ne peut cependant assumer ce futur qu'avec une claire conscience et connaissance de son passé. Il n'y a pas de futur sans passé.

Nous retrouvons ici le conte des sept mendiants de Rabbi Nahman[14]. S'il est vrai que le récit déploie une temporalité futu-

14. Cf. ci-dessus, première partie, chap. III.

risante, elle fait passer le lecteur ou l'auditeur par une phase de retour dans la mémoire, dans les mémoires. Dans ce conte, où est enchâssée «l'histoire de la plus ancienne histoire», Rabbi Nahman développe une formidable intuition. L'avenir d'un individu — son nom — ne peut se construire sans un ancrage dans tous les niveaux de sa mémoire. L'homme doit accéder au temps où il ne parlait pas encore mais comprenait déjà tout ce qui se passait autour de lui. Ce moment de l'*infans*, ce premier chapitre souvent non verbalisé de son histoire :

> Si un homme peut tout ignorer de son ontogenèse dans l'acception biologique du terme[15], et s'en porter tout aussi bien, il ne peut faire l'économie d'un savoir sur son «ontogenèse», c'est-à-dire sur l'ensemble des désirs qui font qu'un œuf a pu être fécondé et de leurs conséquences tout au long du devenir de cet œuf [...]. C'est une nécessité pour son fonctionnement de se poser et de s'ancrer dans une histoire qui substitue à un temps vécu-perdu la version que le sujet s'en donne, grâce à sa reconstitution des œuvres qui l'ont fait être, rendant compte de son présent et rendant pensable et investissable un éventuel futur[16].

Rabbi Nahman remonte très loin dans ce voyage de la mémoire, jusque dans la «nuit utérine» et même au-delà, dans le désir parental.

Nous connaissons bien mieux maintenant, grâce aux travaux de psychanalyse avec les tout-petits, la nécessité de dire, de raconter la «vérité» du passé, même lorsque cette vérité est difficile à entendre. Sans l'accès à la «vérité» du passé, il ne peut y avoir de futur.

On se rappelle sans doute l'histoire que raconte Françoise

15. En biologie, l'ontologie traite du développement de l'individu depuis la fécondation de l'œuf jusqu'au dernier stade de son développement.

16. Piera Aulagnier, *L'Apprenti historien et le maître sorcier. Du discours identifiant au discours délirant*, PUF, 1984, p. 9.

Dolto, de cette femme qui, quelques jours après son accouchement, tombe dans le coma :

> Je vais vous raconter l'histoire d'un de mes patients. Cet homme vient me voir d'urgence, un soir, complètement affolé, et m'explique ce qui est en train de lui arriver. Quelques jours auparavant, sa femme avait accouché au milieu de la nuit d'une superbe petite fille. Tout allait bien, et le mari quitte sa femme au petit matin pour aller chercher leur fils aîné resté à la maison pour le conduire à la clinique embrasser sa mère. La mère et le bébé vont fort bien. Cet homme emmène alors son fils à l'école et revient aussitôt après. Il trouve alors sa femme dans un état convulsif et voilà qu'en dépit de tous les soins qui lui sont prodigués elle tombe dans le coma.
> Après quarante-huit heures, le réanimateur estime que même si on réussit à la tirer de là, il y aura des séquelles et elle restera paralysée au moins des deux jambes. Cet homme se sent alors envahi de haine violente contre la vie, contre sa femme, contre le personnel soignant et, me connaissant, décide de venir me voir. Il arrive chez moi dans un incroyable état d'agitation et m'annonce aussi que jamais il ne restera auprès d'une femme infirme, qu'il la tuera plutôt. Là-dessus il me raconte que ses beaux-parents alertés sont arrivés, mais que sa belle-mère a refusé de voir sa fille et qu'elle est restée dans le couloir. Son beau-père, un peu gêné du refus de sa femme, a alors révélé à son gendre l'histoire de la naissance de leur fille.
> Celle-ci était l'aînée de quatre enfants, deux filles et deux fils. A sa naissance, sa mère s'est mise à la détester et en a fait une véritable phobie. Il en a été de même pour le deuxième enfant, une fille aussi. Au contraire, elle avait aimé, dès le premier jour, allaité et élevé ses troisième et quatrième enfants, deux garçons. Ses deux enfants aînés, ses deux filles, ont dû être élevées chacune sans voir leur mère jusqu'à l'âge de la marche.
> Après ce récit, j'ai d'abord conseillé à cet homme d'aller prendre un substantiel repas et de dormir, ce qu'il n'avait pas fait depuis l'accouchement. Puis d'aller ensuite raconter à sa femme, dans le coma, l'histoire de sa propre naissance. Ainsi fit-il et, quelques heures après, sa jeune épouse sortait du coma sans aucune séquelle.
> Les premières paroles qu'elle prononça furent : « Je veux voir

> ma fille.» Puis, s'adressant à son mari : «Je ne sais pas si j'ai rêvé ou si c'est bien toi qui m'as raconté ma naissance. J'ai tout de suite compris que c'était à cause de cette histoire que j'ignorais que je n'avais pas le droit d'avoir cette petite fille. Alors je me suis échappée du coma»[17].

L'«histoire oubliée» forme un nœud dans la capacité temporelle d'un sujet, qui ne peut plus ainsi aller au-delà, qui est dans la situation d'avoir perdu son nom. Dans ces exemples, nous sommes au cœur de la bibliothérapie :

> Rappelons ici que la fonction du mythe est d'établir l'homme en une parole essentielle qui s'assure d'une tradition et qui engage, par la gestuelle du rite quotidien, une signification du travail et de l'amour, de la vie et de la mort, du rapport aux choses, aux autres êtres et aux dieux. Une mythologie est existentiellement incarnée : elle convoque dans la langue aussi bien un paysage que la connaissance des autres humains. Les contes participent de cette tradition orale où se dit le secret de la naissance et de la mort en une parole cachée que seul l'inconscient peut entendre. La disparition d'un mythe ou seulement l'appauvrissement de sa tradition orale signifie non seulement une désorganisation sociale (du rapport entre les hommes, à leur travail et à leur

17. F. Dolto, *Séminaire de psychanalyse d'enfants*, Éd. du Seuil, t. I, 1982, p. 115-116. Nous remercions Didier Dumas de nous avoir indiqué ce texte et de nous avoir orienté d'une façon générale vers l'œuvre de Dolto. Cf. D. Dumas, *L'Ange et le Fantôme. Introduction à la clinique de l'impensé généalogique*, Éd. de Minuit, 1985. On consultera avec beaucoup d'intérêt d'autres exemples et d'autres développements dans les ouvrages du docteur Aldo Naouri, pédiatre, qui illustrent l'incidence décisive de la grand-mère maternelle et des ascendants en général sur des symptômes parfois spectaculaires ou alarmants du nourrisson. Cf. *L'Enfant porté*, Éd. du Seuil, 1982, *Une place pour le père*, Éd. du Seuil, 1985 et *L'Enfant bien portant*, Éd. du Seuil, 1993. Cf. aussi C. Éliacheff, *A corps et à cris. Être psychanalyste avec les tout-petits*, Odile Jacob, 1993. Tous ces livres apportent de nombreux cas cliniques intéressants. Cf. aussi A.A. Tomatis, *La Nuit utérine*, Stock, 1987. Tomatis raconte dans ses différents ouvrages son expérience avec un enfant qui arrive à sortir de son autisme en entendant le son de la voix de sa mère reconstituée dans son écoute fœtale. Expérience qui se passa d'ailleurs en présence de F. Dolto.

> fête), mais principalement un véritable *déracinement* ontologique et l'ébranlement d'une tectonique du monde. Pour l'enfant, recevoir la parole du conte, c'est le faire communiquer avec un *dire* qui lui donne fondement dans le mythe. Et le conte comme le mythe détient le secret — inexplicable — d'un savoir qui défie la mémoire et l'interdit où l'homme trouve ce qu'il lui faut pour connaître qui il est et comment il est, en un mot : ce qui l'inscrit généalogiquement et en l'ordre du monde en son identité.
> En racontant une histoire à l'enfant, l'adulte découvre en lui *une parole dont il ne sait pas d'où elle vient* et dont il ne se connaissait pas porteur. D'où vient le conte? Où prend-elle naissance, cette parole dont la rhétorique accueille et dispose le silence dans la répétition de la geste imaginaire qui cèle et décèle le lieu d'un événement hors temps? *Il était une fois...* La parole du conte ne serait-elle pas — seule parole possible — pour actualiser en elle *l'événement tenu hors de mémoire par l'amnésie et ne tiendrait-elle pas ainsi son pouvoir, au moment de raconter, de donner l'enfance comme médiation entre l'adulte et l'enfant*[18]?

Voilà l'enseignement clef de Rabbi Nahman de Braslav dans le conte des sept mendiants, qu'il commente lui-même ainsi : «Les contes dénouent la parole, délivrent la bouche, les ouvrent à la fécondité[19].»

Pour illustrer ce qui précède, écoutons cette histoire hassidique qui nous a été transmise oralement par Jacky Süssholtz.

L'histoire oubliée

Sentant sa mort approcher, le Baal Chem Tov, le maître du Bon Nom, décida de léguer à ses disciples le peu de richesses qu'il pos-

18. P. Fédida, «Le conte et la zone d'endormissement», in *Corps du vide et Espace de séance*, Éd. universitaires, 1977. C'est nous qui soulignons.
19. Rabbi Nahman de Braslav, *Liqouté Moharan*, *op. cit.*, I, 60. Cf. plus loin, quatrième partie, chap. V.

sédait. A l'un il fit don de son châle de prière, à l'autre il offrit son livre de psaumes, un troisième reçut sa tabatière en argent... Son serviteur le plus fidèle, Reb Shmouel, attendait que vienne son tour mais, quand le maître eut tout distribué, lui n'avait rien reçu.

Alors le Baal Chem Tov se tourna vers lui avec un sourire et lui dit : « A toi j'offre mes histoires. Tu parcourras le monde entier pour les faire entendre. » Surpris, Reb Shmouel remercia le maître, en qui il avait toujours eu une confiance absolue, sans comprendre vraiment la portée de cet héritage.

Le maître mourut. Reb Shmouel resta seul. Il se disait au fond de lui-même : « Est-ce là un héritage ? Des histoires que personne n'entendra ? » Pauvre il était, pauvre il resta... Mais un jour, une rumeur commença à circuler, selon laquelle il y avait un homme qui était prêt à payer de très grosses sommes pour entendre des histoires sur le Baal Chem Tov. Reb Shmouel se renseigna et il fit savoir qu'il était l'homme de la situation. On lui fit parvenir une invitation et, après un long voyage, il arriva un vendredi matin dans une grande ville de Russie. Il fut accueilli par l'homme qui l'avait fait venir, qui n'était autre que le président de la communauté lui-même.

Le soir même, à l'occasion du *shabbat*, toute la communauté se réunit autour d'un repas somptueux préparé en l'honneur de l'invité de marque. Au milieu du repas, le président se leva et prit la parole : « Nous avons l'honneur de recevoir parmi nous le disciple et secrétaire du Baal Chem Tov, venu spécialement nous raconter des histoires sur la vie de son maître. Reb Shmouel, vous avez la parole. »

Reb Shmouel se leva, heureux de pouvoir enfin parler de son maître. Il embrassa l'assistance d'un regard généreux et voulut commencer à raconter. Il ouvrit la bouche et... rien. Il ne se souvenait de rien ! La tête vide, il était incapable de raconter la moindre anecdote, le moindre petit souvenir... Le président, voyant son trouble, reprit la parole et dit à l'assistance : « Reb Shmouel est certainement très fatigué par son long voyage. Après une bonne nuit de repos, il retrouvera toutes ses forces et toute sa mémoire et nous offrira une belle histoire. »

Le lendemain, au milieu du deuxième repas chabbatique, Reb Shmouel se leva pour parler et, à nouveau, rien... rien que le vide. Aucune histoire ne lui revenait en mémoire. Confus, il se rassit. Le président à nouveau se fit compréhensif et promit à l'assemblée que tout se passerait bien au cours du troisième repas. Mais, malheureusement, le scénario se répéta encore une fois et, dès le lendemain matin, Reb Shmouel, au comble de la honte, se vit raccompagné discrètement et froidement par son hôte.

Peu nombreuses étaient les personnes qui avaient tenu à souhaiter un bon retour à celui qui portait déjà dans toute la ville le surnom de « l'homme sans histoire »... Les chevaux commençaient déjà à se mettre en route quand Reb Shmouel se dressa sur le marchepied de la voiture et se mit à crier : « Arrêtez, arrêtez, j'ai une histoire... »

On fit stopper les chevaux et, du haut de la voiture, Reb Shmouel s'adressa au président, qui le regardait avec une étincelle d'espoir : « Il s'agit juste d'une anecdote, je ne sais pas si cela vous intéressera, mais enfin... » Le président l'encouragea d'un léger signe de la tête.

« Par une nuit d'hiver, le Baal Chem Tov me réveilla et me dit : "Reb Shmouel, vite, attelle les chevaux, nous partons." Dans le froid et la neige nous traversâmes de profondes forêts et, après quelques heures, nous arrivâmes devant une grande et belle demeure. Le maître entra et, après une demi-heure seulement, il ressortit et me dit : "Nous rentrons!" »

En entendant cette histoire, le président se mit à pleurer, avec de grands sanglots. Reb Shmouel le regarda, stupéfait. A travers ses larmes, le président vit l'étonnement se lire sur le visage des spectateurs et leur dit :

«Laissez-moi vous expliquer. La personne à qui le Baal Chem Tov vint rendre visite, c'était moi! A l'époque, j'étais un personnage très important de la hiérarchie ecclésiastique. Mon rôle était alors d'organiser les conversions forcées, qui s'accompagnaient toujours de violences et de persécutions contre les Juifs. Quand le Baal Chem Tov fit irruption chez moi en cette nuit mémorable, j'étais en train de préparer un des décrets les plus cruels de ma carrière... A peine entré, le maître se mit à dire d'une voix de plus en plus forte : "Jusqu'à quand? Jusqu'à quand? Jusqu'à quand vas-tu faire souffrir tes propres frères? Ne sais-tu pas que tu es un enfant juif rescapé d'un pogrom, recueilli et élevé dans une famille polonaise qui t'a toujours caché tes origines? Le moment est venu de revenir vers tes frères et vers ta tradition." Profondément bouleversé, je décidai immédiatement de tout abandonner et de recommencer ma vie de zéro. Je demandai au maître : "Mais quand saurai-je que j'ai été pardonné de tous mes crimes?" Le Baal Chem Tov me dit alors : "Le jour où quelqu'un viendra et te racontera cette histoire, tu sauras que tu as été pardonné..."»

9. Transcendance et thérapie

Il existe une tendance à se laisser entraîner vers le bas, que la Bible nomme «descente en Égypte». Mais il n'existe pas d'inéluctable lourdeur de l'être. L'homme est justement ce pouvoir, cette volonté et ce désir de s'arracher à l'enlisement dans l'être fermé et statique. Ou peut-être faut-il dire qu'il y a justement une *inéluctable* lourdeur de l'être, principe de la gravitation universelle, version existentielle, mais que le rôle de l'homme transporté par son nom est de se projeter au-delà, de vaincre ces forces qui l'entraînent vers le bas pour remonter : trans-ascendance.

Pour l'« homme du nom », la lourdeur de l'être est insoutenable ! Son chemin de détour le porte vers le haut : *el-al.* Ainsi l'une des premières fonctions du nom est le soutènement, l'axe phallique de l'érection du corps tout entier s'arrachant à la tyrannie de la pesanteur. En tant que nom, l'être humain échappe au risque de n'être qu'un être-objet, une chose qui ne peut vivre que sur le *mode ontique*, qui est le mode de l'être-chose, à l'opposé du *mode pathique*, qui est le mode de l'humain sensible aux modifications du monde extérieur, temps, objets et personnes[20].

Le nom est un non, une négation de l'être-chose par l'être-homme. Le nom comme non permet d'échapper à la dangereuse *lourdeur de l'être*, qui métamorphose le « il peut » en un « il est pu », le « il veut » en un « il est voulu », le « il fait », en un « il est fait », bref, tout l'être en un « il est été ».

La défaillance de la transcendance de l'existence, la perte du nom, c'est-à-dire la perte du projet, fait choir l'être. Abattement, accablement, dépression, chute du potentiel vital, fatigue, lassitude, grisaille, regret, résignation, indifférence, impression d'insignifiance, inaptitude à tout, apathie... Ce poids de l'être est chute.

En hébreu, la « chute », le verbe « tomber » se disent par la racine *halo (hèt-lamed-hé)*, qui signifie aussi « être malade ». N'utilise-t-on pas justement en français l'expression « *tomber* malade » ? Le nom comme *là-bas* et *au-delà* par le projet, est le chemin inverse de celui de la chute. En hébreu, les lettres *ayin* et *hèt* sont structurellement antinomiques : le *hèt* renvoie au statique et le *ayin* au dynamique, comme par exemple l'opposition de *nah* et *na*[21]. Si

20. Sur ces distinctions entre l'ontique et le pathique, cf. H. Maldiney, *Penser l'homme et la folie, op. cit.*

21. *Nah (noun-hèt)* signifie « statique » et *na (noun-ayin)* signifie « dynamique », « mouvement ».

dans le mot *holé*, qui signifie à la fois «tombé» et «malade», on substitue le *ayin* au *hèt*, le mot *holé* devient *olé*, qui signifie «monter». La «montée», la *alyia*, la transcendance, est le mouvement du *qam* qui me fait échapper à la chute et à la maladie. On comprend alors pourquoi le mot «remède» se dit en hébreu *taala*, du verbe *laalot*, «monter».

Il serait maintenant important d'appréhender les origines de la lourdeur de l'être. Parmi les nombreuses causes, on peut certainement se tourner dans un premier temps vers l'aspect langagier de l'être-homme. L'homme est un être parlant, en hébreu *haï-medaber*. Soulignons le fait que «la structure de la langue comporte deux états différents et superposés : la structure sémiologique et la structure psychologique. Bien que dans une langue vivante elles ne coïncident jamais, un accord de convenance s'établit entre elles[22]». Nous proposons l'hypothèse, intuitive et vérifiée par de nombreux cas cliniques, que la *lourdeur* et la *légèreté de l'être* dépendent en tout premier lieu d'une liberté linguistique.

La langue n'est pas seulement un symptôme de l'être, un signe, mais une de ses modalités essentielles. Une parole libre ouvre l'être à sa légèreté et, inversement, une parole enchaînée l'attire vers le bas et offre du poids à sa propre lourdeur.

Mais qu'est-ce qu'une parole libre ? C'est une interprétation du monde et de soi qui échappe à toute systématisation et à toute idéologie ! Tout le social, en particulier le langage, est une forme d'objectivation qui aboutit à la constitution d'un Soi-objet, visé dans un sens, mais qui n'est plus le Soi inconstruit, tel qu'en soi-même, du départ. Le risque que court la parole est d'être une «parole parlée» et non une «parole parlante»[23], une parole pré-

22. Gustave Guillaume, cité par H. Maldiney, *Penser l'homme et la folie*, *op. cit.*

23. Opposition classique par M. Merleau-Ponty, *Phénoménologie de la perception*, Gallimard, 1945, p. 329.

fabriquée par l'institution et le contexte social. Il en découle un «Moi-préfabriqué» qui «est été», qui ne retrouve pas le sens authentique du verbe «être».

Le piège est de tomber dans la structure. L'homme pris dans la structure est déjà dit, déjà écrit. C'est le piège de la «philosophie araignée». Il faut redonner du souffle et de la liberté au langage pour retrouver la légèreté. Il faut s'ouvrir à..., accueillir l'événement et la surprise, le surgissement du monde. Les perceptions toutes faites, les mots et les idées, l'image de soi et du monde, bref, l'ensemble des préjugés doivent se dé-lier, se dé-nouer, se dé-dire, se dé-lire, se dé-signifier. Dialectique incessante de l'être et du néant[24].

Soulignons avec force que la lourdeur de l'être est plus facile, plus attirante que la légèreté de l'être. Il existe en l'humain une «pulsion d'idéologie», qui le pousse à donner un sens définitif à l'ordre du monde. Et la réalité quotidienne nous montre que l'effondrement d'une idéologie est immédiatement suivi de la reconstruction d'une autre idéologie. La pulsion d'idéologie est non seulement puissante, mais encore rusée, car elle commence toujours par s'autofonder de la nécessité d'un sens fort et unique. Le discours idéologique sait utiliser le langage qu'il faut employer pour entraîner l'adhésion. Ainsi, par exemple :

> Les êtres humains et, comme le montrent les récentes études sur les primates, les autres grands mammifères semblent psychologiquement incapables de vivre dans un univers sans ordre ni sens. D'où la nécessité de remplir le vide; car, si ce sentiment peut, dans sa forme la plus édulcorée, engendrer l'ennui, il mène aussi parfois, dans sa forme la plus aiguë, à la psychose ou au suicide. Puisque l'enjeu est si important, l'interprétation du monde doit être sans faille et ne laisser aucune question sans réponse[25].

24. Cf. ci-dessous, troisième partie, chap. IV.
25. Réflexion souvent reprise par P. Watzlawick. Cf. *Le Langage du changement. Éléments de communication thérapeutique*, Éd. du Seuil, 1980.

Voilà ce que chuchote la voix intérieure de la pulsion d'idéologie qui sommeille au fond de chacun de nous. Belle ruse... Mais soyons plus rusés!

S'il est vrai que «celui qui sait pourquoi il vit peut supporter quasiment n'importe quoi», comme nous l'enseigne Nietzsche et, à sa suite, l'œuvre de Victor Frankel, fondateur de la *logothérapie*, il est vrai aussi que celui qui s'enferme dans un sens unique est plus objet qu'être vivant.

Donner du sens n'est pas donner Un sens. Il faut un sens vivant et dynamique pour un homme qui existe dans la transcendance de soi. La signifiance, la dynamique de signification est possible par une remise en question permanente, par un effacement, une rature du sens, la mise en place d'un vide, d'une absence.

Ce vide, c'est ce qu'avaient reconnu depuis longtemps les premiers penseurs taoïstes, à commencer par Lao-tseu. C'est ce que les cabalistes nomment *Tsimtsoum*[26], «retrait», ou *hallal hapanouye*, «espace vide». Paradoxalement, ce n'est pas le vide qui crée la lourdeur de l'être, la chute, la dépression ou l'«être malade»; c'est le manque de vide ou encore une espèce de vide encombré qui précisément produit une oppression[27].

La légèreté de l'être fait sortir de l'idéologie, de l'enfermement du sens et de la langue pétrifiée.

10. Le troisième voyage dans le nom : le masque et le miroir

Continuons à descendre. Descente paradoxale car plus nous descendons, plus nous montons. La différentielle sémantique de

26. Cf. ci-dessous, livre deuxième, chap. XVII.
27. Cf. plus haut, première partie, chap. III.

qam se découvre entre les lettres *qof* et *mèm*, entre 100 et 40, c'est-à-dire, en hébreu, la lettre *samèkh :*

samèkh

qof ⟶ *mèm*

100 60 40

Le *samèkh* signifie « le fondement sur lequel on peut s'appuyer ». Il jouerait ici le rôle du fondement de l'être. Tout se passe comme si plus nous entrons dans le nom, plus nous pouvons enfin découvrir un lieu où nous reposer et auquel nous raccrocher. Enfin, nous allons pouvoir *y* être !

Mais n'est-ce pas dans ce moment précis où nous « y » sommes que cette présence radicale dans le lieu de l'« ici » annule toute la dimension du « là-bas » de l'être comme porteur d'un nom ? Dès lors, le *samèkh* ne signifie-t-il pas autre chose que le fondement, que l'*archê* de l'être et du nom ?

La mise en mouvement des lettres qui composent le mot *samèkh (samèkh-mèm-khaf)* peut nous offrir une autre lecture ; nous lisons alors *massakh (mèm-samèkh-khaf)*, mot qui signifie « masque ». Que faut-il entendre par « masque » ? Mot ambigu, qui signifie à la fois l'écran-obstacle et l'exhibition de la personne elle-même. *Persona* est en latin le masque de l'artiste qui cache son visage.

Le masque n'est-il pas ainsi le support d'une dialectique du visible et de l'invisible, du dévoilement et du retrait[28] ? Ainsi le fondement de l'être ne serait pas manifestation radicale de l'être, exhibition et *pro-phanation*, mais pudeur. Le masque de l'être fait en sorte que « l'essentiellement caché se jette vers la lumière, sans

28. Sur tout ce développement, cf. M.-A. Ouaknin, *Méditations érotiques*, *op. cit.*

devenir signification[29] ». L'être en sa profondeur est secret et se doit malgré tout de faire des apparitions.

Cependant, le secret apparaît sans apparaître, non parce qu'il apparaît à moitié, ou avec des réserves, ou dans la confusion, mais parce qu'il apparaît dans l'équivoque. Cette ambiguïté phénoménologique fondamentale de l'être dessine les contours de ce que nous appelons l'« érotisme »[30].

L'anarchie érotique de l'être fait obstacle à toute possibilité réelle de prise et d'emprise sur l'être, qui excède toujours l'« ici » en étant toujours déjà en mouvement vers le « là-bas » du nom. Ainsi l'« être » est verbe et non substantif, sa parole est « dire », dont le « dit » est une aventure, essentielle, certes, mais non ultime. Le masque préserve de l'emprise de l'autre et du même sur l'autre.

Mais on peut aussi comprendre le masque, le *massakh*, comme un écran dans le sens du miroir. Le miroir capture l'image, fabrique l'image et la renvoie. Le miroir ouvre un processus dynamisant où l'obstacle de l'écran, la réflexion de l'image, crée une structure dialogique extirpant l'être d'un narcissisme mortifère. Le *massakh* fait obstacle à une pure transparence d'un monde dans lequel on pourrait avancer infiniment sans s'arrêter, pur être-machine qui se complaît dans le ronronnement d'un « ça marche... ». Le *massakh* est la révélation d'une altérité qui nous fait sortir de la banalité inanalysée d'un simple « être ici » et nous fait aussi découvrir la consistance de l'existence d'autrui :

> Supposez quelqu'un qui ne vous soit pas radicalement autre, qui vous soit entièrement transparent, constitué en quelque sorte de vos propres rayons du monde [...]. Vous ne pourriez l'aimer ni le haïr parce que, faute de résistance et d'opacité,

29. E. Lévinas, *Totalité et Infini*, *op. cit.*
30. M.-A. Ouaknin, *Méditations érotiques*, *op. cit.*

> vous le traverseriez sans rencontrer personne; il ne serait pas. Et si vous-même en étiez là de vous-même, pareil à un homme de verre si transparent qu'invisible, vous n'existeriez pas. Il faut, pour exister, qu'il y ait en vous — à une profondeur variable — cet «écran opaque» qui vous renvoie vos propres paroles, attitudes ou comportements [...] comme «autres», de telle façon que, ainsi déplacé en vous-même, vous désiriez à nouveau une autre expression de vous vers cet écran concave qui la réfléchira à nouveau contre vous. Cette conjonction de l'altérité et de la réalité commence à cette rencontre qu'est le sentir (humain) où quelque chose, à chaque fois nouveau, s'éclaire à mon propre jour qui ne se lève qu'avec lui. Nouveauté, altérité, réalité émergent l'une à l'autre à travers l'autre dans toute rencontre[31].

Le *massakh* comme fondement de l'être dit la nécessité d'un écran, d'une caisse de résonance, d'un lieu d'inscription pour l'événement du nouveau, pour l'émergence de l'altérité et pour l'ex-istence même de l'homme, comme altérité nécessaire de soi. Le *massakh* signifie que l'homme n'est pas impassible devant et dans le monde. Son être-au-monde se marque d'un ensemble de modifications qui possibilisent son être et le futurisent dans un avenir radical. Cette ouverture et cette sensibilité à l'événement sont ce que nous avons nommé plus haut le *sar* (le détour).

Soulignons avec Maldiney :

> Le plus remarquable dans la psychose est la fermeture à l'événement. Un jour, un événement a eu lieu qui n'a jamais été assumé et qui, non dépassé, obstrue tout l'horizon d'un homme. Entièrement impliqué en lui, cet homme, mélancolique ou schizophrène, est contraint de s'expliquer en permanence avec lui — ce qui le rend inaccessible à tout événement nouveau, à l'événement comme tel. Tout ce qui peut avoir lieu est capté, avant d'avoir émergé, par un événement non assimilé devenu, par floculation, le monde[32].

31. H. Maldiney, *Penser l'homme et la folie*, *op. cit.*
32. *Ibid.*

Le *massakh* comme fondement de l'être réfléchit, anime, accepte « l'événement qui ne se produit pas dans le monde mais qui ouvre le monde ». L'art de porter son nom, c'est entrer dans le *chèm*, puis le *sar*, pour découvrir le *qam*, transcendance de l'être rendue possible par la mise en scène du blanc, du vide et du rien comme moment nécessaire de dé-signification.

Troisième partie

Langage, récit et identité

CHAPITRE PREMIER

Les dialectiques de l'identité personnelle

Pour la bibliothérapie, l'être humain est une création continuée, en incessant mouvement de devenir. Ce devenir passe par une transfiguration à chaque fois nouvelle de soi et du monde.

La thèse centrale de la bibliothérapie est que cette transfiguration — qui est en même temps une temporalisation — trouve ses forces dans le processus narratif-interprétatif de l'activité de lecture. L'homme en mouvement est ontologiquement un *homo legens*. La lecture créatrice ouvre à de nouvelles pensées et à de nouveaux actes, invente de nouveaux mondes, dont la nouveauté est aussi renouvellement du sujet lisant-créant.

La création ne peut avoir lieu sans un déchirement, un éclatement de ce qui préexiste. Il y a brisure d'un horizon donné, puis re-création. Dans la créativité *lecturielle*, l'homme lisant-créant s'invente autrement, «Je est un autre».

Lire bibliothérapeutiquement, c'est chercher à retrouver dans le texte ce moment de déchirement créateur, «cette aube différente et recommencée où, soudain, les choses revêtent un autre aspect dans un paysage inconnu[1]», où soudain on se sent envahi

1. C. Castoriadis, *Les Carrefours du labyrinthe*, Éd. du Seuil, 1978.

par un sentiment de joie de vivre, d'exister. L'existence est arrachement de soi à soi, écart nouveau entre soi et « soi-même comme un autre[2] ».

L'histoire de la philosophie nous a habitués à la confrontation de deux écoles concernant la question de l'identité personnelle.

a) Ou bien l'on pose un sujet identique à lui-même dans la diversité de ses états. Il existe alors *un* sujet, un *Moi* et un *Je*. On peut dire ici que « le *cogito* se pose ». A cette idée se rattache le projet d'une transparence absolue, d'une parfaite coïncidence de soi avec soi-même qui ferait de la conscience de soi avec soi-même un savoir indubitable et, à ce titre, plus fondamental que tous les savoirs positifs. Il s'agit de Descartes (une certaine image construite de Descartes) et surtout de Hegel : malgré sa dialectique, il vise une fin de l'histoire du monde et du sujet, considérant que le non-accès à l'absolu de la conscience produit une « conscience malheureuse ».

b) Ou bien l'on tient, à la suite de Hume et de Nietzsche, que ce sujet identique n'est qu'une illusion substantialiste, que l'élimination ne laisse apparaître qu'un pur divers de cognitions, d'émotions, de volitions. Le « *cogito* brisé » : tel pourrait être l'appellation emblématique de cette seconde tradition.

* *
*

A la question de l'identité la bibliothérapie est tentée de répondre comme le fit une fois Michel Foucault, interrogé sur son identité, sur son lieu :

2. Titre d'un livre de P. Ricœur où est développé sur plusieurs chapitres le thème de *l'identité narrative*, que Ricœur avait commencé à formuler dans les conclusions de *Temps et Récits* ; cf. *TR III*, p. 442 *sq*.

> Non, non, je ne suis pas là où vous me guettez, mais ici d'où je vous regarde en riant. Eh quoi, vous imaginez-vous que je prendrais à écrire tant de peine et tant de plaisir, croyez-vous que je m'y serais obstiné, tête baissée, si je ne préparais — d'une main un peu fébrile — le labyrinthe où m'aventurer, déplacer mon propos, lui ouvrir des souterrains, l'enfoncer loin de moi-même, lui trouver des surplombs qui résument et déforment son parcours, où me perdre et apparaître finalement à des yeux que je n'aurais jamais plus à rencontrer? Plus d'un comme moi sans doute écrivent pour ne plus avoir de visage. Ne me demandez pas qui je suis et ne me dites pas de rester le même; c'est une morale d'état civil; elle régit nos papiers. Qu'elle nous laisse libres quand il s'agit d'écrire[3].

Pour la bibliothérapie, l'identité est un non-lieu. Ou plutôt une frontière qui ne prouve ni savoir ni place où il serait permis de s'établir. L'établissement, l'enracinement dans *un* sens serait un avant-goût de la mort. L'être humain est un «être de chemin», un homme en marche.

La bibliothérapie propose une pensée voyageuse, pour ouvrir à une existence où les hommes pensent en marchant et selon la vérité de la marche. L'expérience du voyage nous fait sortir de la prison du Moi. Tout tient au chemin : nous sommes plus près du lieu recherché quand nous sommes en chemin que lorsque nous nous persuadons d'être arrivés à destination et n'avoir plus qu'à nous établir. Comme le dit Edmond Jabès : «N'oublie jamais que tu es un voyageur en transit.»

Le mot «chemin» n'a pas nécessairement une signification spatiale; il n'évoque pas quelque promenade champêtre ou forestière de la pensée vagabonde. Il ne nous fait pas passer d'un lieu à un autre. Il est le passage de la pensée elle-même. Le chemin met

3. Michel Foucault, *L'Archéologie du savoir*, Gallimard, 1969, p. 103.

en mouvement, met en cause, en balance. Il invite et inquiète, incite et sollicite[4].

Dans la lecture, il peut arriver un moment où le lecteur, comme l'auteur lui-même, se sent dérouté. Mais cette déroute, cet égarement hors du chemin déjà tracé du savoir, est l'expérience même de la vie. L'« expérience de la vie » ne désigne pas seulement l'« expérience », au sens de l'instruction que l'on pourrait avoir sur ceci ou cela, mais le fait même d'être ouvert *à* des expériences.

Lire, interpréter, étudier, c'est être ouvert à la rencontre de l'étrangeté la plus radicale. La bibliothérapie refuse l'identité comme « mêmeté » car elle fige le mouvement de l'être en train d'être et de penser. L'identité comme mêmeté recherche un principe de permanence dans le temps. Les changements eux-mêmes sont perçus et vécus comme des modifications normales et naturelles qui n'affectent pas l'identité déterminée. Il y a une *continuité ininterrompue* entre le premier et le dernier stade du développement de ce que nous tenons pour le même individu. Le temps, qui est un facteur de dissemblance, d'écart et de différence, est conjuré par la permanence d'un caractère, d'un nom, d'un ordre, d'une appartenance, d'un concept.

* *
*

4. Il est intéressant de noter que bon nombre de textes du Talmud et du Midrach, ainsi que les textes d'Orient et d'Extrême-Orient (comme les contes zen, par exemple) sont introduits par l'idée du cheminement : « Rabbi et Rabbi Hiya étaient en chemin... » En fait, tout texte talmudique s'ouvre par l'énoncé inaugural de l'« être en chemin », même lorsque l'expression n'est pas formulée explicitement. Le Talmud, le Midrach, la Cabale et le hassidisme recherchent constamment cette pensée voyageuse. C'est là, sans aucun doute, un des sens du verset : « Tu en parleras [...] quand tu es en route sur le chemin » (Deutéronome 6, 7). Sur ce thème cf. aussi J. Brun, *Les Vagabonds de l'Occident*, PUF, 1976, et surtout M. Blanchot, *L'Entretien infini*, *op. cit.*, p. 193.

Revenons au dilemme philosophique, au « ou bien... ou bien... » de la question de l'identité.

Sujet exalté ou sujet humilié ? Substance ou *différance* ? La question de l'identité est remise en question de l'identité. Le dilemme est dépassé par une dialectique vivante et infinie d'identifications et de désidentifications.

Le problème de l'identité personnelle est le lieu d'une confrontation dialectique des deux usages majeurs du concept d'identité que nous avons évoqués.

Du point de vue terminologique, on peut faire la distinction entre l'identité comme *mêmeté* et l'identité comme *ipséité.*

1. L'identité comme mêmeté

La « mêmeté » se dit en latin *idem*, *sameness* en anglais et *Gleichheit* en allemand. Tous ces termes impliquent une permanence dans le temps, une stabilité et staticité de l'être, qui permet à tout instant de répondre à la question : « Qui suis-je ? », d'énoncer la possibilité d'un « je suis » au présent.

Certaines modalités de l'expérience quotidienne nous permettent de faire tenir cette *mêmeté* : des emblèmes qui nous identifient, tels que le nom, le métier, l'appartenance sociale, politique ou religieuse. Il existe un ensemble de marques distinctives qui permettent de réidentifier un individu humain comme étant le même ; cet ensemble forme le « caractère », un pôle fini de l'existence. Le caractère désigne l'ensemble des dispositions à quoi on reconnaît une personne.

L'homme contracte des habitudes. D'abord innovation, puis sédimentation, qui devient une seconde nature. Cette sédimentation confère au caractère une permanence dans le temps. Chaque habitude devient une disposition durable, un trait de caractère, à partir duquel s'opère une réidentification comme même.

A cette *construction du même* par la *sédimentation* des habitudes vient s'ajouter un « ensemble d'*identifications acquises* par lesquelles de l'autre entre dans la composition du même. Pour une grande part, en effet, l'identité d'une personne, d'une communauté, est faite de ces *identifications* à des valeurs, des normes, des idéaux, des modèles, des héros, dans lesquels la personne, la communauté se reconnaissent. Ces éléments supérieurs, valeurs et idéaux que l'on met au-dessus de sa propre vie, deviennent loyauté et loyalisme, s'incorporent ainsi au caractère et le font virer à la *fidélité*, donc au *maintien de soi*[5] ».

Ainsi, par cette *stabilité* empruntée aux habitudes et aux identifications acquises — les dispositions — « le caractère assure à la fois l'identité numérique, l'identité qualitative, la continuité ininterrompue dans le changement et finalement la permanence dans le temps qui définissent la *mêmeté*[6] ».

Ricœur fait remarquer qu'il existe une autre forme de permanence dans le temps, un autre modèle que celui du caractère. C'est celui de la *parole tenue dans la fidélité à la parole donnée*[7]. Une chose est la persévérance du caractère ; une autre est la persévérance de la fidélité à la parole donnée. Une chose est la continuation du caractère, une autre la constance dans l'amitié. La tenue de la promesse constitue un défi au temps, un déni du changement : quand bien même mon désir changerait, quand bien même je changerais d'opinion, d'inclination, voire de caractère, je « maintiendrai ». En sauvegardant l'institution

5. P. Ricœur, *Soi-même comme un autre*, *op. cit.*, p. 144. C'est nous qui soulignons.
6. *Ibid.*, p. 146-147.
7. *Ibid.*, p. 148.

du langage, je répondrai à la confiance que l'autre met dans ma fidélité.

Il y a là une justification éthique qui déploie ses propres implications temporelles, à savoir une permanence dans le temps susceptible d'être polairement opposée à celle du caractère.

2. L'identité comme ipséité

L'« ipséité » se dit en latin *ipse*, en anglais *selfhood* et en allemand *Selbstheit*.

Nous avons dit plus haut que l'identité-mêmeté recherchait un principe de permanence dans le temps. Et, pour ce faire, créait des institutions, des structures... L'identité-mêmeté rend hommage à un ordre. Sa pensée est l'organisation du stable. Une expression résume très bien son projet : faire en sorte qu'« il n'y ait pas d'histoire » ! « Il ne faut surtout pas faire d'histoires », il ne faut pas déranger.

Le Moi de l'identité-mêmeté est sans multiplicité, sans discontinuité — sans fécondité. Le Moi-mêmeté demeure un sujet où toute aventure s'épuise en destin. Demeure et se meurt...

A l'opposé, pour l'identité-ipséité, penser, vivre et parler, c'est se mettre en mouvement, c'est se dépasser. C'est interroger cet ordre, s'étonner qu'il soit là, se demander ce qui l'a rendu possible. Vivre, parler et penser, c'est chercher dans les paysages disponibles « comment et jusqu'où il serait possible de penser autrement[8] ». L'identité-ipséité est une identité *dynamique*, qui cherche, sans lien, à se lier à l'inconnu.

8. M. Foucault, *Histoire de la sexualité*, t. 2 : *L'Usage des plaisirs*, Gallimard, 1984, p. 15, cité par M. de Certeau, in *Le Débat*, n° 41, p. 141.

Vivre ainsi, c'est alors affirmer la différence, maintenir la contradiction, laisser advenir l'inconnu et l'inattendu, laisser libre la dimension de l'étrangeté et de l'ailleurs. C'est affirmer que l'autre ne revient pas toujours au même. Il y a surgissement du nouveau[9] et de l'étrangeté. L'étrangeté déçoit le même, le surprend.

L'identité-ipséité est toujours porteuse d'étrangeté qui ne réintègre pas la totalité. Elle n'en fait pas partie.

9. C'est le *Ursprung*, au sens de W. Benjamin.

CHAPITRE II

L'identité narrative

La bibliothérapie envisage le problème de l'identité personnelle comme une dialectique vivante entre l'identité-*idem* et l'identité-*ipse*, qui se joue fondamentalement autour de l'activité de la lecture et de l'interprétation.

L'identité-*idem* n'est pas à rejeter. Il est important que tout homme ait une conscience de soi, des limites, des repères, des croyances, des fondements qui lui confèrent une « identité », une permanence continuée dans le temps. Cette nécessité d'une identité stable est aussi importante pour une société, une communauté.

Les textes fondateurs, les mythes traditionnels offrent à l'individu et à la société, par la narration écrite ou orale, la possibilité de se constituer une telle identité. Il est juste ainsi de parler d'« identité narrative ».

Ricœur donne, pour illustrer cette idée d'identité narrative, l'exemple de l'Israël biblique :

> L'exemple est particulièrement topique, pour la raison que nul peuple n'a été aussi exclusivement passionné par les récits qu'il a racontés sur lui-même. D'un côté, la délimitation des récits reçus ultérieurement comme canoniques exprime, voire reflète, le caractère du peuple qui s'est donné, entre autres écritures, les récits des patriarches, ceux de l'Exode, de l'installa-

> tion en Canaan, puis ceux de la monarchie davidique, puis ceux de l'exil et du retour. Mais on peut dire, avec autant de pertinence, que c'est en racontant des récits tenus par le témoignage des événements fondateurs de sa propre histoire que l'Israël biblique est devenue la communauté historique qui porte ce nom. Le rapport est circulaire : la communauté historique qui s'appelle le peuple juif a tiré son identité de la *réception* même des textes qu'elle a *produits*[1].

La circularité entre narrativité et identité est complexe car elle ouvre à d'autres dimensions, qui vont elles-mêmes devenir des éléments constitutifs — en retour — de l'identité et de la narrativité. Dans le cas de l'exemple cité par Ricœur, la dimension du rite est tout à fait fondamentale et souligne aussi la temporalité sous-jacente à cette circularité. On peut d'ailleurs se demander si la dynamique temporelle n'est pas portée par la circularité elle-même.

Nous avons montré précédemment que le récit — le mythe — engendre le rite comme mémoire gestuelle, et l'articulation des deux produit le *rythme*, un temps vécu entre le texte et l'action. Le monde de l'action porte alors la marque de récits antérieurs, qui ne laissent parfois que des traces inconscientes, organisant la réalité quotidienne selon une «structure narrative-palimpseste». Le rite vécu-palimpseste génère à son tour des récits, et ainsi de suite. Le rythme construit ici le temps dans l'alternance dynamique : mythe-rite-mythe-rythme, etc.

L'identité narrative est ainsi dynamisante pour deux raisons. Premièrement, de façon interne, le lecteur pris dans la temporalité du récit, début-milieu-fin, entre dans une conscience du temps par empathie analogique. Deuxièmement, de façon externe, par le phénomène de *renvoi* du texte à l'action. La lecture du récit est une provocation à être et à agir autrement. L'identité possède dès

1. P. Ricœur, *TR III*, p. 446. C'est nous qui soulignons.

lors une dynamique temporelle qui permet à l'identité narrative de ne pas devenir une autobiographie définitive qui équivaudrait à un «ci-gît» *pre mortem*.

L'identité narrative n'est donc pas une identité stable et sans faille. «Il est toujours possible de tramer sur sa propre vie des intrigues différentes, voire opposées[2].» La composante fictionnelle de tout récit — même des récits historiques qui peuvent être soumis à des vérifications documentaires — est un élément de déstabilisation de l'identité narrative, qui reste ainsi ouverte...

La lecture étant un rendez-vous entre un texte et le lecteur, c'est toujours au lecteur, devenant «agent et initiateur d'*action*, de choisir entre les multiples propositions de justesse éthique véhiculées par la lecture[3]». L'identité narrative d'un être humain est en constant mouvement. Par la lecture et l'interprétation, elle ne cesse de se faire, de se défaire et de se refaire.

Ce mouvement ne permet plus de répondre à la question : «Qui dites-vous que je suis?», car l'homme n'est pas, il devient. Ainsi, à la question : «Quel est ton nom?», Dieu répond : «Je serai ce que je serai» *(«Ehyé achèr ehyé»)*.

Une perversion métaphysique nous a habitués à traduire : «Je suis celui qui suis.» Traduction erronée, qui transforme un futur en présent, la sensibilité au devenir de l'histoire en une simple présence spectatrice de l'éternité.

* *
*

Un autre exemple d'identité narrative doit être mentionné ici. Il s'agit de l'expérience psychanalytique. Nous montrerons[4] que l'analyse produit une mise en condition prénarrative au cœur

2. *Ibid.*
3. *Ibid.*, p. 447.
4. Voir cinquième partie, chap. IV.

même du quotidien, qui est vécu dans un « en vue de raconter... ».

La séance d'analyse met en acte cette prénarrativité. Émerge alors une identité qui se construit à travers l'histoire en train de s'élaborer dans la séance :

> La psychanalyse constitue un laboratoire particulièrement instructif pour une enquête proprement philosophique sur la notion d'identité narrative. On y voit en effet comment l'histoire d'une vie se constitue par une suite de rectifications appliquées à des récits préalables, de la même façon que l'histoire d'un peuple, d'une collectivité, d'une institution procède à la suite des corrections que chaque nouvel historien apporte aux descriptions et aux explications de ses prédécesseurs et, de proche en proche, aux légendes qui ont précédé ce travail proprement historiographique. Il en va de même du travail de correction de la perlaboration analytique *(Durcharbeitung)* : un sujet se reconnaît dans l'histoire qu'il se raconte à lui-même sur lui-même[5].

La parole analytique, comme la parole bibliothérapeutique, est le lieu d'une dialectique du continu et du discontinu, de l'homogène et de l'hétérogène, de la tradition et de l'innovation. Le mot clef de la citation de Ricœur est *rectification.*

Le premier mouvement de la parole analytique et bibliothérapeutique est la construction d'une histoire, d'une « mise en intrigue », d'un *muthos*, au sens d'Aristote. En ce sens, il y a une mise ensemble, une « homogénéisation de l'hétérogène ». Des bribes de souvenirs, de rêves, de lectures, de portraits, d'événements sont rassemblées pour faire une histoire, *mon* histoire.

Il y a appropriation d'une temporalité éclatée externe, qui se transforme en un flux temporel et narratif linéaire, avec un début, un milieu, une fin. La fin n'est que le présent de la parole énoncée et non la fin de l'histoire.

5. P. Ricœur, *TR III*, p. 444.

Identité interminable

Cette appropriation de l'histoire en mon histoire est en même temps une réappropriation subjective de la parole. «Parole parlante» et non plus «parole parlée». Mais si l'analyse s'arrêtait à la fin de cette construction homogène, le sujet s'effondrerait sous le poids de la parole d'une histoire finie. Le sujet est «tout fait» et étouffe dans cette parole close. Ainsi il faut quand même que l'histoire se construise, qu'elle se défasse, pour qu'elle ne se transforme pas en destin. Il y a alors un éclatement, un «lire aux éclats», une «hétérogénéisation de l'homogène».

C'est dans le surgissement de l'inattendu qui interrompt l'«unité narrative» de l'histoire finie que se produit un événement narratif qui fait sortir d'un destin et ouvre à la nécessité de choisir entre plusieurs possibilités quant à la suite de l'histoire. Fracture de la continuité et de la passivité d'une vie «sans histoire»!

L'identité narrative est le résultat dynamique de cette dialectique de l'homogénéisation et de l'hétérogénéisation qui recouvre la dialectique de l'«identité-ipséité» présentée plus haut. Pour continuer, l'histoire a besoin de choix et de nouveaux départs.

Dans le cadre de la bibliothérapie, les histoires lues sont des «variations» proposées à l'imagination du lecteur pour opérer un changement de direction de la trajectoire initiale de son histoire. Le rapport entre texte et action est bien celui d'un cercle, mais d'un cercle bien «portant».

Pour reprendre la terminologie précédente du rite et du mythe, on peut dire que le mythe engendre un rite, qui va engendrer lui-même un nouveau mythe, une nouvelle parole narrative et explicative. Cette nouveauté interprétative engendrera à son tour de nouveaux rites.

C'est la fécondité de la construction herméneutique entre le texte et l'action qui permet la continuation d'une tradition. Se met en place une histoire vivante, avec des épisodes à rebondissements, à propos de laquelle on peut dire, paradoxalement, que ce sont les ruptures qui assument la continuité. Il y a là une véritable « tradition du nouveau » qui dynamise l'être et le temps. C'est en ce sens que l'on peut parler, dans le cadre de la psychanalyse, d'analyse « non terminée » ou « non terminable » car l'analysant n'en a pas fini, n'en a jamais fini, de construire son identité, et ainsi pour tout homme et pour toute collectivité.

CHAPITRE III

L'éclat de rire de Freud

Il est intéressant de souligner dans ce contexte la problématique ouverte par le dernier ouvrage de Freud, *L'Homme Moïse et la religion monothéiste*. Qui fut Moïse? Un Hébreu? Un Égyptien?

Au-delà de la problématique historique et philosophique, le génie de Freud a été ici de soulever la question clef de toute la psychanalyse et de l'*humanité* en général. Qu'est-ce que l'identité, une identité?

La question n'est pas pour Freud de savoir si Moïse était hébreu ou égyptien, mais de le faire sortir d'une catégorie définitive d'être, pour le soustraire au danger de la momification existentielle. *L'Homme Moïse et la religion monothéiste*, sous les aspects d'un ouvrage sérieux et documenté, est un grand éclat de rire, de lire, discret et provocateur. Un éclat de rire en guise de testament, nous rappelant sa passion pour les histoires drôles, telles qu'il nous en a raconté dans *Le Mot d'esprit et sa relation à l'inconscient*.

L'Homme Moïse... est la suite du *Mot d'esprit*. Il en est l'illustration, l'histoire drôle — le *Witz* —, la plus longue que Freud ait racontée. Mais le projet humoristique de son testament littéraire[1]

1. Bien que voulant lui donner le caractère d'un livre de recherches historiques, Freud sait qu'il s'agit là d'une narration fictive ou que toute histoire est une fiction. Dans une lettre à Zweig de 1934, le livre en projet s'appelle *L'Homme Moïse, un roman historique (Der Mann Moses, ein historischer Roman)*, lettre du 30 septembre 1934.

consiste à entrer dans l'infini d'une identité toujours en question, toujours à venir. Questions qui l'ont hanté toute sa vie. Suis-je juif? Suis-je allemand? La psychanalyse serait-elle une histoire juive? Son *Moïse* vient comme une « réponse infinitive », dont la seule modalité d'expression à laquelle on peut la raccrocher est l'humour.

L'humour, c'est la mise en doute des vérités toutes faites, et d'abord la mise en doute de soi-même. Il permet à l'homme de démasquer l'idole qu'il a faite de lui-même, en s'accrochant à une identité claire, ferme et définitive, en objectivant le « quelqu'un que je suis ». L'humour renverse et exorcise l'idole d'une identité momifiée, en étant vigilant à ne pas lui substituer immédiatement une autre idole.

La question du *Moïse* est celle de l'identité. Juif ou allemand? Grec ou juif? Ni l'un ni l'autre et les deux en même temps, complètement l'un et complètement l'autre de manière exclusive, mais à la fois l'un et l'autre. Freud rencontre ici une parole de Joyce. «Freud la joie» a rendez-vous avec «Joyce le joyeux»[2], qui dans *Ulysse* fait dire à son héros : *«Jewgreck is greekjew. Extrems meet*[3]*.»*

L'identité est paradoxalement un « brouillage » d'identité, processus dans lequel « il faut rendre au respect de l'événement qu'est le rire comique sa dignité ontologique[4] ». Chez Freud, ce « brouillage » peut se résumer en une formule qu'il a lui-même utilisée : « un Juif sans Dieu », « un Juif tout à fait sans Dieu » *(« einen ganz gottlosen Juden »)*[5].

Le paradoxe de la formule de 1918 se trouve amplifié par ce Moïse égyptien-hébreu, dont le sens est, pour Freud, d'expliquer

2. L'allemand *Freude* signifie « joie », en anglais *joy*, qui fait de Joyce un *joyeux*.
3. *Ulysse*, cité par J. Derrida *in* « Violence et interprétation. Essai sur Emmanuel Levinas » in *L'Écriture et la Différence*, Éd. du Seuil, coll. « Points », 1979.
4. J.-F. Lyotard, *Le Différend*, Éd. de Minuit, 1983, p. 209.
5. Lettre de Freud à Pfister, datant de 1918.

de façon implicite et malicieuse que l'identité humaine consiste en la recherche infinie de la question de l'identité. Le chemin de Freud n'est pas encore terminé et son *Moïse* vient nous chuchoter dans le creux de l'esprit : « Il n'y a pas à s'étonner que la question de l'identité ne puisse recevoir de réponse. Elle n'en recevra pas ou, ce qui revient au même, elle ne cesse, ne cessera pas d'en recevoir. Non seulement il n'y a pas de définition du Juif, mais, comme tout ce qui est de l'ordre de l'humain, il échappe au défini[6]. »

Il n'y a pas d'identité mais seulement des possibilités d'identité. Des identités possibles : « L'homme se fait de se défaire, il n'y a que le risque, l'inconnu qui recommence[7]. » L'humour, la question de l'identité, le judaïsme interminable et Freud se rencontrent en une miniature parfaite dans cette histoire que cite Yerushalmi dans son livre *Le Moïse de Freud. Judaïsme terminable et interminable* :

> West End Avenue. Une famille juive de la bourgeoisie aisée. Progressiste de gauche, le père ne rate jamais une occasion de proclamer bien haut ses convictions athées. Souhaitant le faire bénéficier de la meilleure scolarité possible, lui et son épouse ont inscrit leur fils à Trinity School, une école autrefois religieuse, mais aujourd'hui laïque et ouverte à tous. Quelque temps plus tard, le fils revient à la maison et dit négligemment : « A propos, papa, tu sais ce que signifie *Trinité*? Ça veut dire le Père, le Fils et le Saint-Esprit. » A ces mots, le père, fou de rage, saisit son fils par les épaules et déclare : « Danny, rentre-toi bien cela dans la tête : *il n'existe qu'un seul Dieu — et nous n'y croyons pas!* »[8].

A méditer[9]...

6. H. Meschonic, *Jona et le signifiant errant*, Gallimard, 1985, dernières lignes du livre.
7. *Ibid.*
8. Y.H. Yerushalmi, *Le Moïse de Freud. Judaïsme terminable et interminable*, Gallimard, 1993. C'est nous qui soulignons.
9. La version courte est donnée par Woody Allen : « Dieu n'existe pas et nous sommes son peuple élu. »

CHAPITRE IV

La dialectique de l'être et du néant

La *Ichlosigkeit*

Nous venons de voir un des fondements philosophiques essentiels de la bibliothérapie, l'« identité en mouvement » ou l'« identité dynamique ». Celle-ci trouve son origine dans des « variations imaginatives » de l'*ego/lego*, auxquelles on accède par des propositions plurielles de rôles, de personnages, de situations, d'intrigues qui nous sont offerts par la somme considérable d'histoires réelles ou de fictions qui attendent leur rendez-vous avec un ou plusieurs lecteurs, auditeurs, spectateurs, etc. Le jeu d'appropriation d'une autre possibilité d'être ouvre l'identité close à une autre dimension d'elle-même ; ainsi l'existence entre dans le temps. Ces nouvelles phases de l'identité acquise par identifications littéraires construisent l'identité narrative dont nous avons souligné la circularité entre le texte et l'action.

La circularité se situe encore à un autre niveau, entre les phases de l'identité elles-mêmes. Nous pouvons décrire le processus dynamique de l'évolution de l'identité de la façon suivante : *identification, dés-identification, identification, dés-identification, identification*, etc. Il ne s'agit pas seulement d'un amoncellement d'identités, mais d'une évolution où chaque identité fait son temps et, tout en marquant la personnalité de l'individu, doit se retirer pour laisser la place à une autre phase d'être. Le Je doit se *dé-signifier* et faire l'expérience du « rien » ou du « néant ».

L'identité dynamique de la bibliothérapie n'est pas seulement le résultat d'une dialectique alternée entre la mêmeté et l'ipséité, mais contient aussi une phase intermédiaire, un troisième élément médiateur, qui réalise le passage entre la mêmeté et l'ipséité. Il existe une dialectique de l'être et du néant, selon le schéma : Je — néant — nouveau Je — néant. Il y a une nécessité de l'expérience de la *dé-signification* de soi, qui passe par une expérience du vide d'identification[1].

1. La dialectique du *Ani* et du *Anokhi*

La langue hébraïque nous permet d'illustrer et d'approfondir ces notions, à partir des mots eux-mêmes qui disent l'identité.

En hébreu, il existe deux façons de dire « Je » : *Anokhi* et *Ani*. *Anokhi* est un « Je » déjà réalisé, inscription définitive dans une écriture. Le Talmud souligne que l'*Anokhi* est l'anagramme de l'expression araméenne : *« Ana nafchi ketivat yahavit »* (« Moi, mon âme, je la donne dans l'écriture »)[2]. *Ani* est le « Je en train de se faire », le « Je en mouvement ».

La différence entre *Ani* et *Anokhi* est la lettre *kaf*, première lettre du mot *ktav*, « écriture ». Ainsi *Ani* est un « Je » se faisant, dans la parole.

1. Cf. plus haut, première partie, chap. IV.
2. Cf. Talmud, *Chabbat* 104. « Écriture » signifie dans ce contexte « inscription ineffaçable et éternelle ».

L'opposition «Je-écriture»/«Je-parole» se double d'une dialectique au sein du *Ani* lui-même. Dans les textes d'inspiration cabalistique, il est souligné avec force que les trois lettres qui forment le mot *Ani (aleph-noun-yod)* écrivent aussi le mot *ayin (aleph-yod-noun)*, qui signifie le «néant», le «rien»[3]. Par la capacité de parler, le «Je»-*Ani* peut faire l'expérience du «rien»-*ayin*. En ce sens, il échappe à tout enfermement dans une quelconque définition; en cela consiste sa liberté, par laquelle il se distingue de l'ensemble des objets.

La dialectique de l'identité, mêmeté et ipséité, recouvre la dialectique de l'*Anokhi* et de l'*Ani*, à laquelle vient s'ajouter le troisième terme de «néant»-*ayin*. La temporalité de l'être est vécue selon la dynamique : *Anokhi-ayin-Ani-Anokhi*. C'est-à-dire que le «Je définitif», le «Je stable» signifié par *Anokhi* se néantise, *ayin*, pour devenir par la parole un «nouveau Je naissant», *Ani*, qui va pour un temps redevenir un «Je stable»-*Anokhi*, et ainsi de suite.

* *
*

Les objets sont quelque chose, mais le Je véritable, *Ani*, le Je proprement humain, n'est rien de déterminé : il n'est pas identifiable. En d'autres termes, il est scission d'avec lui-même, puisqu'il est toujours au-delà de tout ce qui pourrait le déterminer.

Le «Je»-*Ani* se distingue par le refus de s'attribuer une essence, de s'emprisonner dans une quelconque phase définitive, dans une quelconque définition historique ou naturelle. Le *Ani* renferme intrinsèquement le *ayin*, le Je porte en lui la potentialité du rien, du néant, il consiste en cette capacité de s'arracher à toute assigna-

3. Cf. par exemple A. Safran, *La Cabale*, Payot, 1979, p. 288; S. Trigano, *Le Récit de la disparue*, Gallimard, 1977, où la dialectique du *Ani* et du *ayin* est un thème important de la réflexion de l'auteur.

tion d'une essence. Il est fondamentalement un *ma*, un « quoi ? », qui le soustrait au risque de la définition.

En paraphrasant Heidegger, on pourrait dire : l'« homme-quoi ? » signifie que « le propre de l'homme est de ne pas avoir de propre, la définition de l'homme est de ne pas avoir de définition, son essence est de ne pas avoir d'essence[4] ». L'« homme-quoi ? » est *ayin*, néant. Impossible pour lui, s'il veut rester authentiquement homme, de coïncider avec une quelconque identité, qu'elle soit naturelle, familiale ou sociale. Le propre de l'homme est néant, ou *liberté*, ou *ex-istence*, ou encore *transcendance*. Tous ces termes signifient la capacité d'arrachement aux multiples codes qui menacent sans cesse de l'emprisonner.

L'« homme-quoi ? » risque sans cesse de devenir un « voilà l'homme que je suis », se confondant avec des déterminations particulières. Il devient alors un « Je »-*Anokhi*, inscrit dans une représentation imaginaire de soi. Il accepte, pour un temps, et souvent définitivement, une image de soi ; il s'identifie alors à un personnage ou à un rôle. Ce faisant, il cesse d'être néant : il devient quelque chose. Chosifié, réifié, il perd sa liberté, qui est constitutive de son humanité, de son « Je »-*Ani* authentique. Il se résout à *adhérer* à une image, abolissant ainsi la distance, le néant, la scission et, de fait, son pouvoir-être-autrement qui le définit comme être éthique et d'abord, tout simplement, humain.

Le « Je »-*Ani*, qui ex-iste dans sa capacité d'arrachement, refuse, cela va de soi, la détermination causale de la conscience et de la volonté par des rapports socio-économiques qui transforment l'existence du sujet en objet ou en machine dont on pourrait démonter les rouages et armer les mécanismes.

Le « Je »-*Ani* refuse d'être simplement le « site », le « là » où l'être viendrait s'échouer pour faire époque ; il n'est donc pas le lieu du

4. Cf. L. Ferry et A. Renaut, *Heidegger et les Modernes*, Grasset, 1988, p. 15-16.

destin. Il n'est pas l'être passif qui se laisse être et déchoir dans la destinée parce que ce serait «inscrit».

Par son action inventive de l'«altérité», le «Je»-*Ani* refuse le comportement répétitif ou simplement «suiveur» auquel il serait réduit comme simple jouet de la nature ou de l'Histoire. Le «Je»-*Ani* vise l'humanité et non la chosité ou l'animalité; pour ce faire, il prend conscience de sa capacité à ne pas être clos sur lui-même comme l'est une chose.

Le «Je»-*Ani* est ouverture. L'ouverture est ce qui ménage, pour un être libre, la capacité, par rapport à ce qui est et à ce qu'il est, de poser des fins définissant ce qui doit être et ce qu'il doit être; ces fins ne sont pas de l'ordre de l'absolu car, en ce cas, les atteindre serait la mort de l'homme. Les fins sont posées stratégiquement comme l'ailleurs, l'autrement qu'être. Un devoir être autrement rend possible un pouvoir être autrement.

Lorsque le Je devient *Anokhi*, il doit, de toutes ses forces, essayer de retrouver le *Ani-ayin*; il doit se proposer à la «brisure», faire éclater le Moi qui s'est identifié, qui a accepté le destin d'une identité. Mais la brisure peut aussi devenir un système et le Moi peut alors s'enfermer dans l'image de la brisure, ce qui est encore peut-être plus risqué, car on se leurre soi-même sur son existence. C'est ainsi qu'il faut envisager une «brisure de la brisure».

La bibliothérapie est un travail de mise en mouvement de l'identité qui cherche à faire émerger ces moments privilégiés où l'homme s'arrache à l'image de lui-même, qui ne serait qu'un simple maintenant de la représentation[5] et une abolition du temps.

* *
*

5. Il y a ici une réflexion sous-jacente à l'interdit de la représentation dans le judaïsme : l'image interdite est celle qui arrête le temps, où la diachronie du

L'identité narrative n'est pas toujours un accroissement identitaire mais prend la forme d'un décroissement du sentiment d'être, correspondant à la néantisation du *ayin* évoqué à l'instant.

Il existe des récits qui conduisent non pas à un nouveau Je, mais à une expérience de perte du sentiment de soi : « Le lecteur en quête d'identité se trouve affronté à l'hypothèse de sa propre perte d'identité, à cette *Ichlosigkeit* qui fut à la fois le tourment de Musil et l'effet de sens interminablement cultivé par son œuvre. Le soi, ici refiguré, est en réalité confronté à l'hypothèse de son propre néant[6]. » *L'Homme sans qualités* est une œuvre qui permet au lecteur, de page en page, de se défaire pour se diriger vers un degré zéro d'identité, phase de *ayin*, nécessaire à la création de nouveaux possibles.

---

temps se transforme en synchronie, où le *dire* se transforme en *dit*. Cf. *Avoda Zara* 42*b*-43*a* et *Roch-hachana* 24*a* et *b*; cf. aussi Maïmonide, *Séfer Hamada, Hilkhot Avoda Zara*, 3, 9-10-11. Cf. aussi *Yoré Déa* 141, 4; cf. aussi colloque de Montpellier de 1981, *L'Interdit de la représentation*, Éd. du Seuil, 1984. On trouve une illustration de cette philosophie dans un rite juif qui consiste, le jour du Nouvel An, à jouer un certain nombre de sonneries, à l'aide d'une corne de bélier, qui se nomme *chofar*. Il existe trois sortes de sonneries. La première, longue et sans coupure, se nomme *téquia*, et signifie « être fixé, fiché en terre ». Après cette première sonnerie, l'on produit trois sons d'une durée égale, pour chacun, au tiers de la *téquia*. Cette catégorie se nomme *chévarim*, c'est-à-dire « brisure ». La troisième catégorie se nomme *téroua* et signifie « ébranlement, mise en mouvement » : neuf sons courts d'un temps égal, pour chacun, à un tiers de chacun des *chévarim*. Lorsque l'ensemble de ces sonneries a été « joué », on clôture par une nouvelle *téquia* (son long) :

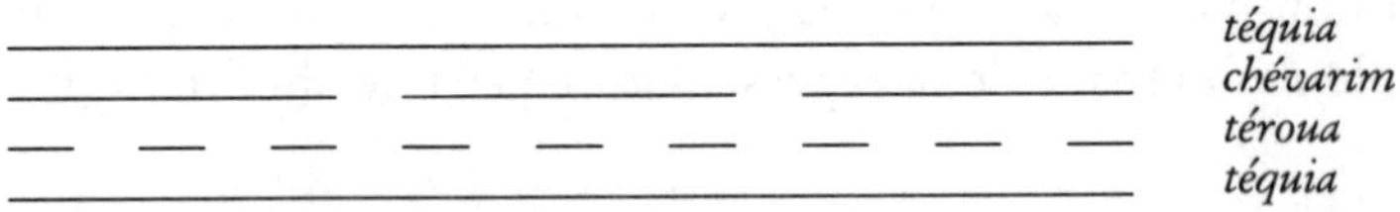

Ce processus d'éclatement sonore fait sentir cette dimension d'unité *(anokhi)* et de déconstruction, et de déconstruction de la déconstruction *(Ani)*, puis de reconstruction. Sur le rituel du *chofar*, cf. T. Reik, *Le Rituel. Psychanalyse des rites religieux*, Denoël, 1974, p. 240-287.

6. P. Ricœur, *Soi-même comme un autre*, *op. cit.*, p. 196; cf. aussi p. 177.

2. Éthique-morale et identité dynamique

Un effet de mode, sans doute, a fait entrer l'éthique et la morale dans tous les domaines du savoir et des techniques — scientifiques, économiques, littéraires, philosophiques, médicales, etc.

Cependant, à la question que l'on peut soulever sur la différence qui existerait entre l'éthique et la morale ne nous parviennent en guise de réponse que de vagues balbutiements dansant dans un flou artistique généralisé. Certains placent la morale audessus de l'éthique, d'autres inversent cette hiérarchie, pendant que d'autres encore construisent une éthique de la morale ou une morale de l'éthique.

Si les dictionnaires nous offrent la précision d'une étymologie grecque pour l'éthique et latine pour la morale, ils sont cependant incapables d'en préciser la différence : les deux mots renvoient intuitivement aux mœurs et chaque mot est renvoyé indéfiniment à son corollaire.

Ne saurons-nous jamais ce que sont éthique et morale ? Mais peut-être faut-il voir dans cette faiblesse définitionnelle des dictionnaires la force des deux mots à résister à tout enfermement sémantique !

L'héritage gréco-latin d'*ethos* et de *mores* n'est-il pas là pour former un couple de mots qui disent qu'« éthique-morale » est cette modalité de l'être qui résiste et échappe à toute définition, à tout système fermé et définitif ?

L'identité dynamique fondée sur la dialectique de l'*idem* et de l'*ipse*, du *Anokhi* et du *Ani*, introduit à l'éthique-morale de l'être infinitif, qui, dans un mouvement greffé sur l'activité de la lecture, se met à vivre au rythme d'une dynamique fondamentale, en séjournant dans un vaste mouvement d'échange, dans un mouvement sériel de dislocations, de chevauchements et de variations.

Les hommes, comme les textes, ne sont pas stables et statiques, mais sans substance définitive et transitoires. Ils sont inévitablement enchevêtrés dans un tissu excentrique qui ne commence ni ne prend fin, et ainsi ils ne peuvent être ni unifiés ni totalisés. Le sens d'un homme n'est donc jamais présent; il est toujours dans le cours de ses formation, déformation et reformation.

CHAPITRE V

La leçon d'Héraclite

Thérapie et langage en mouvement

Le chemin bibliothérapeutique commence à s'ouvrir devant nous et les paysages qui le bordent deviennent plus précis.

Comme nous l'avons exposé[1], le sens original du mot *therapeia*, qui nous guide dans nos recherches, est un «soin de l'être», formulation dont la tonalité philosophique a été exploitée tout au long des chapitres précédents.

Prendre soin de l'être, c'est faire en sorte que l'être de chaque personne, de chaque individu comme sujet, puisse accéder à sa création continuée, dans un temps harmonique, équilibré, entre la tension vers le futur et les fondements d'une mémoire créatrice.

L'être, c'est le temps vécu d'une identité en mouvement dont la vérité est toujours promise, toujours future et toujours désirée. C'est le sens même du mot «philosophie». L'être humain est un être de langage et seul un langage en mouvement peut lui permettre de construire une identité en mouvement.

Pour mieux comprendre le fondement de la méthode bibliothérapeutique, qui consiste en une *dynamisation et une activation*

1. Cf. introduction.

existentielle par la *dynamisation et l'activation du langage*, il est important de montrer que cette attitude philosophique n'est pas une évidence et qu'elle est déjà un choix entre deux possibilités de comportement (philosophiques). La présentation d'une alternative originaire permet toujours à la pensée de revenir à l'autre pôle de l'alternative, même lorsqu'elle a choisi le pôle contraire. Ainsi, même après le choix et la décision, le comportement reste ouvert[2].

Une métaphysique fluviale

Au commencement était Héraclite...

Nous avons tous en mémoire les quelques fragments qui concernent les fleuves et les différentes modalités de s'y baigner ou, plutôt, de ne pas s'y baigner. Héraclite dit dans ce qui constitue le fragment 133 de l'édition de Marcel Conche : « Nous entrons et nous n'entrons pas dans les mêmes fleuves; nous sommes et nous ne sommes pas[3]. » Ce qui retient l'attention ici est l'affirmation et la négation dans un même temps : « nous entrons et nous n'entrons pas », « nous sommes et nous ne sommes pas ».

A l'époque d'Héraclite, qui fut presque le contemporain du prophète Ézéchiel (pour le situer par rapport à la tradition biblique[4]), l'opposition *être/n'être pas* se rencontre aussi bien chez les philosophes que chez les poètes[5], ce n'est donc pas une erreur que de la retenir comme telle chez Héraclite.

2. Nous approfondirons cette idée plus loin, à propos de la *Mahloquèt* talmudique. Cf. quatrième partie, chap. IV.

3. Héraclite, *Fragments*, texte établi, traduit et commenté par M. Conche, PUF, 1986.

4. Héraclite avait quarante ans sous le règne de Darius (522-486 av. J.-C.). La prophétie d'Ézéchiel est située entre 593 et 571 av. J.-C. Cf. *Jewish Encyclopaedia*, t. 6, p. 1090.

5. *Fragments, op. cit.*, p. 455; c'est le fragment 49 dans les autres éditions.

Que signifie cette opposition être/ne pas être dans un même temps ? Le commentaire de Marcel Conche va nous éclairer de façon éminente. Suivons-le sur les bords de la Loire :

> Entrer dans un fleuve, par exemple dans la Loire, pour s'y baigner, cela ne se fait pas instantanément, cela demande du temps. Entre le moment où l'on met les pieds dans l'eau et celui où l'on s'y plonge tout entier, la Loire reste la Loire. C'est du moins ce que nous *disons* et qui nous *semble*. En réalité, pourtant, d'une minute, voire d'une seconde à l'autre, ni les eaux ni les rives ne restent les mêmes. Certes, la Loire, au bout d'un bref temps écoulé, ressemble davantage à ce qu'elle était auparavant qu'elle ne ressemble à la Seine ; mais elle n'est qu'approximativement la même. Nous entrons dans le même fleuve « Loire » parce que c'est *pour nous* le même : nous lui donnons le même nom. Nous n'entrons pas dans le même fleuve « Loire » parce que, indépendamment de nous, il n'y a pas de réalité de « Loire », mais une mouvance ininterrompue, un changement continu que le langage ne peut absolument pas suivre dans sa variation. Le langage, qui dit avec des mots définis, ne peut dire que les *lois*, qui seules sont stables, constantes, égales à elles-mêmes, non les *êtres*, car il n'y a pas d'« être » en réalité : il n'y en a qu'en apparence[6].

Héraclite n'est pas seulement le philosophe du fragment 136 qui énonce que « tout s'écoule » : « *panta rheï* ». Il avance une réflexion d'une plus haute portée : certes, tout s'écoule, le monde est en devenir. L'être n'est pas une essence stable. L'être devient, devient... Et pourtant, nous employons des expressions telles que « l'homme est », « la chose est ». Des mots, ce ne sont là que des mots ! dit Héraclite. « L'être et la substance ne sont que les mots trompeurs du discours commun. » Dans la nature, il n'y a que des processus. Il n'est « pas possible d'entrer deux fois dans le même fleuve », énonce le fragment 134, car le fleuve n'est plus le même ; il a changé, il est devenu autre.

6. *Ibid.*

Plus radicalement encore, il n'est même pas possible d'entrer *une* fois dans le «même fleuve» car ce qui s'écoule «n'est jamais le même». Il n'est pas d'abord quelque chose pour devenir, ensuite, autre chose car il n'est jamais quelque chose de fixe et, en ce sens, il n'*est* jamais. Pour Héraclite, la réalité est le non-être, non pas le non-être absolu, mais l'insubstantialité, le devenir. Si l'être est affirmé («nous entrons», «nous sommes»...), c'est conformément à la réification ontique de l'univers commun. Le devenir héraclitéen n'est aucunement l'unité de l'être et du non-être, comme est le devenir chez Hegel.

L'opposition héraclitéenne de l'être et du non-être signifie la mise en évidence de la contradiction fondamentale entre la réalité des objets et des êtres du monde, qui sont dans une fugacité, une fluence, un devenir incessants, et les mots du langage (commun), qui donnent une identité, thématisent, coagulent en un «quelque chose» la fluence de l'en-train-d'être de l'essence.

La philosophie occidentale trouve son fondement dans la question de l'ontologie posée par Héraclite. Mais, au lieu de poursuivre et de maintenir la tension et l'écart ontologiques, elle a préféré prendre position pour le *logos* contre l'*ontos*, ce qui s'est traduit par une vision du monde en termes d'identité et de substance, portées par un ensemble de mots qui se sont constitués comme *le* savoir et se sont déposés en volumes.

Avec la pensée occidentale, l'expression «onto-logie», où le tiret entre l'être et le langage porte toute la force de la contradiction, devient «ontologie», sans tiret. Discours sur l'être mais, en même temps, oubli de l'être[7], c'est-à-dire oubli de «l'être en continuel

7. Comme toute l'œuvre de Heidegger l'a souligné, la métaphysique occidentale est l'oubli de l'être, c'est-à-dire oubli de la différence ontologique de l'être (l'être en train de devenir) et de l'étant (qui nous semble objet préhensible essentiellement par le langage). Cependant, au sein de cet oubli généralisé, quelques philosophes se lèvent pour faire face à cet oubli et redonnent à l'être tout son mouvement : c'est le cas de Nietzsche, Kierkegaard ou encore Derrida, Lévinas,

mouvement» dans son sens héraclitéen, ou encore, selon la terminologie de Lévinas, oubli de l'*essance* (avec *a*) :

> Depuis vingt-cinq siècles, la pensée gréco-occidentale se constitue, s'élabore, s'amplifie et s'affine sur cette thèse : être, c'est être quelque chose de déterminé *[einaï ti]*; dire, c'est dire quelque chose de déterminé *[ti legeïn]*. Et, bien entendu, dire vrai, c'est déterminer le dire et ce qu'on dit par les déterminations de l'être ou bien déterminer l'être par les déterminations du dire et finalement constater que les unes et les autres sont les mêmes. Ceci est l'institution de la pensée comme Raison[8].

L'Occident s'est constitué philosophiquement et politiquement sur la classification, la division, la conceptualisation :

> Toutes les activités individuelles ou sociales de l'esprit, la perception, la pensée, le langage, conspirent à nous mettre en présence d'objets que nous pouvons tenir pour invariables et immobiles pendant que nous les considérons, comme aussi en présence de personnes, y compris la nôtre, qui deviendront à nos yeux des objets et, par là même, des substances invariables[9].

Sartre, Berdiaeff, entre autres. Le cas de Heidegger est particulier : il est à la fois celui qui souligne cet oubli et qui tombe très souvent dans le piège qu'il dénonce. Sans entrer dans la polémique qui a secoué le monde philosophique des années 1987-1990, nous voulons signaler un livre qui nous semble d'une extrême importance afin de poursuivre la réflexion sur un terrain philosophique : *La Dette impensée. Heidegger et l'héritage hébraïque*, de M. Zarader, *op. cit.*, qui aurait pu aussi s'intituler : «Sur les traces d'un silence». Cet ouvrage analyse l'occultation du «massif hébraïque», selon l'expression de P. Ricœur (cf. *Heidegger et la question de Dieu*, Grasset, 1980). Heidegger oublie ceux qui n'ont peut-être pas oublié l'être, parce qu'ils n'ont pas emprunté les chemins de la métaphysique occidentale... Le courant cabaliste et talmudique par exemple (que Heidegger retrouve d'ailleurs par le biais de la Cabale chrétienne, *via* Jacob Boehme...). Cf. notre introduction.

8. Cf. C. Castoriadis, *L'Institution imaginaire de la société*, Éd. du Seuil, 1975, p. 303 *sq.*

9. H. Bergson, *La Pensée et le Mouvant*, PUF, 91e éd., 1975; cf. aussi p. 73.

Ces quelques lignes importantes de Bergson, extraites de *La Pensée et le Mouvant*, résument parfaitement le fonctionnement de nos habitudes mentales. Bien que Bergson eût récusé la comparaison de sa philosophie avec celle d'Héraclite[10], la proximité des deux auteurs est remarquable.

Il y a dans la pensée de l'*homo occidentalis* une pulsion de la prise et de l'emprise sur l'être :

> La connaissance se présente toujours comme une marche vers l'unité, soit vers l'apparition, au sein d'une multiplicité d'êtres, d'un système raisonnable où ces êtres ne seraient que des objets et dans lesquels ils trouveraient leur être. Soit vers la conquête brutale des êtres, en dehors de tout système, par la violence. Que ce soit dans la pensée scientifique ou dans l'objet de la science, que ce soit enfin dans l'Histoire, comprise comme manifestation de la raison et où la violence se révèle à elle-même comme raison, la philosophie se présente comme une réalisation de l'être, c'est-à-dire comme sa libération par la suppression de la multiplicité. La connaissance serait la suppression de l'autre par la *saisie*, par la *prise* ou par la vision qui saisit avant la *saisie*[11].

Il y a dans la philosophie occidentale une logique de la prise, une pensée «rapace» qui griffe et qui déchire[12].

En tant que savoir, la pensée est la façon dont une extériorité se retrouve à l'intérieur d'une conscience qui ne cesse de s'identifier comme Moi. Le savoir est une relation du Moi avec un non-Moi, du même avec l'autre, où le non-Moi se réduit au Moi, l'autre au même, où l'autre se dépouille de son étrangeté. Ces différentes formules, empruntées à Lévinas, soulignent un mouve-

10. Cf. *ibid.*, p. 211, n. 1.
11. E. Lévinas, *Totalité et Infini*, *op. cit.*, p. 279. C'est nous qui soulignons.
12. On peut souligner que cette métaphore a des conséquences rituelles dans la loi juive. Dans les lois alimentaires, les rapaces sont interdits à la consommation parce qu'ils déchirent leur proie avec leur griffes.

ment essentiellement centripète, immanent. Tout revient au même, à l'Un. L'extériorité ou l'altérité de soi est reprise dans l'immanence. Ainsi la pensée *ap-prend* quelque chose...

Soyons attentifs aux mots, ils ne sont jamais neutres. En les écoutant dans leur sonorité première, ils nous disent qu'en tant qu'apprendre la pensée comporte une *saisie*, une *prise*. Le saisir, la prise de l'apprendre ne sont pas purement métaphoriques. Il existe une véritable pensée araignée et digestive. La perception est une *emprise* et le concept un *comprendre*. La langue allemande est encore plus précise : le mot «concept» se dit *Begriff*, dans lequel résonne la violence de la griffe.

C'est à juste titre que la philosophie gréco-occidentale dans son courant prédominant s'est vue qualifiée de «métaphysique de la présence». Sa logique, qu'elle s'appelle logique aristotélicienne, identitaire, ensembliste ou conceptuelle, vise la présence de l'objet pour le rendre préhensible, compréhensible. La temporalité de cette présence est le présent; la langue française l'énonce de façon suggestive : la main qui prend, saisit et tient est une main *tenante*, de laquelle surgit le «maintenant».

Ces quelques remarques historiques et philosophiques nous permettent de mettre en lumière deux courants opposés qui parcourent toute l'histoire de la philosophie occidentale, qu'on pourrait retenir par des noms génériques, Héraclite et Parménide, qui marquent respectivement le devenir et l'en-train-d'être, d'un côté, et la substance finie et statique, de l'autre[13].

La victoire de Parménide a imposé une «métaphysique de la présence» et de l'être stable, profondément enracinée dans des manières de parler, de penser et de percevoir qui impliquent que

13. Héraclite et Parménide ne font qu'exprimer de façon paradigmatique les deux orientations identitaires de l'*ipse* et de l'*idem*. L'identité dynamique est le résultat d'une dialectique héraclitéo-parménidienne équilibrée.

« l'immobilité et l'immutabilité sont de droit et que le mouvement et le changement viennent se surajouter, comme des accidents, à des choses qui, par elles-mêmes, ne se meuvent pas et, en elles-mêmes, ne changent pas[14] ».

Cependant, de façon périodique, se lèvent des voix héraclitéennes qui viennent secouer et réveiller la métaphysique qui somnole, l'obséder par des modalités d'existence irréductibles à la conscience, traversant « la conscience à contre-courant, s'inscrivant en elle comme étrangères : comme déséquilibre, comme délire ; défaisant la thématisation[15] », l'herméneutique vient pour troubler ; rendre possible des instants de négation sans aucune affirmation. Ses jeux de mots ne visent pas l'apport de nouveaux sens, mais la déconstruction de sens anciens qui gisent dans un laisser-être sans vie.

La bibliothérapie ne fait que poser de manière incessante la question de l'onto-logie dans la formulation héraclitéenne d'une contradiction entre l'être en train d'être et le langage, qui, à tout instant, risque de produire l'oubli de l'être. Le chemin qu'elle a choisi pour ce combat est fondamentalement d'ordre herméneutique : mieux, il fonde l'herméneutique.

Pourquoi lisons-nous ? Pourquoi interprétons-nous ? La réponse est claire : pour faire en sorte que l'« être infinitif » ne se transforme pas en « être définitif », pour faire en sorte que l'existence puisse encore s'entendre comme transcendance.

14. Cf. H. Bergson, *La Pensée et le Mouvant*, *op. cit.*, p. 73.
15. Cf E. Lévinas, *Autrement qu'être*, *op. cit.*, p. 128.

Quatrième partie

Traduction, dialogue et thérapie

CHAPITRE PREMIER

Téroupha-therapeia

Guérir, c'est traduire

Dans les chapitres précédents nous avons exposé quelques points essentiels concernant le livre, la lecture, l'interprétation et l'identité. Nous avons souligné l'importance de la lecture existentielle, qui permet au lecteur de découvrir le monde et de se découvrir lui-même.

Se découvrir soi-même, c'est aussi découvrir que l'homme est inscrit dans un mouvement infini de construction de soi, d'identité en mouvement, fondée sur une dialectique de la *mêmeté* et de l'*ipséité*, d'identité stable et d'identité dynamique, alternance d'être et de désêtre, de signification et de désignification de soi. Construction de soi, mais aussi du temps : l'identité en mouvement est rendue possible par un constant arrachement à l'identité-mêmeté, qui cherche à refermer son piège et ainsi à arrêter le flux de l'existence.

La bibliothérapie est essentiellement un geste d'ouverture — fracture de la mêmeté de l'être total et totalisant —, produisant un déphasage dans l'être, qui, précisément, est le temps.

« La leçon d'Héraclite » nous a fait comprendre l'articulation fondamentale qui existe entre l'être, le langage et le temps. Le temps, la temporalité du temps, est le déphasage de l'instant, le tout décollant du tout, l'étonnant écart de l'identique par rapport à lui-même. La modification par laquelle le *même* se décolle de lui-même — ou se dessaisit de lui-même — repose sur la capacité du langage à produire cet étirement de l'être dans sa dimension métaphorique de « porter au-delà ». L'être est porté par le langage métaphorique au-delà de lui-même, dans une *ek-stase* où il devient autre dans l'identité. Ainsi « il se défait de cette coïncidence de soi avec soi où le "même" étouffe sous lui-même, comme sous un éteignoir[1] ». L'être se fait alors *essance*, en train d'être de l'être, dans un processus de *différance*. Comment se produit cette *différance* ? Quelles sont les modalités du langage qui ouvrent à cette *essance* de l'être, à cette dynamisation et activation de l'existence, de l'homme, de sa pensée et de son action ? Comment faire éclater la « totalité » d'une coïncidence enfermée sur elle-même, sans Autre et sans transcendance ? Comment faire sortir l'homme d'un « état d'arrestation » et lui permettre de trouver un espace d'éclosion et d'épanouissement pour une libre circulation de l'élan vital qui fait de lui un souffle parlant vivant ?

C'est à ces questions qu'essaie de répondre la bibliothérapie : offrir des lieux et des temps d'ouverture de l'être et du langage, dans une médiation essentielle que réalise l'activité de la lecture. Nous allons, dans les pages qui suivent, proposer quelques voies qu'empruntent le langage, les phrases, les mots, les lettres et les livres pour que l'homme réussisse à prendre soin de son être et à entrer véritablement dans l'existence.

Les notions clefs de la bibliothérapie sont « ouverture » et « dialogue » — entre les langues (traduction), entre les textes (intertextualité), entre les hommes (intersubjectivité).

1. E. Lévinas, *Autrement qu'être, op. cit.*, p. 41.

La guérison : entre deux langues

Pour cette réflexion, nous allons faire appel encore une fois aux textes et à la langue hébraïques. Nous allons étudier un texte du Midrach *Rabba Devarim*, c'est-à-dire un commentaire sur le livre du Deutéronome, précisément sur le premier verset de ce livre.

Il est écrit : « Et voici les paroles que Moïse prononça... » Le Midrach *Rabba* demande : comment le texte peut-il dire : « Et voici les paroles de Moïse... », puisqu'il est dit précédemment, dans le livre de l'Exode (4, 10) : « Et Moïse dit à Dieu : "Mon Seigneur, je ne suis pas un homme de parole *[lo ich devarim anokhi]*, ni d'hier, ni d'avant-hier, ni depuis le temps que tu parles à ton serviteur, car je suis lourd de la bouche *[kavèd pé]* et lourd de la langue *[kavèd lachone]*." »

Les commentaires du Midrach prennent cette contradiction très au sérieux et proposent la solution suivante : « Si Moïse ne parle pas, puis se met à parler, c'est qu'entre-temps il a été guéri. Comment ? La Tora guérit la langue de l'homme, comme on le voit dans un texte de la vision d'Ézéchiel. »

A première vue, l'énoncé du Midrach paraît naïf, simpliste, voire simplet. Mais l'analyse proposée dans la suite du texte va ouvrir des horizons fondamentaux car il poursuit :

> Il est dit dans le livre d'Ézéchiel (47, 12) : « Et, près du fleuve (qui sortira du parvis du troisième temple), sur ses bords, des deux côtés, s'élèveront toutes sortes d'arbres fruitiers, dont les feuilles ne se flétriront point et dont les fruits ne s'épuiseront point. Chaque mois, ils donneront de nouveaux fruits car leurs eaux sortent du Sanctuaire; leurs fruits serviront de nourriture et leurs feuilles de *téroupha*. »

Selon le Midrach, ce texte nous donne un ensemble de paramètres thérapeutiques qui permettent de faire passer « l'homme sans paroles», Moïse, à «l'homme de paroles» ou Moïse. L'histoire de Moïse serait aussi l'histoire de la guérison!

Si tous les termes du verset d'Ézéchiel sont importants, le dernier mot l'est encore plus car il résiste à une traduction rapide. *Téroupha?* Certes, les dictionnaires peuvent en donner aujourd'hui une traduction. Mais le mot est étrange! Grammaticalement, sa racine est *rouf* et aucun mot de la Bible ne possède cette racine. C'est donc un hapax, une occurrence unique. Bien qu'il fût possible de rapprocher cette racine d'autres racines hébraïques par homophonie, les maîtres du Midrach ont préféré s'abstenir de ces rapprochements, pour arriver à la conclusion que le mot *téroupha* n'appartient originellement pas à la langue hébraïque, mais y a été importé.

Importation lexicale : le mot *téroupha* vient du grec. La *téroupha* serait une transcription, une hébraïsation du mot grec *therapeia*, qui veut dire «soin», «remède». Étrange démarche car n'était-il pas plus simple de faire dériver *téroupha* de la racine hébraïque *rapha*, qui signifie «guérir», «donner des soins»? Puisqu'il était possible de trouver une racine hébraïque, pourquoi avoir choisi une étymologie grecque qui offre la même signification que l'étymologie hébraïque, à savoir «médicament», «remède»?

Mais c'est justement dans ce choix étymologique que réside l'enseignement des maîtres du Midrach. La référence à l'étymologie grecque ne procède pas seulement d'un souci d'exactitude linguistique. Avec beaucoup de subtilité, c'est le sens même de «guérir» qui est proposé. «Guérir», c'est le passage d'une langue à une autre, d'un système de signes à un autre système de signes. *Guérir, c'est traduire!* C'est ouvrir un monde à un autre monde, une langue à une autre langue, une culture à une autre culture.

A l'inverse et *a contrario*, le premier moment de la maladie est l'enfermement, l'impossibilité de sortir hors de soi : autarcie et autisme. L'hébreu *mahala*, de la racine *hal*, veut dire «tomber», «chuter», mais renvoie aussi au *mahol*, la forme fermée de la ronde. Si la *téroupha* hébraïque vient du grec *therapeia*, c'est pour nous apprendre que la guérison est passage, voyage et métaphore, sortie de soi, modalité d'être dynamique, qui nous fait homme, différent de la passivité ontologique de l'animal et de l'objet.

La traduction n'est donc pas seulement traduire d'un langage dans un autre langage. C'est permettre que le sens se meuve et circule sous les expressions diverses et multiples qu'emprunte le langage pour lui donner corps et vie. En ce sens seulement la traduction a le pouvoir de conduire au-delà, d'être ouverture et guérison.

Précisons que nos propos se fondent sur une anthropologie bien précise, c'est-à-dire une certaine conception de l'humain. L'être de l'homme est un en train d'être, un «déjà toujours là-bas de l'être». Être soi, c'est toujours déjà être hors de soi, *présence* et *existence*, *prae-sens* et *ek-sistence*. Être, c'est pouvoir être invention incessante de soi, infinie transcendance et précisément trans-ascendance. C'est cette voie qu'offre la traduction, le voyage «entre deux langues[2]».

Le travail talmudique, intersubjectivité, intertextualité, interprétations et autres lectures aux éclats, recherche la mise en mouvement du langage, pour produire chez le parlant qu'est l'homme un dés-istement, un choc existentiel, qui lui ouvre le chemin de l'au-delà de soi, en un mot le chemin de la vie.

«Les feuilles serviront de *téroupha*» : l'expression du verset d'Ézéchiel signifie maintenant «les feuilles seront un remède», dans le sens de cette ouverture de l'être par la «dimension transductive» de l'entre-deux-langues. La langue est ici une métaphore

2. Sur ce thème, cf. aussi Daniel Sibony : *La Juive. Une transmission d'inconscient*, Grasset, 1983 ; *Jouissance du dire. Nouveaux essais sur une transmission d'inconscient*, Grasset, 1985.

de l'être, son support et son transport. La trans-duction de l'entre-deux-langues ouvre l'être à son « pouvoir être autrement », à son projet d'être. Le projet permet d'arracher l'être à son enlisement dans la facilité, dans la passivité d'être, où le « il est » devient et déchoit en un « il est été », le « il peut » en un « il est pu » et le « il fait » en un « il est fait ».

Le couple *téroupha-therapeia* invite à ne pas cesser de « se pouvoir », de « se dépasser »...

CHAPITRE II

Antonin Artaud

Un exemple de traduction thérapeutique

Le cas d'Antonin Artaud est une illustration parfaite de cette idée de la traduction comme guérison. Dans un très beau livre qui lui est consacré, Jean-Michel Rey nous invite à découvrir Artaud traducteur, Artaud s'ouvrant à la guérison par l'exercice de la traduction.

Reprenons les temps forts de ce dossier. En 1937 paraît chez Denoël, sans nom d'auteur, une plaquette qui a pour titre *Les Nouvelles Révélations sur l'Être (NRE).* Il s'agit du dernier livre d'Antonin Artaud avant son internement en asile psychiatrique, prélude à un silence — à une absence d'œuvre — à peu près complet, qui dure six ans. Avant d'entrer dans ce long silence, un dernier livre donc, *Les NRE*, dont la particularité est l'*effacement du nom* de l'auteur.

La problématique de l'effacement du nom est au cœur de la bibliothérapie, dont le travail consiste justement à permettre d'inscrire l'être humain dans son nom et le nom dans l'être humain. Nous avons vu plus haut[1] le cas de don Quichotte, l'homme aux noms multiples, illustrer l'histoire d'une vie comme l'histoire des métaphores d'un nom.

1. Cf. deuxième partie, chapitre Ier.

En 1937, l'auteur de la plaquette des *NRE* veut laisser la « chose écrite » sans y ajouter la marque d'une signature, sans y apposer son patronyme. Avant de disparaître dans le silence de l'asile, Artaud s'efface, suspend tout geste de signature, se situe en marge de tout ce qu'il a écrit. « Au terme du livre, il ne reste plus à l'auteur qu'à se qualifier, qu'à se désigner par le biais d'une généralité — des adjectifs — où le nom propre perd toute sa raison d'être[2]. »

Il y a ici une sorte d'*Ichlosigkeit*, telle que nous l'avons rencontrée chez Musil dans *L'Homme sans qualités*, moment de dés-être, de dé-signification de soi, étape de néant créateur d'une nouvelle possibilité d'être. Le texte des *NRE* « est envisageable comme un lieu instable, propice, donc, aux plus grandes transformations, promis aux changements les plus conséquents[3] ». Le texte des *NRE* est une manifestation d'*indécision*. Une même question se répète, tout au long du livre, en guise de ponctuation élémentaire : « Qu'est-ce que cela veut dire ? »

Le questionnement, la remise en question du sens souligne une tonalité, une démarche qui est tout entière sous le signe de l'« impouvoir », de l'« effondrement central de l'âme », de l'« absence totale », de la « véritable déperdition ». C'est le temps fragile et incertain, hanté par l'éventualité d'un cataclysme — aussi bien mondial que personnel — et d'une disparition.

Il y a chez Artaud à ce moment-là une fragilité, une fragilisation et une dépersonnalisation qui ne sont pas fermées sur le futur. En effet, en filigrane du texte des *NRE* se lit autre chose : « [...] le désir voilé d'un retour. Plus rigoureusement, la volonté de se re-nommer soi-même, de devenir un sujet qui, par-delà la catastrophe, coïncide avec ce qu'il fait, s'affirmant dans ce qu'il invente, se singularisant dans la langue qu'il transforme[4]. »

2. J.-M. Rey, *La Naissance de la poésie*, Métailié, 1991, p. 118.
3. *Ibid.*
4. *Ibid.*

Comment Artaud va-t-il passer de la *dé-nomination* à la *re-nomination*? Comment va-t-il sortir du silence et du néant?

* *
*

Vers 1943, Artaud — encore soumis au pouvoir de la psychiatrie dans sa forme la plus violente (électrochocs qui produisent des comas) — émet le désir d'écrire à nouveau, de reprendre le fil d'un mouvement interrompu depuis 1937 : « Il y a ici un mouvement de l'ordre d'une décision intime, d'un *sursaut* qui s'effectue à l'encontre de la conscience commune qui lui a déjà assigné une place fixe, celle de la "folie qu'on enferme" et qu'on réduit au silence[5]. »

Nous entendons ici de façon précise la proximité avec la problématique de l'identité dynamique développée par la bibliothérapie. Le « sursaut à l'encontre de la conscience commune », qui assigne une place fixe à l'identité de telle ou telle personne, est un moment fondamental de l'attitude bibliothérapeutique. A sa façon, Artaud fait de la « résistance » contre le piège de l'institution psychiatrique qui se referme sur lui avec violence. Et cette résistance va passer par le chemin de l'écriture, d'une écriture qui implique une lecture : la traduction.

Artaud va commencer à répéter avec insistance sous différentes formes : « je suis mort — je suis mort, je suis mort[6] ». Mais c'est à force d'être mort qu'il devient lui-même. « Je suis mort » : *répétition intensive* d'une proposition qui donne à entendre la coexistence de deux énoncés en apparence incompatibles ou contradictoires. « Les textes de cette époque fourmillent de formules qui se répètent et se *dédoublent*, qui se transforment dans un changement à vue, accroissant ainsi l'énergie de la parole[7]. »

5. *Ibid.* p. 31.
6. A. Artaud, *Œuvres complètes*, t. 18 : *Cahiers de Rodez*, Gallimard, 1976, p. 317.
7. J.-M. Rey, *La Naissance de la poésie, op. cit.*, p. 33. C'est nous qui soulignons.

Cette énergie de la parole par dédoublement, Artaud va la rechercher dans le processus de dédoublement-redoublement qu'est la traduction. Pour dire «je suis mort», il faut déjà un «je suis» et un «je veux». Artaud «s'obstine à vouloir retrouver une parole qui lui soit propre en répétant *des discours empruntés*, désirant porter la langue à son incandescence [...] dans laquelle il puisse enfin signer effectivement de son nom[8]». Pour retrouver *sa* parole, il lui faut fracturer, casser, démolir, les «portes de l'asile». Lucide, il sait que *ses* mots n'ont pas la chance d'«accomplir leur trajectoire, d'éprouver leur sens, d'introduire un minimum de jeu[9]». Dans l'enfermement, les mots «n'ont pas la possibilité de déployer les aspects métaphoriques, de laisser surgir des images[10]».

Ce qu'Artaud comprend derrière les murs de l'asile peut se dire de toute personne prisonnière de la «parole parlée» par l'institution sociale de manière générale. Avant même qu'il ait pu parler ou écrire, les mots se heurtent à une stricte fin de non-recevoir : «Il sont *déjà* interprétés, déjà catalogués et inscrits dans le seul registre du délire, marqués d'univocité[11].»

«Déporté en France», dans son asile de Rodez, Artaud se dit au plus profond de lui-même : «Je n'ai accès au discours, au sens, que dans la mesure où, préalablement à toute manifestation, j'obéis à la loi implicite de la conscience commune. Je n'ai *droit* à la parole que si, d'abord, je me plie aux *significations convenues*, si je me soumets à ce procès d'assignation qui s'est décodé avant moi et hors de moi[12].»

Mais Artaud se révolte, Artaud résiste à la «conscience commune»,

8. *Ibid.*, p. 35. C'est nous qui soulignons.
9. *Ibid.*, p. 31.
10. *Ibid.*
11. *Ibid.* C'est nous qui soulignons.
12. *Ibid.*, p. 36. Cette citation est de J.-M. Rey et non de A. Artaud lui-même. C'est nous qui soulignons.

aux « significations convenues », aux paroles imposées du dehors et qui restent hors de lui. Il commence alors à construire « une sorte d'espace intérieur — quelque chose comme un théâtre intime de la conscience — dans lequel les mots aient toute latitude de se retourner, de se reprendre, de mettre à l'épreuve leurs ressources, dans lequel ils aient le temps de développer leurs effets et conséquences[13] ».

Le *moment* de Rodez — cette époque de la fin de la guerre pendant laquelle Artaud est encore enfermé à l'asile — est l'époque d'un *mouvement* : le temps à l'intérieur duquel « les mots tendent à s'illimiter, à s'indéfinir, ouvrant ainsi un espace où d'elle-même la poésie est capable de naître[14] ».

L'ouverture du langage, sa mise en mouvement, sa sortie hors des significations convenues et hors de la conscience commune, trouvent en 1943 une modalité d'expression nouvelle *dans un projet de traduction.* Dans une lettre au docteur Ferdière — un des médecins de l'asile — datée de septembre 1943, Artaud écrit : « Je crois qu'il serait excellent pour moi de me mettre à un travail précis et objectif. Voudriez-vous me faire communiquer le livre de Lewis Carroll *The Looking-Glass*? Je ferai cette traduction en demeurant très près du texte, mais en m'efforçant de retrouver en français la vie originale de son esprit. » Dans cette lettre, Artaud est en train d'exprimer de façon fondamentale son désir de retour à la vie.

Après six ans de silence (depuis 1937), il veut recommencer à écrire. On peut interpréter la fin du passage de la lettre citée comme s'appliquant à lui-même : « mais en m'efforçant de retrouver (en français) la vie originale »... S'efforcer de retrouver la vie! Voilà le but qu'Artaud se donne. Retrouver la vie et le nom

13. *Ibid.*, p. 38.
14. *Ibid.*

perdu-effacé. Et Artaud sait intuitivement que la *traduction* est le chemin qui conduira à la réappropriation de son moi et de son nom. La traduction est ici ruse et espérance.

Une ruse subtile, en effet, car, en donnant la parole à Lewis Carroll, il espère nous faire croire que ce qu'il écrit n'est pas un texte de lui, que ce ne sont pas *ses propres paroles*. Même si l'institution psychiatrique fait taire Artaud en cataloguant tous ses propos et en les rejetant du côté de la folie et de l'enfermement, la même institution n'a aucune raison de faire taire un sérieux professeur anglais de logique et de mathématiques. Monsieur Artaud, silence! La parole est au respectable professeur Lewis Carroll...

Lewis Carroll est pour Artaud son «cheval de Troie». Il le fait entrer à l'intérieur des murs de l'asile, pour revêtir les habits du respectable professeur qui l'aidera à sortir discrètement de la forteresse où il est prisonnier. Artaud prépare son évasion.

Espérance aussi... Dans cette traduction, Artaud «se présente comme étant à la recherche de mots susceptibles de constituer un immense détour, de termes à même de remuer la syntaxe du français et d'y introduire un mouvement bigarré. Il pressent qu'une telle excentricité est l'occasion pour lui d'*avoir de nouveau affaire à son nom, de mettre un terme à l'effacement de la signature*[15]».

La traduction est un «immense détour», un voyage à l'étranger, une rencontre avec une autre parole qu'on est obligé de bien écouter pour pouvoir la porter au-delà dans d'autres mots : «Paradoxe d'un travail de cet ordre : *une façon de revenir à soi par le biais de l'autre*, par l'épreuve de l'étranger[16].»

Ce que Jean-Michel Rey dit du travail de la traduction chez Artaud s'inscrit très précisément dans le projet de la bibliothérapie. La rigidité d'une conscience enfermée sur elle-même dans un

15. *Ibid.*, p. 41. C'est nous qui soulignons.
16. *Ibid.* C'est nous qui soulignons.

asile intérieur trouve dans le travail de la traduction la force de s'ouvrir, de s'épanouir et de s'inventer, de découvrir un ailleurs et la richesse d'un instant nouveau : la traduction est une rencontre avec l'autre et en même temps avec l'étrangeté de sa propre langue, que l'on découvre comme nouvelle. «Elle est un lent déplacement qui fait lever chez le traducteur, sans doute d'abord à son insu, des images inédites, hétéroclites, qui déclenchent des effets de sens déroutants[17].» Pour Artaud, ce travail de traduction «lui prescrit d'aller plus avant, le pousse à renouveler son dialecte[18]». «Aller plus avant» est le sens même de l'existence.

Ek-sistence, capacité d'aller hors de soi et en avant de soi, de produire un écart entre un «ici» et un «là-bas», ce qui est la signification même d'avoir un nom. En hébreu, «là-bas» se dit *cham* et donne le mot *chèm*, qui veut dire «nom»[19]. Avoir un nom, c'est être capable de transcendance, de projet et de futur.

Artaud comprend que c'est par le biais de l'acte de traduction qu'il pourra accéder à sa propre parole et retrouver son propre nom : «Se laissant guider par l'altérité, il accepta de s'en trouver débordé. Dans cet essai de passage d'une langue à l'autre, une expérience a lieu, indubitable; les mots lui parlent, *le divisent*, lui dictent un *certain trajet*, l'obligent à une sorte de retour sur lui-même[20].»

La traduction est en effet tout d'abord un processus de division, la mise en place d'un espace «entre deux langues» qui construit la possibilité d'un «certain trajet». Pour une conscience figée, la traduction est le premier pas dans le chemin de l'altération-altérité de soi. L'identité-mêmeté s'ouvre à l'identité-ipséité, produit une impression qui diffère d'elle-même, qui devient autre dans l'identité.

17. *Ibid.*
18. *Ibid.*
19. Cf. plus haut, deuxième partie, chap. II, 1.
20. J.-M. Rey, *La Naissance de la poésie, op. cit.* C'est nous qui soulignons.

La traduction est un apprentissage de l'écoute de la différence. La traduction n'est pas seulement le passage d'une langue dans une autre, mais c'est aussi cela : entendre la différence dont une langue est porteuse : « L'œuvre n'est en âge et en dignité d'être traduite que si elle recèle, de quelque façon disponible, cette différence, soit parce qu'elle fait signe originellement à une autre langue, soit parce qu'elle rassemble, d'une manière privilégiée, les possibilités d'être différente d'elle-même et étrangère à elle-même que détient toute langue vivante[21]. »

La traduction, c'est entendre, dans l'autre langue et dans sa propre langue, la résonance d'un *dire*, langage en mouvement qui ouvre à la temporalité du temps.

* *
*

Que produit la traduction chez Artaud? Cet événement inouï d'un retour à la vie. Pour Artaud, à la vie d'écrivain.

Il écrit : « Il y a une coïncidence curieuse que je ne peux m'empêcher de vous signaler, c'est que le matin même du jour où M. Delanglade m'a apporté à traduire ce chapitre de "Gros courtoud", j'ai pensé à me remettre à écrire, ce que je n'avais pas fait depuis six ans[22]. »

La traduction est une rencontre; l'altérité de la langue provoque un événement d'ouverture, un déliement et un dénouement. La traduction inaugure le chemin d'une guérison : les retrouvailles avec un Moi qui n'est plus la mêmeté mais plutôt la *différance*, l'étirement du Moi qui devient autre : « soi-même comme un autre ».

« Grande leçon de cette traduction de l'étranger : dans le

21. M. Blanchot, *L'Amitié*, Gallimard, 1971, p. 71.
22. J.-M. Rey, *La Naissance de la poésie*, *op. cit.*, p. 43.

moment de la plus forte contrainte, une issue aux formes d'enfermement se fait jour; un projet d'écriture se formule qui est acte de naissance, signé, qui ouvre l'espace de la poésie en périmant les antécédents désuets[23].» Un auteur est né; un auteur revient et qui porte, entre autres, le nom... d'Antonin Artaud!

Il y a un point d'une extrême importance qu'il faut souligner. La traduction n'offre pas seulement un texte autre au traducteur. Elle lui offre une *généalogie.* La parole vient d'ailleurs, d'avant. Ainsi il y a, par la traduction d'un texte, une réinscription dans le temps passé, qui est une des conditions de la possibilité du futur[24]...

23. *Ibid.*, p. 63.

24. Le moment de Rodez n'est pas seulement structuré par l'épisode de la traduction de Lewis Carroll. Une deuxième expérience de traduction vient poursuivre le chemin d'ouverture et de guérison. Ce sera une rencontre avec Edgar Allan Poe. Artaud va traduire un des poèmes de Poe, intitulé *Israfel.* Par ce travail il se met sur les traces de Mallarmé, qui le premier avait traduit ce même poème. L'étude de cette traduction fait l'objet de la seconde partie du livre de J.-M. Rey *La Naissance de la poésie*, *op. cit.*, auquel nous renvoyons. Ses analyses confirment l'idée de la traduction-guérison. Cf. particulièrement p. 136, «Le *remède* à la maladie du dire», p. 141 : «En déployant les effets du dictame, Artaud produit *dans le même temps* ce qu'on peut appeler, avec toutes les précautions nécessaires, sa propre "guérison".» C'est nous qui soulignons.

CHAPITRE III

Voyager entre deux langues

1. Un étranger dans sa propre langue

Nous venons de montrer la première voie du « langage en mouvement », celle de la traduction et de l'ouverture « entre deux langues ». Mais la traduction, de façon ultime, consiste peut-être à entendre une langue étrangère au sein de sa propre langue, à produire dans une même langue un mouvement de passage, d'oscillation ou, selon l'expression de Deleuze, de *bégaiement*[1].

Le nombre d'auteurs qui utilisent ou ont utilisé le phénomène de « double langue » est surprenant. Mais :

> [...] ce n'est pas toujours une situation de bilinguisme ou de multilinguisme. On peut concevoir que deux langues se mélangent, avec des passages incessants de l'une à l'autre ; chacune n'en est pas moins un système homogène en équilibre, et le mélange se fait en paroles. Mais ce n'est pas ainsi que les grands écrivains procèdent, bien que Kafka soit un Tchèque écrivant en allemand, Beckett un Irlandais écrivant (souvent) en français, etc. Ils ne mélangent pas deux langues, pas même une langue mineure et une langue majeure, bien que beaucoup d'entre eux soient liés à des minorités comme un signe de leur

1. G. Deleuze, *Critique et Clinique*, Éd. de Minuit, 1993.

> vocation. Ce qu'ils font, c'est plutôt un *usage mineur* de la langue majeure dans laquelle ils s'expriment entièrement : ils *minorent* cette langue, comme en musique, où le mode mineur désigne des combinaisons dynamiques en perpétuel déséquilibre. Ils sont grands à force de minorer : ils font fuir la langue, ils la font filer sur une ligne de sorcière, et ne cessent de la mettre en déséquilibre, de la faire bifurquer et varier dans chacun de ses termes, suivant une incessante modulation. Cela excède les possibilités de la parole pour atteindre au pouvoir de la langue et même du langage. Autant dire qu'un grand écrivain est toujours *comme un étranger dans la langue* où il s'exprime, même si c'est sa langue natale. A la limite, il prend ses forces dans une minorité muette inconnue, qui n'appartient qu'à lui. C'est *un étranger dans sa propre langue*, il taille *dans* sa langue une *langue étrangère* et qui ne préexiste pas[2].

Il s'agit de «faire crier, faire bégayer, balbutier, murmurer la langue en elle-même[3]». Comme le dit Proust : «Les beaux livres sont écrits dans une sorte de langue étrangère[4].» Cette recherche de l'étrangeté, de l'extraterritorialité de la langue, est liée à une conscience claire ou intuitive de la nécessité de l'Autre pour produire l'«identité dynamique et en mouvement»; en un mot, pour produire l'existence. Ce qui est à chaque fois recherché, c'est la vie de la langue pour entraîner la vie tout court.

Le phénomène de traduction surgit comme un symptôme chez de nombreux écrivains, qui font signe par là de leur désir d'un hors-de-soi, d'un dehors et d'un projet, d'une temporalité constitutive de l'être.

2. *Ibid.*, p. 138. C'est nous qui soulignons.
3. *Ibid.*
4. M. Proust, *Contre Sainte-Beuve*, cité *ibid.*

2. Heidegger

Pour Heidegger, par exemple, le travail sur les langues, dans la langue, est en relation avec son projet philosophique, celui d'articuler l'*être* et le *temps*. De façon implicite, il introduit un troisième terme : la *langue*. Il faudrait dire *les langues*. Deux langues sont à l'œuvre, « l'une vivante et l'autre morte, la seconde travaillant dans la première. On dirait que la morte fait des anagrammes dans la vivante. Heidegger s'en tient strictement à l'allemand et au grec (ou au haut allemand); il fait travailler un vieux grec ou un vieil allemand dans l'allemand actuel, mais pour obtenir un nouvel allemand [...]. La vieille langue *affecte* l'actuelle, qui produit sous cette condition une langue encore à venir[5] » : trois langues, trois temps, passé, présent, et à-venir...

3. Husserl, Joyce et Derrida

La mise en mouvement de l'identité et de l'*ek-sistence* est une conséquence de la mise en mouvement de la langue, de son voyage à l'étranger. « Deux langues seulement suffisent, dont l'une travaille ou joue dans l'autre pour produire la langue de l'avenir. »

N'est-ce pas là le sens de l'œuvre de Joyce? N'est-ce pas là le travail de Derrida et de la « dissémination »? Derrida rappelle, dans *Ulysse gramophone. Deux mots pour Joyce*[6], que toute son

5. *Ibid.*, p. 122-123. C'est nous qui soulignons.
6. J. Derrida, *Ulysse gramophone. Deux mots pour Joyce*, Galilée, 1987, p. 29; cf. aussi *La Dissémination*, Éd. du Seuil, 1972, p. 99, n. 17.

œuvre est une sorte de lecture indirecte de Joyce, en particulier de *Finnegans Wake*. Il compare et oppose deux grands modèles, deux grands paradigmes «quant à la pensée, mais aussi quant à une "certaine opération", la mise en œuvre du rapport entre langage et histoire[7]», langage et temps, langage et existence.

Husserl tente de «ressaisir une historicité pure. Il propose pour cela de rendre le langage aussi transparent que possible, univoque, limité à ce qui, pouvant se transmettre ou se mettre en tradition, constitue donc la seule condition d'une historicité possible[8]». Husserl est le paradigme de l'univocité et de la transparence de l'être : *le sens* peut, par une démarche adéquate, se découvrir et s'appréhender dans la clarté : phénoménologie, manifestation sans ombre. Pas de secret en retrait, pas d'invisible riche d'un perpétuel futur[9].

A l'opposé, le «modèle joycien», l'autre grand paradigme, le Joyce de *Finnegans Wake :*

> Il répète et mobilise et babélise la totalité asymptotique de l'équivoque. Il en fait à la fois son thème et son opération. Il tente de faire affleurer à la plus grande synchronie possible, à toute vitesse, la plus grande puissance des significations enfouies dans chaque fragment syllabique, mettant en fission chaque atome d'écriture pour surcharger l'inconscient de toute la mémoire d'homme : mythologies, religions, philosophies, sciences, psychanalyse, littératures. Et l'opération déconstruit la hiérarchie qui, dans un sens ou dans l'autre, ordonne ces dernières catégories à l'une ou à l'autre d'entre elles. Cette équivoque généralisée ne traduit pas une langue dans une autre à partir du sens commun. Elle parle plusieurs langues à la fois[10].

7. *Ulysse gramophone, op. cit.*, p. 27.
8. *Ibid.*, p. 27-28.
9. Cf. M.-A. Ouaknin, *Méditations érotiques, op. cit.*, p. 36-61.
10. *Ulysse gramophone, op. cit.*, p. 28; cf. aussi J. Derrida, *L'Origine de la géométrie de Husserl*, PUF, 1962, p. 104 *sq.*

Derrida donne un exemple de cette parole « en plusieurs langues à la fois », en citant deux mots de *Finnegans Wake* : « he war », audible en anglais et en allemand. « Confusion babélienne entre le *war* anglais et le *war* allemand [...] homographie qui produit un effet de confusion[11]. »

La dualité des langues dans une langue ouvre un espace de dialogue et de mouvement, une indécidabilité créatrice, une dissémination, un *logos spermatikos* qui se propage sans cesse. *Finnegans Wake* : en hébreu, *wake* se traduit par *ère*... *Eire*, qui n'est autre que l'Irlande. *Wake* entre l'hébreu et l'irlandais ! Ce qui permet de comprendre cet aphorisme joycien. « L'Irlandais, le Juif de l'Europe[12]. »

N'entendons-nous pas aussi que le nom du fleuve *Liffey* signifie en hébreu « j'ai une bouche » : *li phé*? Les mots « is a bell » ne dessinent-ils pas le visage d'Isabelle? Et ne peut-on pas jouer aux « dés » avec le temps d'un jour, *day*?

4. Louis-René des Forêts et Samuel Wood

Un des écrits de Louis-René des Forêts s'intitule *Poèmes de Samuel Wood*[13], auquel Maurice Blanchot a consacré un magnifique petit livre, *Une voix venue d'ailleurs. Sur les poèmes de Louis-René des Forêts.*

Qui est Samuel Wood? C'est bien évidemment L.-R. des Forêts : « elle erre dans la forêt », *in the wood*... Mais pourquoi cette traduction du nom, cette traduction anglaise?

11. *Ibid.*, p. 44 et 47.
12. *Cahiers de l'Herne*, n° consacré à Joyce, p. 319.
13. Fata Morgana, 1986.

Traduction *en glaise*! Matière première de la création pour le potier. Des mots, comme de la terre, pour créer l'homme, se créer lui-même comme nouvel homme. La traduction fait passer d'une errance à une nouvelle capacité d'entendre : Louis-René, l'ouïe renaît!

Samuel, l'enfant Samuel, qui, allongé sur sa couche, entendit une voix, «une voix venue d'ailleurs», qui chuchotait :

> «Samuel, Samuel!» Et l'enfant se leva, courut vers son maître, le prêtre Élie, et lui dit : «Maître, tu m'as appelé? Me voici, puisque tu m'as appelé!» Le maître dit : «Je n'ai pas appelé, retourne te coucher.» Il s'en alla et se recoucha.
> Dieu commença à appeler encore : «Samuel!» Et Samuel se leva, il alla vers Élie et dit : «Me voici, puisque tu m'as appelé!» Il dit : «Je n'ai pas appelé, mon fils, retourne te coucher.» Or Samuel ne connaissait pas encore Dieu. La parole de Dieu ne s'était pas encore révélée à lui.
> Dieu recommença à appeler : «Samuel!», une troisième fois. Celui-ci se leva, alla vers Élie et dit : «Me voici, puisque tu m'as appelé!» Alors Élie comprit que c'était Dieu qui appelait le jeune homme. Élie dit à Samuel : «Va te coucher et, si l'on t'appelle, tu diras : "Parle, Seigneur, car ton serviteur écoute."»
> Samuel s'en alla et se coucha dans sa chambre. Dieu entra et s'arrêta, Il appela comme chaque fois : «Samuel, Samuel!» Et Samuel dit : «Parle car ton serviteur écoute»[14]...

Samuel est l'enfant qui apprend à écouter la voix venue d'ailleurs.

Pour Louis-René des Forêts, *l'ouïe renaît* par la traduction *(en glaise)*, qui est le lieu et le temps infini de la possibilité de renaître :

14. Samuel, 3, 1-10.

Dis-toi qu'aux deux extrémités du parcours,
C'est la douleur de naître la plus déchirante
Et qui dure et s'oppose à la peur que nous avons de mourir,
Dis-toi que nous n'en finissons pas de naître
Mais que les morts, eux, ont fini de mourir[15].

5. Les contes de Rabbi Nahman de Braslav

Rabbi Nahman de Braslav demanda que ses contes soient publiés dans une édition bilingue hébreu-yiddich.

Cette remarque est d'une importance capitale, puisque l'idée de raconter des histoires est en rapport avec la *téroupha-therapeia* évoquée plus haut[16] :

> Je vais vous raconter des histoires, pour vous réveiller et pour vous guérir. Les femmes stériles accoucheront, les muets parleront. Les femmes stériles retrouveront les chemins de la fécondité parce qu'elles retrouveront les chemins de la parole. Le dénouement du corps se fera par le dénouement et le déliement des mots[17].

Pour Rabbi Nahman, la thérapie passe par les contes, et les contes ne peuvent s'exprimer que dans le jeu de l'espace entre deux langues : hébreu et yiddich. Jusque dans les éditions actuelles — la première date de 1811 —, la page est divisée en deux. En haut, le texte hébreu, en bas, le texte yiddich. Deux langues complètement différentes à tous les points de vue, mais qui possèdent la

15. L.-R. des Forêts, *Poèmes de Samuel Wood, op. cit.*, cité par M. Blanchot, *Une voix venue d'ailleurs, op. cit.*, p. 30.
16. Cf. plus haut, livre premier, quatrième partie, chap. Ier.
17. Rabbi Nahman de Braslav, *Liqouté Moharan*, I, 60. Cf. ci-dessous, quatrième partie, chap. V, notre analyse du « dénouement ».

particularité d'être écrites avec les mêmes caractères graphiques. Le yiddich est un vieil allemand — qui a intégré de nombreux mots de russe, de polonais et d'hébreu — écrit en caractères hébraïques.

Pour Rabbi Nahman, ce jeu de traduction est ce qui en soi provoque un espacement dans le langage et dans le corps. Le corps replié, contracté, se déploie et s'ouvre grâce à l'espace de l'entre-deux-langues.

En hébreu, «traduction» se dit *targoum*, mot dont la valeur numérique est identique à celle de *tardéma*, «assoupissement», «endormissement». Cette remarque que Rabbi Nahman reprend de Rabbi Isaac Louria[18] est importante. La première fois où le mot *tardéma* apparaît dans le texte biblique est au cœur de l'épisode de la création de la femme[19] : «Alors *yhvh*-Élohim fit tomber un *tardéma* sur l'homme et celui-ci s'endormit. Il prit un de ses côtés [...]. Il bâtit en femme le côté qu'il avait pris à l'homme.»

Le *tardéma* est le moment qui va rendre possible la création de la femme. Le *tardéma-targoum*-traduction est création d'altérité, de différence, à partir desquelles le monde va entrer dans la fécondité et dans l'histoire. La traduction ouvre à la différence sexuelle!

Si le conte guérit de la stérilité et rend la parole aux muets, c'est qu'il leur donne la possibilité de découvrir la dimension de l'altérité et de la différence. Différence et *différance*, dont le paradigme est l'entre-deux-langues. La traduction relève de l'amour. Deux langues qui font l'amour...

Dans ses chapitres sur le conte, la traduction et la guérison, Rabbi Nahman mêle poésie et philosophie, mystique et métaphysique. Il évoque le baiser amoureux préliminaire au rapport sexuel.

18. *Liqouté Moharan*, I, 19, et *Liqouté Tora* du Arizal, sur *Vaèthanane.*
19. Genèse, 2, 21 *sq.*

L'amour des langues, c'est la rencontre entre deux langages, mais aussi deux corps. L'homophonie de la « langue linguistique » et de la « langue du corps » est identique en hébreu, les deux mots se disent *lachone*.

La traduction, nouveau fondement d'un fragment amoureux[20]...

20. Nous avons analysé plus haut un conte de Rabbi Nahman intitulé « Les sept mendiants ». Cf. livre premier, première partie, chap. III et IV, et deuxième partie, chap. II, 8.

CHAPITRE IV

Dialogue et thérapie

L'histoire du paon :
Elle se passe en Pologne au siècle dernier. Une pauvre femme à qui l'on doit de l'argent se voit remettre par son créancier un paiement en nature : un paon. N'ayant jamais vu de paon, elle va consulter son rabbin pour savoir si le paon est cachère, s'il est apte à être consommé selon la loi juive. Le rabbin lui répond :
«Mon père, le grand Rabbi Yankel, a toujours dit que le paon n'était pas cachère.
— Que vais-je faire de mon paon? demande la vieille femme.
— Laisse-le dans ma basse-cour, je m'en occuperai et tu pourras venir le voir quand tu le désireras.»
Le paon intègre donc la basse-cour du rabbi et la femme vient lui rendre visite régulièrement. Passe un mois, deux mois... Un matin, elle arrive dans la basse-cour. Plus de paon! Elle se précipite chez le rabbi.
«Rabbi, rabbi, où est mon paon?
— Ton paon, quel paon? Mais je l'ai mangé!
— Quoi? Tu l'as mangé? Mais tu m'as dit que ton père le grand Rabbi Yankel a toujours dit que le paon n'était pas cachère!
— Oui, c'est vrai, mais sur la question du paon mon père et moi n'avons jamais été d'accord!...»

Voilà une histoire juive telle que les aimait Sigmund Freud. Elle m'a été racontée par mon grand-père, qui parlait dix-sept langues, toutes en yiddich... Je remercie Stéphane Zagdanski de me l'avoir offerte.

Le «langage en mouvement», fondement de la bibliothérapie, emprunte des chemins multiples. Nous venons de voir l'importance du dialogue entre les langues. Nous allons nous arrêter maintenant sur la dimension dialogique des hommes entre eux, ou *inter-subjectivité*, et des textes entre eux, ou *inter-textualité*.

La référence essentielle du dialogique est pour nous le monde du Talmud, dont nous allons présenter les grandes lignes pour mieux saisir ensuite les enjeux méthodologiques, philosophiques et thérapeutiques des notions que nous allons exposer.

1. Le Talmud

Né de la racine hébraïque *lamed* («étudier, enseigner»), le Talmud est l'ensemble des interprétations et des commentaires, à la fois juridiques, philosophiques et littéraires, de la Bible juive qui ont été pensés et mémorisés, depuis Ezra le Scribe (VIe siècle avant l'ère chrétienne) jusqu'au milieu du VIe siècle pour le texte principal et jusqu'au XVIe pour les commentaires les plus importants retenus dans l'édition princeps faite à Venise en 1523 (édition Bomberg). Le texte principal est en fait composé de deux catégories de textes.

La première, que l'on désigne sous le nom de *Michna*, est un recueil de décisions et de lois traditionnelles embrassant toutes les parties de la législation civile et religieuse. Ce code, à la constitution duquel ont travaillé plusieurs générations de maîtres, appelés *tanaïm*, fut rédigé par Rabbi Yéhouda Hanassi (le Prince) vers la fin du IIe siècle. Il se divise en six ordres, qui se subdivisent à leur tour en traités, chapitres et alinéas. De façon synthétique, les six thèmes de ces six ordres concernent les rapports : 1) à la terre;

2) au temps; 3) aux femmes; 4) aux dommages; 5) aux choses saintes; 6) aux purifications.

La seconde catégorie est l'ensemble des commentaires de la première : c'est la *Guémara* (terme araméen qui veut dire «apprendre»). Elle se présente à nous sous deux formes ou rédactions différentes. L'une est l'œuvre des maîtres résidant sur la terre d'Israël et a été rédigée à Tibériade vers 380. L'autre émane de l'école de Babylone et a été rédigée par Rav Achi et son disciple Ravina, puis terminée par Rav Yossé vers 500. La *Michna* et sa *Guémara* babylonienne constituent le Talmud de Babylone; accompagnée de sa *Guémara* de Tibériade, elle est appelée Talmud de Jérusalem. Pour de complexes raisons de transmission, c'est le Talmud de Babylone qui a été retenu et a ainsi forgé la culture et l'âme du peuple juif jusqu'à nos jours[1].

* *
*

Comme tout grand texte, le Talmud recèle son projet plus entre les lignes que dans les lignes. En deçà et au-delà de tous les thèmes et tous les problèmes du Talmud s'agitent la question de l'ouverture et de la vie du sens, la recherche d'une parole en train de se construire qui ne vient pas s'échouer dans une vérité définitive, l'émergence de «nouveaux visages» du sens qui constitue la temporalité même. La problématique du Talmud est aussi essentiellement politique car elle vise l'organisation d'une sociabilité fondée sur la liberté et le refus radical de tout enfermement. Nous allons exposer ici plusieurs stratégies mises en place par le Talmud, qui permettent d'assumer la patience du sens et de refuser l'idolâtrie du «maintenant», souvent présentée dans les habits

1. Sur le Talmud, cf. M.-A. Ouaknin, *Le Livre brûlé. Philosophie du Talmud*, Éd. du Seuil, coll. «Points Sagesses», 1993, 1re partie.

lumineux de l'idéalisme mais, en vérité, grimace souriante de l'idéologie. Que ce soit la mise en chantier dialoguée de la pensée — la *Mahloquèt* — ou les différentes techniques d'interprétation comme l'intertextualité — la *guezéra chava* —, ou encore, plus simplement, l'attitude fondamentale du questionnement — *hokhma*[2] —, tout concourt dans le Talmud à « lire aux éclats », à faire éclater l'immanence de paroles et d'existences définitives pour leur rendre tout simplement la force de continuer à s'inventer.

Le Talmud nous enseigne qu'un texte est indéfini, ouvert à des interprétations toujours nouvelles, qui ne sont garanties par aucune encyclopédie. Les interprétations les plus diverses, philosophiques, sociologiques, politiques, linguistiques, historiques, etc., n'épuisent, chacune, qu'une partie des possibilités du texte ; celui-ci demeure inépuisable et infiniment ouvert. Le Talmud vient certainement souligner cette idée fondamentale : « Le peuple juif n'est pas le peuple du Livre mais le peuple de l'interprétation du Livre et le Talmud est le lieu de la mise en jeu de ces interprétations » (Armand Abecassis). La question essentielle n'est pas : « Qu'est-ce que l'interprétation ? », mais : « Pourquoi y a-t-il interprétation ? »

Il y a interprétation pour montrer que, « contrairement aux prétentions de l'idéologie, le sens se construit patiemment, qu'il ne s'identifie pas à une vérité toute faite qu'il suffirait de s'approprier une fois pour toutes et d'imposer aux autres » (Catherine Chalier). Il y a interprétation pour rappeler qu'aucune parole ne peut se faire imposition, dogme ou vérité. Il y a interprétation pour le texte — quel qu'en soit le lieu théologique — ne se transforme pas en idole. Il y a interprétation, enfin, pour dénoncer les immenses dangers de l'idée de vérité.

La philosophie n'est jamais neutre ; elle implique toujours une

2. Sur la question, cf. plus loin, en particulier le livre deuxième, « Le complexe d'Abel ».

philosophie de l'Histoire et une philosophie politique. La philosophie du Talmud, c'est-à-dire celle qui se dégage du Talmud, n'est pas seulement une philosophie de l'interprétation, une théologie ou un juridisme liturgique. Elle est avant tout un combat contre la « pulsion de vérité », dans laquelle s'enracinent les tragiques réalités de l'intolérance et du fanatisme. Le Talmud joue une « logique du sens » contre une « logique de vérité », permettant ainsi de rejeter la violence des concepts abstraitement élaborés par la raison spéculative d'un ou de plusieurs individus, concepts qui interviennent ensuite brutalement au sein d'existences singulières, en décidant pour celles-ci, de manière arbitraire, du sens de leur vie... L'interprétation n'est pas seulement commentaire, le fait de dire autre chose et de le dire mieux. Plus essentiellement, elle met en jeu le mouvement même de penser, qui consiste précisément en l'ébranlement des institutions préfabriquées du sens, dans lesquelles toute chose a son lieu et tout moment son heure.

Le commentaire talmudique est un long voyage qui invite à l'urgence de renoncer à ce besoin, souvent passionné, de tirer des conclusions, de se forger une opinion et un jugement définitifs. L'interprétation, c'est la patience du sens : pour renoncer, selon l'expression de Flaubert, à la « rage de vouloir conclure ».

2. Visite de la maison d'étude : un espace bibliothérapeutique

Avant de poursuivre la réflexion théorique, arrêtons-nous un instant sur l'expérience concrète de l'étude talmudique, en visitant une maison d'étude, en hébreu *bèt-hamidrach*, qui veut dire littéralement la «maison de l'interprétation». Dans l'organisation sociale hébraïque traditionnelle, le centre des activités n'est pas la synagogue mais la maison d'étude. Certaines personnes y passent leur vie entière, plus de dix heures par jour, complètement traversées par la passion de l'étude, celle du Talmud en particulier. Les écoles talmudiques — *yéchivot*, au singulier *yéchiva* —, encore fort nombreuses à travers le monde, perpétuent non seulement un savoir, mais aussi une pédagogie originale fondée sur la relation dialogique, entre les élèves eux-mêmes d'une part, entre maîtres et disciples d'autre part. L'académie talmudique est une sorte de monastère ouvert au public, l'austérité et le silence en moins.

Poussons la porte de la salle d'étude : les étudiants, penchés sur les textes du Talmud, sont assis ou debout, un genou sur un banc ou sur une chaise, dans une ambiance où le désordre, le brouhaha, la gesticulation véhémente et les allées et venues incessantes sont la règle. Sur des tables rarement alignées foisonnent pêle-mêle des traités du Talmud de grand format et divers ouvrages de commentaires, ouverts, empilés les uns sur les autres. L'un à côté de l'autre, mais plus généralement l'un en face de l'autre, les étudiants lisent à haute voix, se balançant d'avant en arrière, de gauche à droite, ponctuant les articulations difficiles du raisonnement avec de larges gestes du pouce, frappant frénétiquement les livres ou la table, voire l'épaule du compagnon d'étude, feuilletant avec fébrilité les pages prises et remises rapidement dans les rayons de l'immense bibliothèque qui fait le tour de la salle.

Les protagonistes de cette «guerre du sens» essaient de comprendre, d'expliquer et d'interpréter. Rarement d'accord sur le sens du passage étudié, ils vont consulter le maître, qui explique, prend position, argumente les thèses proposées et calme pour un instant le combat passionné des consultants. Sur une autre table, plus loin, un étudiant s'est endormi, les bras croisés sur son texte du Talmud. A côté de lui, un autre sirote un café et fume une cigarette d'un air méditatif, concentration nécessaire à la suite de la recherche. Tout bouge! Le *bèt-hamidrach* connaît une effervescence ininterrompue où, de jour comme de nuit, résonnent les voix, le bruissement infini de l'étude[3].

Que nous sommes loin de l'ambiance des bibliothèques et de leurs salles de lecture, dans lesquelles on peut assister avec surprise, peut-être avec angoisse, à ce phénomène d'indifférence qu'entretiennent des personnes qui se côtoient des jours et des mois entiers sans échanger un seul mot, sans esquisser le moindre signe de reconnaissance!

3. Le dialogue : un fondement de la bibliothérapie

Si nous avons tenu à donner une description de la maison d'étude talmudique, c'est qu'elle nous semble révélatrice des modalités spécifiques du penser qui s'y déploient. C'est peut-être dans cette ambiance que nous pouvons sentir le mieux la dimension et la fonction thérapeutiques de ces textes, c'est-à-dire leur aspect anti-idéologique. Ce qui frappe d'emblée le lecteur du Talmud et du Midrach, c'est l'importance du dialogue dans la mise en chantier de la pensée. Rares sont les sujets sans controverses. Dès qu'un maître propose une interprétation, son interlocuteur

3. Le *bèt-hamidrach* est pour nous le modèle de l'« espace bibliothérapeutique ».

ébranle sa position, sa positivité : déstabilisation incessante, pensée athétique qui résiste à la synchronisation, à la synthèse qui voudrait se faire concept unique et universel énonçant la vérité.

Le dialogue bibliothérapeutique est construit sur le modèle du dialogue talmudique. S'il est vrai que les textes autour desquels se produit la discussion sont différents, en revanche les effets d'ouverture et de mise en mouvement de la conscience et du corps sont identiques. Dans le texte qui suit, le dialogue talmudique est équivalent au dialogue bibliothérapeutique.

Ce dialogisme fondamental a un nom en hébreu : c'est la *Mahloquèt*. Elle est la première ouverture, le premier espace qui « désigne l'écart et la séparation comme l'origine de toute valeur positive » (Blanchot). Cet espace d'entre-deux est éminemment thérapeutique puisqu'il est la manifestation la plus éclatante du refus de l'enfermement. La *Mahloquèt* est une situation anti-idéologique par excellence. Les perspectives contrastées et conflictuelles du sens, le pluralisme interprétatif forment un tissu serré dans lequel chaque point de vue advient à lui-même par sa confrontation avec d'autres points de vue. Chaque interprétation représente un enchevêtrement noué à l'intérieur d'un réseau infiniment compliqué, toujours soumis au tournoiement.

La *Mahloquèt*, c'est l'impossibilité de penser seul, évitant ainsi le risque de transformer une parole propositionnelle en parole impositionnelle, qui peut être source des pires violences. Par ce dialogue bibliothérapeutique se met en place une intercritique qui permet à la rationalité de chacun de s'affiner en prenant ses distances par rapport à une acceptation non critique de ses propres évidences et évite ainsi l'unidimensionnalité typique des idéologies[4]. L'intercritique talmudique implique que chacun

4. Sur ce point, cf. H. Atlan, *Tout, non, peut-être. Éducation et vérité*, Éd. du Seuil, p. 275 *sq.*

suppose à l'autre du dialogue un degré égal de rationalité, ce qui doit, entre autres, empêcher l'ironie ou la caricature de la position adverse, ce qui serait une manière différente de retomber dans le monologue et l'autosatisfaction, voire la suffisance de sa propre argumentation.

Grâce à la *Mahloquèt*, aucune opinion ne peut prétendre énoncer la vérité unique. Nous entrons ainsi dans un relativisme souvent perçu comme dangereux, surtout aux yeux de ceux qui sont avides de certitudes et de croyances absolues. La *Mahloquèt* n'est pas une dialectique, au sens courant du terme, où deux thèses opposées sont résorbées et effacées dans une synthèse ou dans le choix de l'une d'elles. Les deux thèses sont là pour créer une tension infinie, un intervalle dans lequel se met en mouvement une «hyperdialectique», au sens donné à ce mot par Merleau-Ponty[5] : «L'hyperdialectique est consciente que toute thèse est une idéalisation, que l'Être n'est pas fait d'idéalisations ou de choses dites, comme le croyait la vieille logique, mais d'ensembles liés où la signification n'est jamais qu'en tendance[6]...»

A propos de la *Mahloquèt*, le Talmud dit : «Les paroles des uns et les paroles des autres sont paroles du Dieu vivant.» Il faut entendre cette phrase sous une forme conditionnelle : «S'il y a paroles des uns et paroles des autres, alors ce sont des paroles du Dieu vivant, paroles vivantes de Dieu.»

* *
*

Les implications philosophiques de la *Mahloquèt* sont importantes. Le fait qu'un même texte ou qu'une même situation concrète de la réalité puisse offrir d'innombrables interprétations

5. M. Merleau-Ponty, *Le Visible et l'Invisible*, Gallimard, 1964, p. 129.
6. *Ibid.*

implique qu'il n'y a pas d'interprétation « vraie », mais seulement des interprétations « justes », qui ne sont que des *possibilités du monde*, et non le monde lui-même. On sort ainsi de la logique binaire du « vrai » et du « faux » pour entrer dans ce que nous appelons la « logique du sens ». Comme le formule très bien Nietzsche : « Il existe toutes sortes d'yeux [...] aussi il y a en conséquence toutes sortes de vérités, et en conséquence il n'y a aucune vérité[7]. » Par la *Mahloquèt*, le Talmud fait éclater la notion de vérité et instaure un pluralisme interprétatif qui fait obstacle à l'idéologie de l'« explication vraie ».

Dans le pluralisme interprétatif, aucune interprétation n'est rejetée — sauf celles issues de la violence ou qui produisent de la violence. Chaque commentaire, chaque explication est transformée en hypothèse parmi d'autres, en élément explicatif parmi une diversité d'autres possibles. Si la force explicative d'une hypothèse l'impose comme la solution la plus plausible, son intégration dans un faisceau d'autres causes et d'autres motifs lui épargne les excès réducteurs inhérents au dogmatisme. La démarche pluraliste laisse alors aux futurs interprètes le soin de mettre l'accent plutôt sur tel niveau de l'interprétation que sur tel autre, étant bien entendu que le choix d'un de ces niveaux constitue une abstraction méthodique par rapport à la façon dont ils se trouvent étroitement imbriqués dans la réalité historique concrète.

Ainsi on peut faire remarquer que la philosophie talmudique de la signification s'oppose à la philosophie platonicienne sur un point fondamental. Percevoir le monde ne consiste pas en une prise, par la conscience, d'un objet ou d'une personne qui seraient atteints dans leur réalité vraie ou dans leur essence organisée en

7. Cité par K. Jaspers, *Nietzsche. Introduction à sa philosophie*, Gallimard, coll. « Tel », 1979, p. 189; cf. aussi p. 291-292.

structure idéelle et atemporelle. Il n'y a pas pour le Talmud et la bibliothérapie un monde de significations qui précède le langage et la culture qui l'expriment. Dans la logique du sens, « la signification donnée par l'interprétation ne se sépare pas de l'accès qui y mène. L'accès fait partie de la signification elle-même » (Lévinas). Il y a une « historicité fondamentale[8] » qui fait entrer, dans l'interprétation subjective de chaque proposition de monde, toute l'épaisseur concrète de l'existence — corporelle, technique, sociale et politique. « L'intelligible n'est pas concevable en dehors du devenir qui le suggère. Il n'existe pas une signification en soi qu'une pensée aurait pu atteindre en sautant par-dessus les reflets déformants ou fidèles, mais sensibles, qui mènent vers elle[9]. »

Le dialogisme bibliothérapeutique montre que notre perception s'effectue à travers une suite de profils patiemment mis au jour de génération en génération, selon lesquels la chose apparaît. On peut bien dire qu'en droit ces profils sont infinis, alors qu'en fait nous nous contentons d'une suite nécessairement finie de profils pour aller à l'objet ou saisir une situation concrète de la réalité. A côté de l'objet, il reste cependant cette réserve inépuisable de profils qui donnent à l'objet, pour le sujet percevant, un ensemble ouvert et infini de possibilités indéterminées qui ne sont pas elles-mêmes actuellement perçues. Cette conscience des « marges » de la perception, que la phénoménologie husserlienne a nommée « halo », « horizon » ou « surplus », introduit un infini dans toute situation d'être-au-monde, un au-delà, en un mot une transcendance[10].

8. Selon une expression de Merleau-Ponty souvent citée par Lévinas.
9. E. Lévinas, *L'Humanisme de l'autre homme*, GF, « Le Livre de Poche-Biblio essais », 1990, p. 31.
10. Cf. E. Husserl, *Méditations cartésiennes*, Vrin, 1953, p. 103 ; cf. aussi J.-P. Charcosset, « Marges », in *Psychiatrie et Existences*, Jérôme Millon, 1991, p. 143.

Dans la modalité dialogique que mettent en place le Talmud et la bibliothérapie, l'autre du dialogue n'est pas seulement celui à qui l'on s'adresse, il est également le garant d'une déficience de la représentation, «marge» vivante déjouant la satisfaction d'une intentionnalité araignée, qui se donne le monde par représentation, rassemblement de la diversité et de la dispersion temporelle. Par cette existence non englobable dans une synthèse, par cette impossible annulation de deux thèses contradictoires naissent la proximité, le face-à-face et tout simplement la société, selon les formules maintenant classiques de Lévinas. C'est en ce sens que la *Mahloquèt* talmudique doit être nommée «dialectique transcendante», car l'autre du dialogue n'est pas seulement un effet de style. Il n'a pas pour rôle de mettre en valeur celui qui parle. Ici encore nous pouvons évoquer Platon, mais cette référence ne sera éclairante que négativement.

La dialectique platonicienne est une «dialectique immanente». L'interlocuteur, dans bon nombre de cas, se contente de dire : «Oui...», «Non...», «C'est exact...», «Je le pense aussi...», etc. C'est en fait le personnage central du dialogue qui formule les questions et les réponses. Au contraire, le maître du Talmud, à un certain moment de sa recherche, sait qu'il peut tomber dans le piège d'un savoir définitif; son étude dans le dialogue ne vise donc pas à conforter un savoir préalable, il demande à être ébranlé, inquiété, mis en échec, débordé. Il refuse ainsi le danger de sa propre impatience, qui le guette sans cesse, «tapie à la porte» (Genèse 4, 7). Apprendre n'est pas acquisition d'un savoir déjà là, se trouvant de toute éternité chez l'élève; apprendre n'est pas réminiscence et l'enseignement n'est pas une maïeutique.

4. La fonction thérapeutique du dialogue

Nous venons de faire un grand pas dans l'univers bibliothérapeutique.

Jusqu'à présent, la bibliothérapie a été présentée comme un rapport au livre, à la lecture et à l'interprétation dont la pratique pouvait être solipsiste — rencontre solitaire d'un homme avec lui-même par l'intermédiaire d'un livre[11]. Une dimension essentielle de la pratique bibliothérapeutique s'est dévoilée ici. En reprenant une expression de Martin Buber, on peut dire que la bibliothérapie est une «vie en dialogue[12]».

Pour souligner l'importance du dialogue, évoquons des cas extrêmes : l'autisme, la schizophrénie ou la paranoïa, par exemple. Dans tous ces cas, il y a une pathologie du dialogue et un comportement dont l'enfermement et le repli sur soi sont les maîtres mots.

Le monde du schizophrène est «un monde d'où, emmuré, il nous lance d'hermétiques messages et où nos propres appels ne peuvent parvenir. Le schizophrène perçoit tout sur le registre de ses propres souffrances, il entend alors qu'inattentif il est incapable d'écouter, de structurer un message sur le registre de l'appel. Tout pénètre dans son univers sans structure, à la fois clos et ouvert à tous vents, sans que sa conscience attentive puisse recoder l'appel et la réponse[13]...».

Le monde du paranoïaque «n'est pas dépourvu de structures, mais ne peut admettre que son propre système de référence. Imperméable à l'expérience, il se durcit envers les paroles d'autrui. Elles rebondissent comme des gouttes d'eau sur ses carapaces raidies ou

11. Nous évoquons plus haut un texte de Proust qui parle de la lecture comme d'une activité solitaire; cf. première partie, chap. II.

12. *La Vie en dialogue* est le titre d'un livre de Martin Buber, Aubier, 1964.

13. E. Amado Levy-Valensi, *La Communication*, PUF, 1967, p. 78.

sont entraînées, broyées, refondues au creuset systématique d'un délire. Le paranoïaque "interprète" (mais de manière univoque). L'univocité du système, sa raideur, sa charpente d'orgueil et d'hypertrophie de *l'ego* chez le paranoïaque sont celles de tous les dogmatiques. Et bien des politiciens, des penseurs, voire des philosophes — fourvoyés — n'en sont pas exempts[14]... ».

En fait, en lisant ces lignes, on peut se demander quelle est la frontière entre le normal et le pathologique. Sommes-nous tous bien extérieurs à ces limites — « pitoyables, ridicules ou odieuses[15] » ?

> Hélas, il est une psychopathologie des dialogues quotidiens ! Le dialogue le plus banal participe un peu de ces défauts ultimes [...]. Chacun « suit son idée » au lieu de se régler sur la réponse de l'autre, de se plier aux articulations du dialogue. Finalement, il est plutôt rare que nous *consentions à nous entendre*, que nous fassions effort pour élargir nos catégories — et même notre vocabulaire, car quelquefois il suffirait de s'entendre sur les mots [...]. Nous sommes tous plus ou moins autistiques, plus ou moins paranoïaques, monades sans ouverture sur le monde, auxquelles aurait été ôtée, de surcroît, l'harmonie préétablie [...]. Autrui n'est plus pour nous porteur d'un démenti salutaire et nous ne lui apportons plus la lumière de nos fermes refus, mais nous nous enfonçons l'un et l'autre dans la double obscurité, dans la double solitude de notre commune perdition[16].

La bibliothérapie peut, dans le contexte de ce chapitre, être considérée comme une thérapie du dialogue, médiatisée par le livre et l'interprétation. Le dialogue bibliothérapeutique n'est pas le simple dialogue, même réussi, où chacun parle et écoute à son tour dans un respect mutuel. La particularité du dialogue bibliothérapeutique est la présence, entre les partenaires du dialogue,

14. *Ibid.*, p. 78-79.
15. *Ibid.*, p. 79.
16. *Ibid.* C'est nous qui soulignons. Outre *La Communication*, on se reportera avec intérêt aux autres travaux de E. Amado Levy-Valensi (cf. bibliographie).

d'un texte, d'un livre, d'un objet d'art, d'un objet tout court à commenter et à interpréter. De fait, dans tout dialogue il y a un référent commun sur lequel « on parle ».

Mais de manière plus précise, la bibliothérapie est la présence d'un objet intermédiaire, de préférence un livre. Nous rejoignons ici la pratique analytique de Winnicott, en particulier l'utilisation de ce qu'il a nommé le *squiggle game*[17].

5. Le livre comme *squiggle game*

Chez Winnicott, l'utilisation du *squiggle game* est en général réservée aux enfants ; notre transposition du *squiggle game* dans la bibliothérapie en ouvre l'utilisation aux adultes.

Sa technique est un « dessin dynamique », un ensemble de traits que tracent alternativement l'enfant et le thérapeute :

> Nous nous étions assis à une petite table sur laquelle se trouvaient deux crayons et du papier. Nous nous mîmes rapidement à jouer au *squiggle* ; j'avais brièvement expliqué à Ioro ce jeu qui ne comporte aucune règle. Je dis : « Je ferme les yeux et je laisse courir mon crayon sur le papier, comme ça, c'est un *squiggle*. Tu en fais quelque chose d'autre, puis c'est à toi de jouer ; tu fais un *squiggle* et c'est moi qui le transforme[18].

Le jeu de *squiggle* est un jeu d'échange, comme une partie de tennis, par exemple. Chaque coup est remplacé par un trait, accompagné de commentaires sur la « beauté » et le sens de la transformation apportée par l'autre.

17. Cf. D. W. Winnicott, *La Consultation thérapeutique et l'enfant*, Gallimard, coll. « Tel », 1979.
18. *Ibid.*, p. 16.

Le livre de Winnicott se lit comme un compte rendu d'un match sportif, passionnant et vivant :

> — Je traçai à mon tour un *squiggle* ouvert, dont il fit immédiatement un canard nageant sur le lac.
> — Il traça alors ce *squiggle*, dont il fit lui-même un corps.
> — Je traçai un *squiggle*, dont il fit rapidement un chien.
> — Il fit un *squiggle*, que je transformai en point d'interrogation. Ce n'était pas ce à quoi il avait pensé, car il dit : «Cela aurait pu être un cheveu», etc.[19].

Comme le souligne Winnicott dans son introduction :

> Il n'y a rien là de particulièrement original et il ne faudrait pas qu'ayant appris à utiliser cette technique on croie du même coup détenir la recette pour donner ce que je nomme une consultation thérapeutique. Il s'agit là simplement d'un moyen d'entrer en contact avec l'enfant. Ce qui se passe au cours du jeu et de l'entretien dépend de l'utilisation que l'on fait de l'expérience de l'enfant et du matériel qui s'offre à nous[20].

Dans sa préface à *La Consultation thérapeutique et l'enfant*, Masud Khan souligne à son tour :

> Il est extrêmement important de ne jamais perdre de vue que «jouer au *squiggle*» n'est pas une technique s'appliquant à des consultations thérapeutiques. C'est plus un moyen qu'une fin, la fin étant l'apparition de ce moment critique (que Winnicott a appelé le «moment sacré») de la consultation où l'enfant et le thérapeute prennent tous deux soudainement conscience de la nature exacte de la situation critique émotionnelle et psychique avec laquelle l'enfant est aux prises, situation qui entrave le développement et l'épanouissement de sa personnalité[21].

19. *Ibid.*, p. 18, 19-20.
20. *Ibid.*, p. 5-6.
21. *Ibid.*, p. XXXII.

Certes, il fallait insister sur cet aspect seulement préparatoire et préliminaire du *squiggle game*. Cependant, le temps du *squiggle game* est déjà en soi un événement : celui du contact avec l'enfant. S'instaurent, l'espace d'un jeu, un écart et un intervalle, un vide au sein duquel peuvent émerger une parole et un dialogue.

Le *squiggle* est la mise en scène ludique d'un dialogue, une offrande à l'autre de son pouvoir créatif, une prise de conscience (inconsciente sans doute) de sa capacité à agir et à modifier quelque chose de l'autre. Dans le *squiggle*, ce n'est pas le dessin qui compte, mais le mouvement même du dessin et le dialogue qui se fait dans les traits et les interprétations de ces traits. Il y a une dynamique et une temporalité dans le *squiggle* qui font de lui un *playing*, un en-train-de-jouer, sans règles préalables, qui constitueraient déjà une forme de clôture.

Ainsi le *squiggle* est une rencontre entre deux êtres, une véritable rencontre : une surprise. Il se produit cela même que l'on n'attendait pas — un événement! «Le jeu joue contre toute attente de celui qui s'attend à quelque chose[22].» Le *squiggle* est l'événement du jouer, création de l'espace d'un «entre-deux», qui n'est pas un espace où va s'engendrer ultérieurement une thérapie, mais qui est déjà la thérapie comme ouverture et dénouement. Winnicott écrit :

> La psychothérapie se situe entre deux aires où l'on joue : celle du patient et celle du thérapeute. La psychothérapie s'adresse à deux personnes qui jouent ensemble. On peut en déduire que s'il y a impossibilité de jouer, le thérapeute doit s'efforcer de faire passer le patient de l'état où il est incapable de jouer à l'état où il sera en mesure de le faire[23].

On peut comprendre dès lors que «si le thérapeute ne peut

22. P. Fédida, *L'Absence*, Gallimard, 1978, p. 118.
23. D. W. Winnicott, *Jeu et Réalité*, Gallimard, 1975, p. 54.

jouer, cela signifie qu'il n'est pas fait pour ce travail[24]. » Le *squiggle game* est une rencontre ludique *entre* le thérapeute et l'enfant et tire sa vérité tout simplement du dessin lui-même, lorsqu'il est vraiment dessin. Ce qui compte avant tout est le geste du tracé et le moment de la genèse de sa forme. Le *squiggle game* est un « jouer avec » et non un « jouer à ».

* *
*

Pour la bibliothérapie, le livre — texte et interprétations dialoguées dans la *Mahloquèt* — est un *squiggle game*, qui va se jouer avec des mots, des phrases, des lettres et des idées. Dans le dialogue bibliothérapeutique, chaque commentaire sur le texte ajoute, infléchit, oppose, introduit un jeu dans le sens et un mouvement dans l'identité. Le livre ouvre à l'« espace potentiel » d'un jeu, qui va libérer l'ensemble des blocages et des immobilités identitaires dans lesquels un homme peut s'être laissé enfermer.

Pour la bibliothérapie, la maladie est conçue comme un attachement démesuré à une parole, à un objet ou à un événement quelconque. Cet attachement radical est absence de jeu, au sens mécanique du terme :

> L'accent est mis surtout non pas sur le contenu, mais sur l'attitude d'un sujet face à ce contenu, sur ce qu'il fait ou ne fait pas à son égard. De ce point de vue, nul contenu n'est en soi morbide ; ce qui le rend tel, c'est la façon rigide et unilatérale avec laquelle le sujet le manipule. L'attachement démesuré conduit à une rigidité et unilatéralité pathologiques[25].

Pour illustrer cette rigidité, on peut utiliser une métaphore

24. *Id.*, cité par P. Fédida, *L'Absence*, *op. cit.*, p. 136.
25. M. Berta et J. Sutter, *L'Anticipation et ses applications cliniques*, PUF, 1991, p. 102.

musicale : « Le propre de la pathologie est de fixer la personne en devenir sur une position pulsionnelle qui insiste à la manière d'une fausse note qui se répète[26]. » Ou, comme le dit le philosophe Alain : « Une idée, même vraie, devient fausse à partir du moment où l'on s'en contente. »

On est bien au-delà du vrai et du faux. On rentre, pour la thérapie, dans une logique du sens, c'est-à-dire un mouvement qui ouvre à une orientation dynamique et dynamisante. La maladie est un cramponnement exclusif à un but positif souhaité ou à un but négatif récusé. Le sujet perd sa flexibilité, sa souplesse. Il est comme « encapsulé » et se trouve de la sorte dans la situation d'un prisonnier d'une cage.

La langue hébraïque le dit fort bien. La guérison est une « délivrance de la bouche ». Le même mot est utilisé pour la délivrance des prisonniers — *lehatir assourim* (« délivrer les prisonniers ») et *lehatir pé* (« délivrer la bouche ou le livre »)[27]. La « délivrance » *(lehatir)* est aussi dénouement et déliement de ce qui est attaché et enfermé. La maladie est une situation prison qui s'explique en deux adverbes : « uniquement » (unilatéralité) et « toujours » (rigidité).

Il y a une « psychopathologie de la vie quotidienne », où l'homme « apparaît comme bloqué, en une immobilité défensive, dans le cercle étroit de réactions en circuit fermé. Il n'ose se risquer à une évasion dont il craint qu'elle ne provoque le danger et l'angoisse. Notamment, il s'interdit les échanges et la communication entre les pôles positifs et négatifs de son organisation psychologique[28] ».

26. P. Lekeuche, « Le test de Szondi comme outil psychothérapeutique dans des cas de toxicomanie », in *Psychiatrie et Existence*, P. Fédida et J. Schotte (éd.), Jérôme Millon, 1991, p. 324.

27. Cf. ci-dessous, chap. V, « La guérison : dénouer les nœuds ».

28. M. Berta et J. Sutter, *L'Anticipation et ses applications cliniques, op cit.*, p. 105. Les auteurs parlent ici du névrosé, dont il s'agit le plus souvent lorsqu'il est question de bibliothérapie. Nous étendons cette psychologie courante à tout homme, sans l'enfermer dans une terminologie, qui est elle-même un processus d'enfermement.

* *
*

Le cas de la toxicomanie est intéressant car il souligne cette dialectique du fixe et du devenir, de l'emprisonnement et de la délivrance :

> On connaît la labilité et la mouvance déliquescente du toxicomane sous l'emprise du produit. Cependant, à y regarder de près et à vouloir entendre ce qu'il dit, on est bien obligé de concevoir que cette dérive est le corrélat de cet état où il se déclare s'être «fixé», à savoir que cet écoulement, cette dilution de sa présence dans un espace-temps qui coule et qui fuit — et sur lequel il n'a par ailleurs plus aucune prise — n'est que l'autre versant d'une fixation ou d'un accrochage forcené à une position pulsionnelle qu'il ne parvient jamais à tenir, à retenir ou à maintenir, mais qu'il répète[29].

* *
*

Le dialogue bibliothérapeutique fondé sur la *Mahloquèt* produit une psycho-activation ou psychodynamisation, en proposant, par la multiplicité des interprétations opposées et contradictoires, un choix de pensée et de comportement.

Choisir telle interprétation et tel comportement qui en découle n'est jamais une *imposition*, mais seulement une *proposition*. Au moment même où le lecteur-interprète-acteur s'engage dans une direction, il sait qu'il aurait pu penser et agir autrement. Le dialogue bibliothérapeutique exposé plus haut relève d'une «technique de choix».

Choisir, c'est accepter et rejeter : dualité ouvrante car, pour rejeter, il faut au préalable étudier les deux branches de l'alterna-

29. P. Lekeuche, «Le test de Szondi...», *art. cit.*, p. 324-325.

tive, ce qui permet au lecteur de se mobiliser et de dépasser la conduite rigide et unilatérale dans laquelle il pourrait s'enfermer.

Le dialogue bibliothérapeutique offre des possibilités de mondes nouveaux. La bipolarité de sa structure stimule la libre circulation et l'échange créateur. Le sujet du dialogue accède alors à un domaine plus créateur, où des idées, des images et des conduites nouvelles émergent dans la conscience. Par la coopération textuelle, où chacun peut, par son interprétation, infléchir le sens et en créer de nouveaux, il y a un processus de tension et de dépassement qui déracine l'attachement unilatéral et rigide, qui est le noyau de la pathologie. La bibliothérapie est une psychodynamisation de l'existence par l'intermédiaire de la rencontre herméneutique autour du livre, dans laquelle chaque interprétation est création d'altérité et de temps nouveau.

La bibliothérapie est avant tout un jeu, jeu du sens et des mots. Pour fonctionner, pour que « ça tourne », il faut qu'il y ait un « équilibre entre la stabilité et l'instabilité des éléments en jeu, équilibre qui n'est jamais acquis une fois pour toutes, mais doit sans cesse être perdu, l'espace d'un instant, puis retrouvé, et ainsi de suite indéfiniment[30] ». Remarque importante car l'herméneutique talmudique et bibliothérapeutique n'ajoute pas du sens au sens mais cherche la *signifiance*, le mouvement infini du sens. La signifiance n'est pas un thème, un lieu « thétique », mais le voyage des mots et des idées pris eux-mêmes au sein d'un grand dialogue.

Même si nous avons pu parler ailleurs d'un effet cathartique de la lecture et de l'interprétation — dans la solitude du face-à-face du livre et du lecteur — la pratique bibliothérapeutique se vit dans le dialogue autour d'un texte. Deux lecteurs pour un même texte produisent un « lire aux éclats » thérapeutique qui permet de faire jouer les idées et les mots, de les remettre en mouvement les uns

30. *Ibid.*, p. 325.

par rapport aux autres, de les remobiliser. Autrement dit, c'est les délivrer d'un sens exclusif, qui restreint et enchaîne la totalité indéfinie de leurs significations possibles.

Le Talmud est le récit, le protocole d'une telle rencontre. Le Talmud raconte toujours l'expérience qu'ont vécue *deux* lecteurs devant *un* texte, proposant chacun *ses* interprétations subjectives et souvent contradictoires. A notre tour, étudiant le Talmud, nous sommes au moins *deux* lecteurs devant *un* texte qui raconte l'expérience de *deux* lecteurs devant *un* texte. Véritable miroir de notre expérience « comprendre devient un *se* comprendre ».

La combinatoire infinie des interprétations introduit un « jouer », une remise en mouvement des positions pulsionnelles de chaque lecteur, en relève essentiellement le *caractère de contradicité interne* et, de fait, les délivre d'un sens unique et exclusif, les ouvrant ainsi à une identité infinitive qui est la vie même.

Le dialogue bibliothérapeutique produit « un passage dialogique/dialectique d'un sens à l'autre au sein de la signification d'une même position pulsionnelle, passage corrélatif de la mise en place d'un espace de médiation, de transition entre les lecteurs, "espace traditionnel", comme dirait Winnicott, *espace d'échange* où la vérité n'est détenue par aucun des pôles en présence, mais où elle s'avère advenir dans le passage de l'un à l'autre *via* le passage intermédiaire qui les sépare et les relie[31] ».

La différence ici entre une bibliothérapie et une psychothérapie est que la rencontre n'a pas lieu entre un patient et un thérapeute, mais entre deux simples lecteurs, où chacun joue pour l'autre le rôle de thérapeute. Le ressort de cette situation de lecture herméneutique réside au fond dans la surprise d'être surpris l'un et l'autre par l'altérité même :

31. *Ibid.*, p. 326. C'est nous qui soulignons.

> L'échange d'interprétations, de significations qui jouent ensemble, est plus important, dans le dialogue bibliothérapeutique, que la pertinence ou la justesse des interprétations qui circulent. La signification des interprétations, leur véracité, leur pertinence sont moins essentielles que l'usage que l'on fait de leurs mots, de la situation globale de la *rencontre*, de son lieu, de son temps, de tout ce qui s'y passe comme dire, comme gestes, comme regards, comme sourire. Tout cela n'est que matière à fabriquer un espace de jeu, un *espace de médiation contractuelle*, transitionnelle; ni fusionnel, ni spéculaire, mais bien intermédiaire, un espace dans lequel chacun se vit comme à la fois relié et séparé de et à l'autre *via* le texte à partir duquel on parle ensemble[32].

Ce que résume très bien cette anecdote que rapporte Edmond Jabès dans *Le Livre du dialogue* :

> Un jeune homme alla trouver son maître et lui dit : « Puis-je te parler ? » Le maître lui répondit : « Reviens demain. Nous parlerons. » Le lendemain, se présentant à nouveau à lui, le jeune homme lui dit : « Puis-je te parler ? » Tout comme la veille, le maître lui répondit :
> « Reviens demain. Nous parlerons.
> — Hier, je suis venu, répondit, déçu, le jeune homme, et je t'ai posé la même question. Refuses-tu de me parler ?
> — Depuis hier, nous dialoguons, répondit, en souriant, le maître. Est-ce notre faute si nous avons, tous les deux, de mauvaises oreilles ? »[33]

32. *Ibid.*, p. 328. C'est nous qui soulignons.
33. E. Jabès, *Le Livre du dialogue*, Gallimard, 1984.

CHAPITRE V

La guérison : dénouer les nœuds

1. Thérapie et déconstruction

Nous venons de voir que la rencontre dans le dialogue bibliothérapeutique était une remobilisation générale de la vie pulsionnelle du sujet. L'homme sort alors de la prison *du* sens, d'*un* sens, et découvre l'ek-sistence comme identité dynamique, invention constante de nouvelles possibilités d'être :

> Ce qui rend malade, ce n'est pas le manque de sens, c'est le trop-plein de sens, l'être humain ploie et craque sous le poids *du* sens. De là cette extraordinaire parole du menuisier de Tübingen qui hébergeait dans sa tour le poète Hölderlin devenu schizophrène : « Ce n'est pas le manque, c'est le trop de savoir qui l'a rendu fou »[1].

On comprendra dès lors que l'interprétation des textes ou des rêves — le travail d'interprétation étant le même —, dans le cadre de la bibliothérapie, n'est pas là pour rajouter du sens, mais au contraire pour créer un espace, un vide...

Dans le chapitre intitulé « *Téroupha-therapeia*. Guérir, c'est tra-

1. P. Lekeuche, « Le test de Szondi... », *art. cit*, p. 330.

duire», nous avons montré que le mot hébraïque *téroupha*, qui se traduit par «remède», «médication», etc., venait du mot grec *therapeia* et que la guérison émergeait de cette ouverture et de cette rencontre «entre deux langues». Après avoir découvert et accepté ce fait, les maîtres du Midrach et du Talmud se sont posé la question de l'interprétation du mot *téroupha. Maï litéroupha?* Quel est le sens de l'expression *litéroupha* utilisée par le prophète Ézéchiel (47,12) quand il dit : *«véaléou litéroupha»*, «et ses feuilles seront pour la *téroupha*»[2]?

Rav Itshaq ben Abdimi et Rav Hisda ont, sur ce point, un commentaire différent, mais tous deux s'accordent pour interpréter le mot *litéroupha* par «déliement». Ils cassent le mot en deux (en une «lecture aux éclats») et lisent *lehatir pé* : «pour délier la bouche». Le verbe *lehatir* signifie aussi «délivrer». On dit : *lehatir assourim*, «délivrer des prisonniers». *Lehatir pé*, c'est «délivrer la bouche». Faire sortir la parole de la prison des mots[3].

Rav Itshaq ben Abdimi dit qu'il s'agit de la «bouche d'en haut» *(pé chèl maala)* et Rav Hisda de la «bouche d'en bas» *(pé chèl mata)*. Parole de la bouche, ou parole du sexe, ou de la matrice. Ézéchias voyait dans ces feuilles «un remède pour délier la bouche des muets», et Bar Kappara «un remède pour ouvrir la matrice des femmes stériles». Rabbi Shmouel bar Nahmani dit : «Ces feuilles serviront à embellir le visage des orateurs.» Il lit *litéroupha* comme *letoar panim* («embellir le visage») des *baalé hapé* («des orateurs»).

Que veut enseigner ce texte? Que la maladie est un «mal à dire», selon la formulation toute talmudique de Lacan. Malade de ne pouvoir parler parce que la parole est enchaînée, parce qu'elle n'a plus de lieu, d'espace pour s'exprimer.

2. Cf. plus haut, chap. IV.
3. Talmud, *Sanhédrin*, 100*a*.

Rabbi Nathan de Nemirov, secrétaire et disciple de Rabbi Nahman de Braslav, souligne que le mot *alim* (« feuilles »), comme en français par exemple, signifie à la fois « feuille de l'arbre » et « feuille pour écrire ou déjà écrite ». Les feuilles du livre pour dénouer, délivrer la parole enchaînée — voilà le sens de la guérison, la direction dans laquelle il faut s'aventurer pour effacer la souffrance d'un « mal à dire ». Un livre pour guérir : bibliothérapie.

Dans le dialogue bibliothérapeutique comme dans la séance d'analyse, il y a le phénomène de la rencontre — nous venons d'en parler longuement — mais il y a aussi un travail d'interprétation, un processus herméneutique. Un préjugé fréquent envisage l'analyse (la séance d'analyse) comme un moment privilégié pendant lequel une sorte de génialité herméneutique rend possible la construction d'un ensemble d'interprétations sur les objets les plus variés : rêves, actes manqués, rencontres, etc. En fait, l'interprétation comme actualisation du sens, passage d'un sens potentiel à un sens actuel, est une non-analyse. La formule talmudique *lehatir pé* souligne avec force l'aspect de dénouement.

L'analyse est d'abord une déconstruction du sens. La parole de séance n'est pas faite pour mettre au jour des significations, mais pour y introduire un « trou », en hébreu *hor*, qui dit aussi l'« espace », *révah*, et le « souffle », *rouah*. La dimension thérapeutique de l'interprétation ne consiste pas à sémantiser, à sédimenter toute écoute de sens. Le dénouement du *lehatir pé* annule l'idée, chez le patient, et l'illusion, chez l'analyste, qu'il y a un document à décrypter, à comprendre. D'où le danger des analyses à fétichisation herméneutique, dans lesquelles l'analyse consiste à déchiffrer et à élaborer des significations qui enferment le patient dans des contenus de conscience définitifs et annulent, simultanément, le sens même de l'analyse.

L'interprétation analytique ou bibliothérapeutique délivre le sujet d'un sens, elle l'en libère, elle l'en décape. Citons ici un texte clef de Freud datant de 1905, intitulé «De la psychothérapie» :

> C'est qu'en réalité le plus grand contraste existe entre la technique analytique et la méthode par suggestion, le même contraste que celui formulé par le grand Léonard de Vinci relativement aux beaux-arts : «*per via di porre/per via di levare*». La peinture, dit-il, travaille *per via di porre* car elle applique une substance — de parcelles de couleurs — sur une toile blanche. La sculpture, elle, procède *per via di levare*, en enlevant à la pierre brute tout ce qui recouvre la surface de la statue qu'elle contient[4].

La bibliothérapie est un travail de libération et d'ouverture. C'est en ce sens qu'il faut comprendre le commentaire de Rachi, qui dit qu'un mauvais rêve est mieux qu'un bon rêve car il inquiète et fait sortir d'un état de satisfaction à tendance léthargique. Comme question, il casse le sens au lieu de le renforcer.

L'interprétation dans la bibliothérapie et dans le Talmud s'énonce dans un paradoxe : «Il n'y a de construction que dans la mesure où s'opère une déconstruction.» Le travail d'interprétation inaugure un travail de désignification, de déliement, littéralement de dé-lire, qui fait obstacle à l'actualisation sémantique des mots. La thérapie de la *téroupha* travaille à dé-signifier les fixations sémantiques de la langue. La langue comme véhicule de signification et outil de communication utilise un système lexical qui assigne aux mots une fixité objective de signification et bloque la langue sur les conditions de fonctionnalité du discours. Le

4. S. Freud, *Über Psychotherapie*, *Gesammelte Werke*, V, p. 17, cité par P. Lekeuche, «Le test de Szondi...», *art. cit.*, p. 350.

premier moment de la bibliothérapie est de r-ouvrir les mots à un fonctionnement polysémique, et cela par la rupture d'un acte de dé-signification, de dé-lire et de dé-nouement.

L'apport essentiel de la lecture midrachique mais surtout cabaliste, dans la « lecture des lettres » contre la « lecture des mots », est cette pratique déconstructive dans la langue — pratique poétique de la dé-signification. La dé-signification libère tous les éléments constitutifs de la langue : les mots ne veulent plus « rien » dire. Mais une nouvelle vie se crée à l'intérieur même des mots : les syllabes, les consonnes, les voyelles se mettent à s'échanger, à parler, à se répondre. Elles sont rendues à l'échange (et ce processus est une jouissance). Il y a là un degré zéro du sens, qui n'est pas congélation du sens, mais bien vie, mouvement et temps.

Parler de la cure bibliothérapeutique, c'est, par le pouvoir de dis-jonction et de dé-liement *(lehatir pé)*, ouvrir la porte à son vide, et cette ouverture est un désistement et un dessaisissement des significations dans lesquelles le patient se prenait et se comprenait. Le degré zéro du sens n'est pas qu'un moment entre la dé-signification et la re-signification. Il est aussi un essai pour faire échec à la signification et, en même temps, mettre à découvert le fondement même de la signifiance.

2. Quand les mots se mettent à rire...

Au début du chapitre IV de cette partie, nous avons énoncé notre plan : montrer les stratégies d'ouverture, de dialogue et de mise en mouvement de la conscience, du corps et du langage qui accompagneront dynamiquement une « identité en mouvement ».

Pas à pas, nous avons vu le dialogue entre les langues (traduction), le dialogue entre les hommes (l'intersubjectivité de la rencontre bibliothérapeutique). Nous venons d'amorcer le dialogue entre les textes (intertextualité), en insistant sur un point fondamental de l'interprétation et de la lecture. Interpréter et lire, c'est « lire aux éclats », véritable jeu infini du langage.

Nous allons insister maintenant sur le fonctionnement et le rôle de l'intertextualité dans la thérapie.

Le domaine du langage est coextensif et intriqué à celui de la dynamique d'être. L'intertextualité est la clef de l'interprétation car elle ouvre au sein même du livre l'espace nécessaire à la créativité. Il y a ainsi dans la rencontre bibliothérapeutique un double espace, entre les lecteurs et entre les textes. Ce double espace est potentiel (au sens de Winnicott) car, en son sein, le lecteur s'y surprend à dire ce qu'il n'attendait pas : événement, ex-istence et temps.

* *
*

Dans le langage de la communication quotidienne, le sens d'un mot est précisé par son contexte. Celui-ci joue un rôle réducteur de resserrement sémantique.

Un mot qui aurait plusieurs sens se retrouve avec un sens unique à l'intérieur de la phrase. Le contexte occulte la richesse sémantique d'un mot, opère le passage d'une polysémie à une monosémie, réalise ce que l'on peut appeler une « isotopie », c'est-à-dire un plan de référence, une thématique, une logique identique pour tous les mots de la phrase. Le mot « volume », par exemple, peut signifier un livre dans une bibliothèque, un espace géométrique, un espace d'habitation, une intensité sonore, une mesure chimique, etc. Le contexte de la phrase permet de cerner et de réduire la plurivocité du terme. Dans une bibliothèque, le « volume » sera tout simplement un « livre » !

Selon cette approche, le sens est contextuel et ponctuel. Pour la tradition midrachique, talmudique et cabaliste, le rapport au mot est complètement différent. Il n'y a pas un processus de réduction du sens mais, au contraire, d'expansion et de surcharge. Le mot n'est pas réduit par le contexte mais enrichi. Il se charge de toute la tonalité des autres mots, de toute leur richesse.

Plus précisément, la richesse consiste dans ces nouvelles relations qui surgissent et résultent de l'entrelacement et de l'entrechoquement des mots de la phrase entre eux ou de deux phrases entre elles. Le sens d'un mot n'a plus la solitude lexicale qu'aurait pu proposer un dictionnaire. Le mot puise sa force sémantique à l'intérieur de l'événement que constitue une phrase, dans la singularité de son style, de son rythme, de son agencement phonique et parfois même graphique, de la matière même des mots qui la composent. Un mot est donc riche de la constellation construite par les autres mots de la phrase.

Dans le texte biblique, *un mot est toujours plus qu'un mot*. Il est événement dans la singularité de son apparition. Le sens acquis de la contextualité n'est pas temporaire. Il y a une mémoire sémantique qui fait que le séjour d'un mot dans une phrase le gonfle à jamais d'un sens particulier — contextuel — dont il ne pourra se défaire. Le sens mémorisé dans un mot peut ainsi s'exporter. Le même mot apparaissant dans un autre contexte signifiera simultanément le sens de son contexte actuel et de son contexte mémorisé. Ainsi se crée un réseau d'intertextualité qui ouvre le sens à de plus vastes dimensions. Souvent apparaissent alors des sens inouïs, parfois profondément étranges. Nous entrons dans un processus de métaphorisation du sens que l'on nomme en hébreu la *guezéra chava*[5].

5. Nous donnons un exemple dans *Lire aux éclats*, Quai Voltaire, 1992, p. 44 *sq*.

La *guezéra chava* est le pilier par excellence de la pensée talmudique et midrachique. La bibliothérapie reprend la *guezéra chava* comme outil privilégié de l'interprétation essentielle des textes car elle produit un phénomène extraordinaire d'ouverture du langage et de l'être. Précisons : la *guezéra chava* est le dialogue entre les textes ; elle est, au sens propre, l'intertextualité. Elle permet à un texte de ne jamais être seulement lui-même, de représenter toujours plus qu'un texte. Cela signifie pour le sujet-lecteur l'impossibilité de s'enraciner dans un sens : le texte n'est pas un objet clos, fini ; il est toujours en train de se faire ; il se travaille lui-même à travers un entrelacs perpétuel.

Les implications de la *guezéra chava* sont importantes. Tout d'abord, elle met fin à l'idée qu'il existe une vérité qui se cache derrière le texte et qu'il s'agit de découvrir. Elle met fin à une époque « théologique » du Livre : ce dernier n'est plus un discours où l'Un peut s'atteindre, puisque l'intertextualité fonde plutôt ce qu'on pourrait appeler une « a-théologie ». Elle libère une activité antithéologique proprement révolutionnaire. Le texte, le livre, est radicalement ouvert. Il ne se contient pas lui-même et ne se limite pas à un simple volume. Tout texte est comme un contexte.

Mouvement dynamique où chaque texte devient lui-même dans sa relation aux autres textes, où tout texte implique une différence qui disloque sa propre identité : compris ainsi, un « texte est un événement relationnel et non pas une substance à analyser[6] ». La *guezéra chava* produit des chocs sémantiques ou, comme aime à le dire Ricœur, des « impertinences sémantiques » : étincelles de sens et de temps.

Dans la nouveauté du sens éclôt la nouveauté de l'être parlant, qui se découvre comme créature naissante.

6. H. Bloom, *Kabbalah and Criticism*, New York, Sendbury Press, 1975, p. 106.

* *
*

> A nouveau rencontres avec des mots isolés comme : chutes de pierres, durs roseaux, temps.
>
> Paul Celan.

Commentaire de Maurice Blanchot : « Ce qui nous parle ici nous atteint par l'extrême tension du langage, sa concentration, la nécessité de maintenir, de porter l'un vers l'autre, dans une union qui ne fait pas unité, des mots désormais associés, joints pour autre chose que leur sens, seulement orienté vers[7]. »

Dans la *guezéra chava*, le rapport entre un texte et l'autre ne consiste pas à faire émerger une pensée qui se cristalliserait dans l'entre-deux, mais bien à orienter la pensée vers... créer un nouvel horizon, une nouvelle tonalité de l'intervalle qui n'en soit pas la synthèse. Chaque texte déjouant l'autre pour lui interdire de s'enfermer dans une pensée qui ne passe plus, qui s'enlise dans les sables mouvants du dogmatisme. L'espace d'entre-deux produit par la *guezéra chava* ménage une création de sens, par le fait même que les significations préexistantes de la langue, des mots et des objets sont constamment subverties.

La *guezéra chava* produit un espace de jeu qui désétablit les limites dont conceptuellement « on se sert dans un système symbolique de la langue des mots et des objets[8] ». On comprend aisément que le sens de l'entre-deux ne peut se sédimenter, se cristalliser, parce que alors on aurait introduit une pensée qui fait le pont, une « pensée pontifiante » !

La *guezéra chava* est à la fois jeu de rupture dans le sens et trans-

7. M. Blanchot, *Le Dernier à parler*, Fata Morgana, 1984, p. 11.
8. P. Fédida, *L'Absence*, *op. cit.*, p. 136.

port d'un sens sur l'autre, effacement d'un sens sur un autre[9]. Elle nous apprend à entendre. Elle nous apprend à parler. « Elle redonne la parole à la langue[10]. » Dans l'entre-deux des mots et des textes, la parole du lecteur a le pouvoir de réinventer la langue. Il lui revient, dans sa parole d'interprétation, d'éveiller et de réveiller toute la signification temporelle de la langue, d'en saper toutes les sédimentations sémantiques. Le « choc sémantique » entre deux espaces textuels complètement étrangers l'un à l'autre ouvre un nouvel espace où le sens ne peut être rabattu ni sur une doctrine ni sur une idéologie. Tout dogmatisme s'en trouve par essence exclu.

Ce qui est découvert dans l'espace de la *guezéra chava* n'est pas le sens ultime, la vérité. Il n'y a ni début ni fin, seulement le jeu, le rire, l'humour. Dédale d'effets de miroir produits par des textes anciens, dont chacun renvoie sans cesse à des textes encore plus anciens, sans jamais donner à espérer que l'on puisse atteindre une origine.

9. La *guezéra chava* est de l'ordre de la métaphore. Cf. P. Ricœur, *Du texte à l'action*, *op. cit.*, p. 218.
10. P. Fédida, *L'Absence, op. cit.*, p. 234.

CHAPITRE VI

Éclats de lire

Petites remarques sur le rêve et la lecture

1. Le rêve et le livre

Il faudrait un livre entier consacré aux rêves et à leurs interprétations. Mais il était impossible dans le cadre de la bibliothérapie de ne pas évoquer le rêve, et cela pour une raison fondamentale : le rêve est un texte, un livre ouvert à l'interprétation. La bibliothérapie « interprète les textes comme des rêves, avant d'interpréter les rêves comme des textes[1] ».

Nous avons expliqué plus haut que le dialogue bibliothérapeutique était médiatisé par les textes : rencontre herméneutique autour du livre. Et que faire lorsqu'il n'y a pas de livre ? Comment faire lorsque les protagonistes d'une rencontre bibliothérapeutique ne possèdent pas de textes à mettre en commun dans l'entre-deux contactuel ? Il reste toujours suffisamment de *rêves* à offrir à l'écoute de l'autre pour inaugurer l'espace d'un dialogue.

1. Nous empruntons cette formule à E. Amado Levy-Valensi, *La Racine et la Source*, Zikarone, 1968, p. 277.

Il nous semble que la grande découverte de Freud fut cette possibilité de substitution du rêve au texte et inversement. Dans la rencontre analytique, le texte du rêve joue le même rôle que le texte de la rencontre bibliothérapeutique. Le divan et le cadre analytique de la séance sont une miniature de la *Mahloquèt*. Le «texte» est composé alors par le récit de la vie qui est en train de s'énoncer et le récit des rêves de l'analysant.

Il y a avec Freud un glissement du «texte réel et traditionnel» autour duquel se réunissaient les talmudistes — encore son père et son grand-père, sans aucun doute — vers le «texte du rêve». Lui-même avait étudié la Bible avec son père, comme nous le savons maintenant de témoignage certain. N'écrit-il pas dans son autobiographie de 1924 :

> J'étais [...] mû par une sorte de désir de savoir, lequel se rapportait toutefois plus à la condition humaine qu'à des objets naturels et qui n'avait pas reconnu la valeur de l'observation comme principal moyen de se satisfaire. *Le fait que je me plongeai très tôt, à peine terminé l'apprentissage de la lecture, dans l'étude de l'histoire biblique a déterminé d'une manière durable, comme je m'en suis aperçu par la suite, l'orientation de mes intérêts*[2].

Il y a chez Freud un passage du *divin* au *divan* qui permet, du point de vue épistémologique, d'utiliser pour l'interprétation des rêves l'ensemble des méthodes de l'interprétation des textes et inversement.

Le lecteur-interprète formé à l'école du Midrach ne peut pas faire de *distinction méthodologique* entre le «texte du rêve» et le «texte du livre». Le Talmud enseigne : «Un rêve non interprété

2. S. Freud, *Freud présenté par lui-même*, Gallimard, 1984, p. 15. C'est nous qui soulignons. Sur le rapport de Freud à la Bible, cf., entre autres, Y. H. Yerushalmi, *Le Moïse de Freud*, *op. cit.*, et R. Draï, *La Communication prophétique*, Fayard, t. II , *La Conscience des prophètes*, 1993.

est comme une lettre non lue.» Et encore : «Tous les rêves vont d'après l'interprétation qu'on leur donne»[3].

Du point de vue bibliothérapeutique, tout ce que nous avons dit sur les textes, les livres et la lecture est valable pour les rêves. Un rêve s'analysera exactement comme un texte et (de préférence) dans le cadre de la rencontre bibliothérapeutique.

2. Rêve et thérapie : «lire aux éclats» et langage en mouvement

Dans l'interprétation des rêves comme dans l'interprétation des textes, il ne s'agit pas de produire *un* sens, mais bien plutôt d'entrer dans la dynamique d'une *signifiance*. La thérapie par dé-signification[4] s'applique ici aussi. Ce chapitre sur les rêves est la suite logique du précédent; il tente d'approfondir la mise en mouvement du langage par un processus de «lecture aux éclats».

En dehors de la *guezéra chava*, il existe encore de nombreuses méthodes de lecture déconstructives et thérapeutiques qui sont de l'ordre du *lehatir pé*, de la «délivrance de la bouche» et de sa *téroupha*. Nous allons exposer quelques modalités et lectures qui sont mises en œuvre par le Midrach, le Talmud, et (surprise)... par l'inconscient!

Il faut, avant de lire, composer le livre; le lecteur est véritablement un créateur. Lire devient une activité, une production. Ainsi une infinité de livres sont présents dans le Livre. Il n'y a pas une histoire, mais des histoires. La première fonction du lec-

3. Talmud, *Berakhot* 55*a*.
4. Cf. chap. précédent.

teur est d'introduire des ruptures entre les lettres pour former des mots; entre certains mots, pour constituer des phrases; entre certaines phrases, pour clore et ouvrir des paragraphes, pour faire émerger des livres.

Le premier travail est donc l'*espacement*, la mise en action de la différence définie comme « le mouvement selon lequel la langue ou tout code, tout système de renvoi en général se constitue "historiquement" comme tissu de différences ». Pour parler comme Mallarmé, on peut dire que ce sont les blancs qui assurent l'importance.

A) *Les mots dans le mot*

Après l'espacement, premier moment de la lecture-écriture qui ne constitue qu'une des possibilités infinies de lecture, le processus d'éclatement, de fracturation, de brisure va se resserrer, le champ de recherche va se préciser; le *mot* devient le matériau à travailler, à façonner, à faire, à défaire et à refaire. Si nous accumulons tous ces termes pour exprimer le travail qui se fait sur le mot, c'est pour dévoiler l'envergure du phénomène; différentes méthodes sont en jeu, toutes utilisables de manière exclusive.

a) La structure numérique du langage : la *Guématria*

La langue hébraïque possède une structure numérique, c'est-à-dire que chaque lettre correspond à un chiffre (cf. « Table de correspondance entre les chiffres et les lettres », page suivante).

Table de correspondance entre les chiffres et les lettres

Lettres hébraïques	Noms et transcriptions des lettres	Noms et transcriptions des lettres	Valeurs numériques
א	ALEF	'a	1
ב	BÈT	b	2
ג	GUIMEL	g	3
ד	DALÈT	d	4
ה	HÉ	h	5
ו	VAV	v	6
ז	ZAYIN	z	7
ח	ḤÈT	ḥ	8
ט	ṬÈT	ṭ	9
י	YOD	y	10
כ	KAF	k	20
ל	LAMED	l	30
מ	MÈM	m	40
נ	NOUN	n	50
ס	SAMÈKH	s	60
ע	'AYIN	'	70
פ	PÉ	p	80
צ	TSADÉ	ts	90
ק	QOF	q	100
ר	RÈSH	r	200
ש	SHIṆ	sh	300
ת	TAV	t	400

Il y a cinq lettres finales, auxquelles on confère parfois les valeurs suivantes :

— *kaf* final = 500;
— *mèm* final = 600;
— *noun* final = 700;
— *pé* final = 800;
— *tsadé* final = 900.

Exemple : le mot *Adam (aleph-dalèt-mèm)* a une valeur numérique égale à 45 (1 + 4 + 40); le mot *tardéma* (cf. Genèse 2, 21), qui signifie «somnolence», a une valeur numérique de 649 (400 + 200 + 4 + 40 + 5).

La valeur numérique d'un mot se nomme *Guématria* (vraisemblablement du grec *geômetrês*). La *Guématria* n'est pas un jeu «des chiffres et des lettres». C'est une méthode d'interprétation, une méthode d'ouverture. Il n'y a là ni futilité, ni contingence. Chose importante : «Le lecteur doit moins prêter attention à la dimension des nombres qu'aux mots que les équivalences numériques mettent en rapport et dont le rapprochement est toujours d'une grande portée philosophique. C'est de ce rapprochement que jaillit la pensée et c'est là un processus de réflexion et de contemplation[5].» La *Guématria* est une manière de s'ouvrir à autre chose : prétexte, tremplin, passage. Il ne suffit pas de poser l'équation, de mettre en évidence des égalités; le sens n'est pas dans le mot d'origine ni dans le mot d'arrivée, mais entre les deux, il est l'«inter-dit». La *Guématria* est un point de départ pour la pensée, elle n'est pas la pensée.

Pour prolonger l'exemple précédent, on peut montrer que le mot *tardéma* («somnolence») a la même valeur numérique que le mot *targoum*, qui signifie «traduction». Nous voyons bien dans cet exemple le rôle de la *Guématria* : elle ne constitue en aucun cas une démonstration. Elle est là pour donner à penser. Quel est le lien logique (ou illogique) entre la «somnolence» et la «traduction»[6]?

Par ailleurs, il existe un type de *Guématria*, appelé *Guématria quétana*, qui ramène toutes les lettres aux chiffres compris entre

5. S. Trigano, «Le livre au cœur de l'être», préface à A. Aboulafia, *L'Épître des sept voies*, Éd. de l'Éclat, 1985, p. 17.

6. Cf. plus haut, quatrième partie, chap. III.

1 et 10, en supprimant le ou les 0. Ainsi 20 = 2, 200 = 2, 80 = 8. etc.[7].

On peut évoquer de nombreuses interprétations de rêves, chez Freud par exemple[8], où intervient le rôle des chiffres et de leur correspondance avec les lettres. Cette méthode de lecture, très répandue en hébreu et qui existait aussi en grec, peut s'utiliser en français et en toute autre langue à partir du moment où est établie une table de correspondance entre les lettres et les chiffres.

b) Le bris des mots : le *Notariqone*

Le deuxième procédé que nous retiendrons est le *Notariqone* : cette méthode consiste à décomposer le mot en deux ou plusieurs parties. Le mot est coupé, fracturé, fragmenté, brisé, éclaté. Le mot devient phrase : « Son sens en profondeur se dessine au fil des rapports des lettres entre elles au sein du mot[9]. » Par exemple, le mot *Anokhi*, qui inaugure le Décalogue (Exode 20, 2), devient *Ana nafchi kétivat yahavit*. On passe ici du mot « Moi » à la phrase : « Je décline mon âme dans l'écriture »[10]. Autre exemple, le mot *beréchit* (Genèse 1, 1) coupé en deux donne *berit-ech* ; on passe ainsi du mot « [au] commencement » à l'expression « alliance de feu ».

c) Lecture anagrammatique

Un mot peut se dilater et exploser en phrase ; le mouvement inverse existe aussi. La méthode consiste ici à « lire », dans le sens étymologique de ce terme[11].

Le verbe « lire » avait, aux yeux des Anciens, la signification de

7. Nous avons exposé plus haut le sens de ce que nous appelons la *Guématria* interne ou différentialité interne. Cf. deuxième partie, chap. II, 3.

8. Cf. S. Freud, *L'Interprétation des rêves*, PUF, 1967.

9. S. Trigano, *Le Récit de la disparue*, *op. cit.*, p. 317.

10. Cf. plus haut, troisième partie, chap. IV.

11. Cf. par exemple M. Heidegger, *Essais et Conférences*, Gallimard, 1954, p. 252 ; cf. aussi J. Kristeva, *Sémiotiké*, Éd. du Seuil, coll. « Points », 1978, p. 120.

ramasser, cueillir, épier, reconnaître les traces, prendre, voler, glaner (c'est le sens que l'on retrouve dans *léquèt* et dans le *lèq* de *liqro*). Cette lecture ramasse, glane, de-ci, de-là, une lettre dans ce mot, une autre dans un autre mot, etc., et ainsi recompose un mot ou un nom. C'est le cas par exemple du nom de Moïse *(Moché)*, recomposé à partir des trois lettres *m-ch-h*, «récoltées» dans le cantique *Haazinou*[12] (Deutéronome 32).

Cette manière de lire est surtout connue par les expressions *raché tévot* et *sofé tévot*. C'est en fait la notion d'acrostiche[13], à la différence près qu'il ne s'agit pas ici de vers ou de strophes, mais de mots.

Les *raché tévot* signifient les «initiales» des mots que l'on prélève pour composer un autre mot. Par exemple : *«divré Éloquim hayyim»* («les paroles de Dieu vivant»). Les initiales prélevées donnent *Ehad*, c'est-à-dire l'«Un» *(aleph-hèt-dalèt)*.

Les *sofé tévot* signifient les «finales» que l'on prélève pour composer un nouveau mot. Par exemple *«Béréchit bara Éloquim* («Au commencement, Dieu créa»). Les finales forment le mot *emet*, c'est-à-dire «vérité» *(aleph-mèm-tav)*.

Cette lecture concerne soit des mots qui se suivent dans une même phrase, soit des mots disséminés dans le texte et même dans

12. Moïse est l'auteur du cantique *Haazinou*; son nom n'est pas mentionné explicitement. Il s'y trouve cependant en filigrane. Si l'on prend les premières lettres des versets 1, 2, 3, 4, la somme de leur valeur numérique est égale à 40, c'est-à-dire à *mèm*. La première lettre du verset 5 est *chin* et celle du verset 6 est un grand *Hé*, ce qui donne *Moché*. Le *Hé* est une lettre «anormale», qui, pour certains, constitue un mot entier. Car c'est à cette lettre que se terminerait le texte rédigé par Moïse. Cf. A. Heschel, *Tora min Hachamayim...*, New York, Sconcino, 1965, t. II, p. 398.

13. Selon la définition du *Robert* : «poème ou strophe où les initiales de chaque vers, lues dans le sens vertical, composent un nom (auteur, dédicataire) ou un mot clef». Nous prenons l'anagramme au sens saussurien : «des sons ou des lettres composant un nom propre se trouveraient disséminés dans l'ensemble du poème». Cf. O. Drucot et T. Todorov, *Dictionnaire encyclopédique des sciences du langage*, Éd. du Seuil, coll. «Points», 1972, p. 245.

plusieurs textes différents[14]. La « lecture-glanage », qui, d'une certaine manière, peut être dite « lecture-écriture », n'est pas une invention tardive du Midrach ou du Talmud. Elle trouve son origine dans le *hochène*, le « pectoral » du grand prêtre. En effet, selon un texte de l'Exode (39, 8 *sq.*), le grand prêtre portait une sorte de table carrée dans laquelle étaient enchâssées douze pierres précieuses sur lesquelles étaient gravés les noms des douze tribus d'Israël — cinquante lettres ; y figuraient aussi les noms des trois patriarches : Abraham, Isaac et Jacob — treize lettres — et l'expression *chivté Yéchouroun* (« tribus d'Israël ») — dix lettres. Ainsi toutes les lettres de l'*aleph-bèt* y figuraient. Lorsque le grand prêtre voulait connaître l'avenir, par exemple, la question était posée et le *hochène* répondait (sous certaines conditions). Les lettres « clignotaient » et le lecteur les combinait pour former le texte de la réponse[15].

Rabbi Nahman de Braslav a beaucoup insisté sur cette modalité de lecture. Il écrit :

> Même un homme simple, s'il prend le temps de lire, s'il regarde les lettres de la Tora, pourra voir de nouvelles choses, de nouveaux sens ; c'est-à-dire que, par un regard intensif sur les lettres, celles-ci commenceront à « faire de la lumière », à se mélanger, à se combiner (cf. *Yoma*, 73*b*), et il pourra voir de nouveaux arrangements de lettres, de nouveaux mots, et il pourra voir dans le livre des choses auxquelles l'auteur n'a pas du tout pensé. Et tout ceci est possible même pour l'homme simple, sans efforts... Mais il ne faut pas s'essayer volontairement à cette expérience, car il se peut que, précisément, il ne voie rien, bien que tout ceci concerne aussi l'homme simple[16].

14. Cf. traité *Taanit* du Talmud de Babylone, 2*b*, à propos du mot *mayim*, dont chaque lettre est à « cueillir » dans un verset différent.
15. Cf. Talmud, *Yoma* 73*a* et *b*.
16. Rabbi Nahman de Braslav, *Liqouté Moharan*, I, 281.

On en trouve un écho chez Kafka, dans un texte nommé «Trois maisons» et qu'on peut intituler aussi «Quand les lettres se mettent à danser» :

> Trois maisons se heurtaient et formaient une petite cour. Cette cour contenait encore deux ateliers installés dans les remises et un grand tas de petites caisses dressé dans un coin. Une nuit de tempête extrêmement violente — le vent chassait brutalement les trombes d'eau dans la cour par-dessus la plus basse des maisons —, un étudiant qui veillait encore dans une mansarde, penché sur ses livres, entendit distinctement un son plaintif venant de la cour. Il tressaillit et écouta, mais tout restait silencieux, indéfiniment silencieux. «C'est sans doute une erreur», se dit l'étudiant, et il se remit à lire. «Pas d'erreur», dirent les lettres au bout d'un instant en composant littéralement la phrase dans le livre. «Erreur», répéta-t-il et, les guidant de l'index, il vint en aide aux lignes qui commençaient à s'agiter[17].

d) Permutation et combinaisons : le *Tsérouf*

Une autre manière de lire consiste à permuter les lettres d'un même mot. Par exemple, le mot *rehèm*, la «matrice», donne par permutation le mot *mahar*, c'est-à-dire «demain»[18]; autre exemple, le mot *ani*, «je», donne en permutant *ayin*, c'est-à-dire «néant»[19]. Il faut aussi signaler l'existence de la lecture dite *At-Bach*, qui consiste à remplacer la première lettre de l'alphabet par la dernière, la seconde par l'avant-dernière, etc., ce qui représente encore une autre façon de trouver un mot dans un mot.

Toutes ces méthodes, on ne saurait l'oublier, ne sont que des outils pour la réflexion : il faut toujours aller au-delà.

17. F. Kafka, *Œuvres complètes*, Gallimard, coll. «Bibliothèque de la Pléiade», t. II : *Récits et fragments narratifs*, 1980, p. 389.
18. Sur cet exemple, S. Trigano, *Le Récit de la disparue*, *op. cit.*, p. 25 et *passim.*
19. Par exemple, A. Safran, *La Cabale*, *op. cit.*, p. 311 *sq.*

B) ***Les lettres dans la lettre***

Le travail d'interprétation va jusqu'à disséquer la partie la plus petite de la langue, à savoir la lettre. Les lettres vont éclater à leur tour et signifier par-delà elles-mêmes : par exemple, la lettre *aleph* se décompose en un *vav* et deux *yod*, et, par le jeu des valeurs numériques, nous pouvons passer de l'unité — *aleph* — au Tétragramme[20]. Autre exemple, la lettre *hé* se décomposera en un *dalèt* et un *yod* ou en un *dalèt* et un *vav*[21], ou encore la lettre *zayin* se cassera en un *vav* et un *yod*, etc. David Banon parle ici d'« hypogramme ». En fait, on peut montrer que toutes les lettres sont issues d'un *point* primordial qui se métamorphose selon un jeu de forces qui font de lui une *ligne*, puis un *plan*.

Nous faisons ainsi un pas supplémentaire dans l'art de la lecture, qui est d'abord un rapport visuel de la lecture.

Dans la lecture d'inspiration cabaliste et midrachique que nous mettons en œuvre dans la bibliothérapie, avant le jeu de mots, l'utilisation de la polysémie, de l'énergie sémantique, il y a la forme des lettres : une vision graphique, picturale de l'alphabet[22]. Qu'est-ce qu'une lettre de l'alphabet? C'est d'abord un signe qui désigne un certain son. En linguistique, on dirait un

20. *Aleph*, décomposé en *vav-youd-youd* = 26 = Tétragramme.
21. Voir le Maharal de Prague sur *Ménahot*, 29*b*.
22. Il faut insister sur cette expérience de la Révélation en terme de vision (cf. Exode 20, 15 : « Et tout le peuple voit les voix... »). L'alphabet se présente d'abord comme consonnes seulement visibles, sans sonorité; il faut ajouter les points-voyelles pour entendre quelque chose. Cette préséance du visible sur l'audible, d'une vision qui ne construit pas encore un sens, est marquée dans le Zohar par l'expression *ta-hazé*, « viens, vois », opposée à celle du Talmud, *ta-chema*, « viens, écoute », qui souligne l'entrée dans le sens. Dans la vision de la lettre, la forme ne fait pas encore sens, ou plutôt il y a une invitation à sortir du sens préexistant afin de rencontrer un degré zéro du sens, lieu essentiel d'une régénération et d'un dynamisme de la signification.

phonème. Un ensemble organisé de signes phonématiques constitue un mot, lequel a aussi son équivalent sonore global, sa prononciation.

La lettre est créée par l'homme en vue d'une certaine fin, celle de construire à l'aide d'autres lettres les mots du langage, lesquels servent à leur tour de véhicules à des significations idéales, telles que «chat», «porte», «cercle», etc. Mais il est possible de ne plus tenir aucun compte de cette finalité de la lettre, de ne plus l'envisager comme une lettre mais, au contraire, comme une simple forme, un certain graphisme composé de divers segments d'orientations variées. Lorsque la finalité langagière de la lettre disparaît, qu'elle est mise de côté, celle-ci n'est plus une lettre, elle devient une forme graphique.

Un événement décisif se produit alors. En présence de cette lettre qui vient d'être dessaisie de sa fonction de lettre, qui est celle d'appartenir au système du langage, le spectateur éprouve un sentiment nouveau, différent de celui qui était le sien devant la lettre ordinaire. L'émergence d'une forme inconnue, celle de la lettre sans doute, mais qui n'avait jamais été perçue dans sa pureté et dans son autonomie formelle, provoque de nouvelles émotions. Et cela est vrai aussi bien de la forme globale de la lettre que des segments linéaires qui la composent[23].

A ce niveau de lecture, il s'agit de reconstruire de nouveaux sens, de dévoiler de nouvelles tonalités qui échappent aux significations stéréotypées et affaiblies du monde quotidien. Il n'y a donc pas pour nous de grille préfabriquée des interprétations de formes graphiques. Ce qui signifie que les interprétations que l'on peut trouver chez tel ou tel cabaliste ou

23. Cf. M. Henry, *Voir l'invisible*, François Bourin, 1987, p. 61 *sq.*

que nous pouvons donner nous-mêmes ne sont que des interprétations qui ne prétendent à aucune validité universelle et absolue[24].

24. Pour le développement de ces notions, cf. M.-A. Ouaknin, *Concerto pour quatre consonnes sans voyelles, op. cit.*, p. 78 *sq.*, et *Tsimtsoum. Introduction à la méditation hébraïque*, Albin Michel, 1992.

Cinquième partie

Lecture, interprétation et thérapie

CHAPITRE PREMIER

Au cœur du livre

> Le philosophe parle de phénomènes et de noumènes. Pourquoi ne donnerait-il pas son attention à l'être du livre ou bibliomène ?
>
> Gaston Bachelard, *L'Activité rationaliste.*

Pour mieux comprendre comment fonctionnent l'acte de lecture et ses effets — ce que nous appellerons la « performativité bibliothérapeutique » —, nous devons opérer au préalable un retour au livre lui-même.

Qu'est-ce qu'un livre ? L'étymologie grecque nous renvoie à *biblion* et *biblos*, nous expliquant que *biblos* signifie d'abord « écorce intérieure » ou « moelle du papyrus », d'où « écorce » en général et, par dérivation, « papier à écrire », « tablette à écrire », « livre », « écrit ». C'est donc la matérialité du support qui donne son nom au livre, matériau sur lequel on peut inscrire des signes qui font trace, mémoire et sens.

Pour certains historiens, le nom *Biblos* est celui d'une ville (qui se situait dans le Liban actuel) et qui était spécialisée dans la culture du papyrus, dont l'écorce intérieure servait de support d'écriture. Le papyrus est une plante qui pousse traditionnellement sur les bords du Nil. La tige servait à fabriquer des objets de vannerie et des feuilles pour écrire. On la découpait en bandes, que l'on collait pour écrire. Ainsi «papyrus» a donné le mot «papier»...

L'étymologie latine est moins connue, mais procède du même mouvement. Le «livre» se dit *liber*, dont la définition est la suivante : «Mot de botanique. Tissu végétal constitué de vaisseaux (tubes criblés), généralement accompagnés de parenchymes et par lequel circule la sève élaborée. Le liber est la partie profonde de l'écorce constituant l'aubier. Les couches du liber du tilleul servaient pour écrire[1].» Mais le liber de l'arbre ne s'appelle-t-il pas ainsi parce qu'on en faisait des livres?

Laissons-nous aller à proposer une étymologie plus fantaisiste mais plus séduisante. Le mot «livre» vient bien de *liber*, ce mot latin qui veut dire «libre». Liberté et libération par le livre!

Revenons au *biblion* grec. Les traducteurs grecs de rouleaux très anciens écrits en hébreu utilisèrent, pour nommer ces rouleaux, l'expression *ta biblia*, «les livres», d'où, par l'intermédiaire du latin *Biblia*, a été tiré le féminin singulier «Bible». La Bible hébraïque se compose de trois parties, le Pentateuque ou les «cinq livres de Moïse», les Prophètes et les Écrits. En hébreu, *Tora, Neviim, Ketouvim*, d'où le sigle *TaNaKH* pour désigner la Bible hébraïque.

La Bible chrétienne contient en plus certains livres considérés comme apocryphes pour le judaïsme, ainsi que le Nouveau Testament.

La structure «compte» aussi!

Concentrons notre attention sur le premier ensemble de la Bible — le Pentateuque ou les cinq livres de Moïse : la Genèse, l'Exode, le Lévitique, les Nombres, le Deutéronome[2].

1. *Petit Robert*, p. 1090.
2. Dans sa traduction de la Bible, A. Chouraqui a restitué en français la nomination hébraïque de ces livres.

Les noms donnés en français sont dérivés du grec et désignent le thème général de chacun des livres. En hébreu, le nom donné au livre tout entier est le premier ou un des premiers mots clefs de chaque livre. Nous avons ainsi *Beréchit* («Au commencement»), *Chémot* («Les noms»), *Vayiqra* («Il appela»), *Bamidbar* («Dans le désert») et *Devarim* («Les paroles»)[3].

Après la clôture du canon biblique vers le VIe siècle avant l'ère chrétienne, après les derniers prophètes ou les derniers «inspirés» apparurent les premiers maîtres, les premiers interprètes du texte biblique. Ils reçurent le nom de *Sopherim*, terme qui veut dire «Scribes», de la racine *sépher*, «livre» : les «hommes du livre». En fait, cette appellation a une autre origine. La première tâche à laquelle se soient attelés ces maîtres a été de *compter* le nombre exact de lettres que contenait chacun des livres. En hébreu, le verbe «compter» se dit *lisepor* et les «compteurs» *sopherim*. On peut dire que les *Sopherim* firent une analyse structurale avant la lettre, avant même de faire une analyse sémantique.

La structure est en soi signifiante. Les rouleaux de la Tora jusqu'à aujourd'hui sont écrits sur du parchemin, à la main, avec un roseau taillé ou une plume d'oie. Un seul défaut dans la forme même invalide la lecture publique et liturgique. S'il manque une lettre, ou s'il y a une lettre ou un signe graphique en trop, ou si les espaces de séparation (ouverts ou fermés) ne sont pas respectés, le livre est dit *passoul*, «inapte» à la lecture[4].

Rappelons une chose essentielle : les textes hébraïques ne comportent que des consonnes. C'est une langue purement consonantique au niveau de l'écriture. Ni voyelles, ni ponctuation : seuls «comptent» les espaces de séparation entre les chapitres et les espaces un peu plus grands entre les livres.

3. Pour désigner les cinq livres, l'hébreu utilise aussi l'expression *Houmach*, de la racine *hamèch* («cinq»).

4. Sur ce sujet, cf. M.-A. Ouaknin, *Le Livre brûlé, op. cit.*, p. 194 *sq.*

Les résultats de l'enquête des *Sopherim* furent les suivants. Ils dénombrèrent :

— 669 paragraphes ;
— 5 854 versets ;
— 79 976 mots ;
— 304 805 lettres consonnes[5].

Tentons un voyage au « cœur du livre » ! La structure va nous y aider. Le nombre de mots étant pair, le cœur du livre est l'espace vide qui sépare les deux mots au milieu du livre, soit 39 988 mots de chaque côté. Le milieu du livre se trouve alors au chapitre 10, verset 16 du Lévitique, un verset qui dans sa traduction française semble parfaitement anodin. Le contexte concerne la mort des deux fils d'Aaron, le grand prêtre, le frère de Moïse. Sont énoncées dans ce texte les prescriptions aux prêtres de manger les sacrifices dans un lieu saint, car les sacrifices sont appelés « choses saintes ». Le verset 16 dit : « Quant au bouc expiatoire, Moïse fit des recherches à son sujet et voici qu'il avait été brûlé[6]... »

La traduction passe complètement à côté de l'information que donne la structure du texte en hébreu : *« Veét séir hahatat daroch darach Moché. »* Mot à mot : « Et le bouc expiatoire cherché il a cherché Moïse. » Le mot *darach* est répété deux fois : *daroch darach*, « cherché il a cherché ». C'est entre ces deux mots identiques que se situe précisément le milieu de la Tora : 39988ᵉ mot : *daroch/(milieu)/darach* : 39989ᵉ mot.

5. Ces chiffres sont donnés dans la majorité des éditions hébraïques. Il semble que le « comptage » soit une pratique assez répandue à certaines époques de l'Antiquité. Diogène Laërce, par exemple, présentant l'œuvre d'Aristote, dit qu'elle contient 445 270 lignes.

6. Cf. la Bible, E. Dhorme (trad.), Gallimard, coll. « Bibliothèque de la Pléiade », t. I, p. 318.

Enseignement d'une importance capitale : le « cœur du livre » est un vide séparant deux mots identiques qui signifient précisément : « interprétation ». Le mot *darach* — racine *dalèt-rèch-chin* —, signifie « interpréter » et a donné le mot *Midrach*, qui désigne les divers recueils des interprétations rabbiniques de la Bible.

La répétition du verbe « interpréter » constitue le cœur du livre. Cela vient dire avec force que l'herméneutique — l'interprétation et l'exégèse — ne vient pas après le livre, ne vient pas en second comme une possibilité aléatoire, mais fait partie du livre lui-même. Elle est inhérente à la structure même du livre. C'est-à-dire aussi que le texte contient la possibilité même de cette herméneutique.

CHAPITRE II

L'homme est condamné à interpréter :

De l'herméneutique historiciste à l'herméneutique existentielle

Le précédent chapitre nous a fait découvrir la *dimension herméneutique* du livre. Il n'existe pas de livre sans une « bouche » pour le lire ; il n'existe pas de livre sans interprétation.

Mais qu'est-ce qu'une interprétation ? Que signifie « interpréter »[1] ? Pour bien comprendre les enjeux de notre réflexion, il est nécessaire de la situer dans un horizon historique plus général.

Disons tout d'abord que notre approche de l'herméneutique désire éviter et combattre une dérive de la philosophie et de la culture contemporaines que l'on rencontre sous la forme d'un fétichisme langagier sévissant dans une certaine tradition de la philosophie analytique, pour laquelle le langage effectif, propositionnel et descriptif, tacitement assimilé au langage théorique de la science, épuise l'ensemble de ce qui se laisse dire, et de ce qui est. Cette tentation, séduction, fascination scientifique ou plutôt scientiste du langage et de toutes les expressions par lesquelles se dit le monde mathématise un texte et son auteur et transforme

1. Sur l'histoire de l'herméneutique et l'analyse du sens de ce mot, on se reportera à l'étude de J. Grondin, *L'Universalité herméneutique*, PUF, 1993.

le lecteur des textes et des événements du monde en un programme de décodage de signes préalablement compris et compréhensibles.

Il y a là un véritable assassinat de la dimension poétique de l'existence, de la «subjectivité consciente discrète» qui voudrait dire à mi-voix; meurtre aussi de l'inconscient qui s'énonce dans le «pouvoir dire» des mots autant que dans leur «vouloir dire». En un mot, nous assistons là à un meurtre de la transcendance et tout simplement de l'humain!

Il y a des formes moins excessives de rapport aux textes, où il existe encore une conscience, celle de l'auteur, que le lecteur a justement pour mission de retrouver. Mais là encore la lecture est objective et le lecteur n'est qu'un savant qui sait découvrir la vérité d'un texte ou d'un événement.

On peut, de manière schématique — mais juste —, distinguer deux approches du monde et des textes en général : l'approche historique et l'approche existentielle.

1. L'approche historique des textes

La méthode historique considère le passé comme appartenant résolument à l'Histoire. Le passé ne devient intelligible qu'après médiation savante et critique de l'historien. Dans cette instance, les textes acquièrent une dimension mythique et sont considérés comme un «tissu mythogène de survivance» que le savant essaie de déchiffrer. Il essaie de trouver, de reconstituer, de comprendre la vie d'une époque, la langue, le vêtement, l'habitat, la musique et la philosophie.

Malgré cette volonté et cet effort de vouloir connaître les textes et les traditions, l'historien garde ses distances : en d'autres termes, il fait en sorte que le passé reste le passé et le présent le présent. La méthode historique consiste à objectiver la tradition et à éliminer méthodologiquement toute influence que pourrait exercer sur la compréhension le présent dans lequel vit l'historien. Pour l'historien, le secret d'un texte passe tout d'abord par l'effacement de ses préjugés, de sa sensibilité et d'un ensemble de précompréhensions qui viendraient fausser la réalité objective de l'objet étudié. L'interprète-historien aborde son sujet d'étude avec une règle bien précise : « Seul comprend celui qui sait se tenir hors du jeu. »

A qui s'adressent les textes de la tradition? Pour l'historien, la réponse à cette question est très simple : à tous, sauf à lui-même. Suivant cette façon dont s'interprète la méthodologie des sciences humaines, on peut dire que l'interprète imagine un destinataire pour tout texte, que celui-ci soit expressément désigné par le texte ou non. Le destinataire est dans tous les cas le lecteur premier avec lequel l'interprète se garde de se confondre. Il est impossible pour l'historien de se concevoir lui-même comme le destinataire du texte, de se soumettre à l'exigence du texte.

L'historien travaille à partir des hypothèses suivantes : il faut se transporter dans l'esprit de l'époque, penser selon ses concepts, selon ses représentations, et non selon sa propre époque, pour atteindre de cette façon l'objectivité historique. Tout cela revient à dire que la distance temporelle est un obstacle à la compréhension : compréhension objective. Ou bien, paradoxe, cette distance temporelle est ce qui justement rend possible la situation historique de l'interprétation. La connaissance objective ne pourrait être atteinte que sur la base d'une certaine distance historique. Cependant, même si cette mise à distance de l'objet conditionne une certaine objectivité et une certaine positivité de la recherche, apparaît aussitôt tout l'aspect négatif de la méthode historique, reposant en fait sur l'hypothèse tacite qui énoncerait : une chose ne devient connaissable objectivement, dans sa signification durable, que si elle appartient à un contexte bien délimité. En d'autres termes, lorsqu'elle est assez morte pour ne plus présenter qu'un intérêt historique[2]...

2. La lecture existentielle des textes et du monde

Contrairement à l'approche historique, dont le projet inaugural est de fonder l'objectivité de ses recherches sur la mise entre parenthèses de tous les préjugés du lecteur-chercheur, l'approche existentielle pose que toute compréhension s'effectue sous la coupe d'une motivation, de préconceptions, en un mot « sous une visée préalable du sens[3] ».

Le simple fait de lire tel livre plutôt que tel autre, tel chapitre, tel commentaire, etc., dépend de notre historicité, de notre manière d'être dans une tradition de sens et de vie :

> Les préjugés ou la compréhension agissent en effet comme des conditions quasi transcendantales du comprendre. Avant d'en être une limite, notre historicité opère comme un principe de la compréhension. Nous comprenons et recherchons la vérité parce que nous nous laissons guider par des attentes et des sens et du fait de notre appartenance à une tradition[4]...

2. Concernant toutes ces réflexions, nous suivons l'exposé magistral de H. G. Gadamer, *Vérité et Méthode*, Éd. du Seuil, 1976. Voir aussi P. Ricœur, *Du texte à l'action*, *op. cit.*

3. Cf. H. G. Gadamer, *L'Art de comprendre*, Aubier, 1982, p. 71 *sq.*

4. Cf. J. Grondin, *L'Universalité herméneutique*, *op. cit.*, p. 167.

Gadamer a bien montré que « c'était une autre illusion de l'historicisme que de vouloir liquider la totalité des préjugés au profit de méthodes certaines promettant de garantir un semblant d'objectivité en sciences humaines[5] ». Suivant l'analyse célèbre de Gadamer, « l'attitude négative à l'endroit des pré-jugés n'est elle-même qu'un préjugé des Lumières qui a induit les méthodologies du XIXe à croire que l'objectivité ne se laisse obtenir qu'à la faveur d'une mise entre parenthèses de la subjectivité et de son enracinement dans un contexte déterminé de compréhension[6] ».

La tâche première de l'herméneutique existentielle n'est donc plus d'éliminer les préjugés, car il y en a de féconds, mais de les reconnaître et de les développer pour ce qu'ils sont, à savoir des leviers de compréhension. Bien évidemment, cette réhabilitation des préjugés n'a pas pour but de légitimer tous les préjugés qui circulent — ce serait sanctionner l'arbitraire.

Il s'agit de soumettre nos préconceptions à un test critique. Non pas pour supprimer l'ordre du préjugé, indépassable tant que la compréhension est le fait d'êtres finis, mais pour permettre aux préjugés les plus féconds de se faire valoir :

> Une conscience formée à l'école de l'herméneutique doit donc être ouverte dès l'abord à l'altérité du texte. Mais une telle réceptivité ne présuppose ni une « neutralité » quant au fond, ni surtout l'effacement de soi-même, mais inclut une *appropriation* qui fasse ressortir les préconceptions du lecteur et les préjugés personnels. Il s'agit de se rendre compte de ses propres préventions, afin *que le texte lui-même se présente dans sa propre altérité* et acquière ainsi la possibilité de mettre en jeu sa vérité quant au fond, face aux préconceptions du lecteur[7].

5. *Ibid.*
6. *Ibid.*
7. H. G. Gadamer, *Vérité et Méthode*, *op. cit.*, p. 107. C'est nous qui soulignons.

Nous avons ici une citation clef de Gadamer car il apparaît clairement que l'acte herméneutique est un véritable dialogue, où sont engagés deux partenaires, deux paroles d'égale importance en droit : celle du texte et celle des lecteurs. En considérant l'acte de lecture comme un dialogue, on refuse le non-lieu et l'auto-effacement *(Selbstauslöschung)* dont rêvait l'historicisme.

La lecture, c'est aussi et d'abord la conscience subjective d'un lecteur. Finie la naïveté positiviste, objectiviste, qui consistait à nier l'efficace du préjugé, comme si les choses pouvaient parler elles-mêmes sans aucune espèce d'intrusion subjective! Les choses et les textes ne peuvent parler qu'à travers nos propres projets d'intelligibilité. Seule notre parole leur permet de parler.

Cependant, la lecture comme dialogue implique aussi que le texte a quelque chose à dire qui lui est propre et qui résiste à la pure subjectivité du lecteur. Car si le texte n'avait pas cette force, il ne serait qu'un simple miroir permettant la projection du lecteur. Il y aurait alors une interchangeabilité de tous les textes, c'est-à-dire en fin de compte leur inexistence. La structure dialogique de la lecture offre au lecteur une position intermédiaire entre l'auto-effacement de l'interprète, postulée par le positivisme, et le perspectivisme généralisé de Nietzsche, par exemple.

Notons qu'il n'existe pas de critère unique et universel qui distinguerait les préconceptions «vraies» des préconceptions «fausses», qui entraînent une compréhension «fausse». La question proprement critique de l'herméneutique reste irrésolue. Nous sommes ici dans une logique autre que celle du vrai et du faux. Une compréhension est toujours de l'ordre du possible et du «peut-être». Elle peut être *correcte* ou *juste*, mais jamais vraie ou fausse.

Au niveau communautaire, une interprétation sera souvent le

fruit d'un consensus commun. Le résultat de cette acceptation communautaire ne doit jamais s'imposer comme *dogme* mais seulement se proposer comme *norme*.

En ce qui nous concerne, les limites de l'herméneutique sont éthiques. Aucune interprétation n'est recevable si elle est porteuse de violence et de volonté destructrice à l'égard d'autrui. C'est d'abord en cela que l'herméneutique est existentielle, potentialité et accroissement d'existence et de vie.

CHAPITRE III

La coopération textuelle

L'herméneutique est inhérente à la structure même du livre, c'est-à-dire que le texte contient la possibilité même de l'herméneutique.

1. La différence herméneutique : le « vouloir dire » et le « pouvoir dire »

On peut dire qu'un livre est un livre s'il est le lieu, en puissance, d'une « différence herméneutique », c'est-à-dire, selon une belle formule de Lévinas, que le « pouvoir dire » du texte dépasse son « vouloir dire ».

Le livre ne se définit pas par son thème mais par sa structure : « Structure du Livre des livres en tant qu'admettant l'exégèse, ayant le privilège de contenir plus qu'il ne contient[1]. » Qu'est-ce qui fait qu'un livre s'instaure comme Livre des livres ? Comment un texte, un récit, un roman, un conte entrent-ils en littérature, deviennent-ils une œuvre ? Pourquoi et comment un livre se fait-il Bible[2] ?

1. E. Lévinas, *L'Au-Delà du verset*, *op. cit.*, p. 135.
2. *Ibid.*, p. 137.

On peut dire qu'un livre est digne de ce nom si «son "pouvoir dire" dépasse son "vouloir dire"», s'«il contient plus qu'il ne contient», si «un surplus de sens, peut-être inépuisable, reste enfermé dans les structures syntaxiques de la phrase, dans ses groupes de mots, dans ses vocables, phonèmes et lettres, dans toute cette matérialité du dire, virtuellement toujours signifiant»[3]. Dans le livre, «le sens immobilisé dans les caractères déchire déjà la texture qui le tient». Dans les propositions du Livre «retentit parmi nous une voix autre, une sonorité seconde, couvrant et déchirant la première»[4]. Transcendance du sens, ouverture vers l'infini.

L'herméneutique est une puissance au cœur du livre, mais il faut un lecteur qui puisse venir délivrer, par la lecture et l'interprétation, les sens «en attente de devenir vocable[5]». Ainsi le lecteur n'est pas étranger au livre, mais son «être au livre» fait partie de l'«être du livre». Cette présence intrinsèque du lecteur appartient à une «esthétique de la réception», selon la formule de Jauss[6].

Sans entrer dans la question de l'impact de la lecture sur le lecteur, on peut dire que le lecteur est responsable du texte lui-même. Le lecteur entre dans une dialectique de la question/réponse, où il répond (responsabilité) à la question, aux multiples questions du texte.

3. *Ibid.*, p. 135.
4. *Ibid.*
5. E. Jabès, *Du désert au livre*, entretiens avec M. Cohen, Belfond, 1981.
6. H. R. Jauss, *Pour une esthétique de la réception*, Gallimard, 1978.

2. La coopération textuelle et narrative

Il y a une activité de «coopération textuelle[7]», où le lecteur n'est pas la «voix haute» transposant l'«écrit silencieux», mais une réelle production. «Il s'agit alors de bien autre chose que de se figurer l'œuvre; il reste à lui donner forme[8]». «Un texte se distingue d'autres types d'expression par sa plus grande complexité. Et la raison essentielle de cette complexité, c'est qu'il est un tissu de non-dit[9].» Le lecteur est inhérent à l'«être du livre», c'est-à-dire que «le texte postule la coopération du lecteur comme condition d'actualisation[10]». Ainsi «un texte est un produit dont le sort interprétatif doit faire partie de son propre mécanisme génératif[11]».

De fait, l'écriture d'un texte doit prévoir un ensemble de stratégies qui permettront aux lecteurs d'intervenir, d'entrer dans cette activité coopérative. L'ensemble des règles d'interprétation que propose la bibliothérapie, par exemple, sont des règles d'intervention, de coopération textuelle, qui permettent au lecteur d'engendrer d'autres livres, à l'infini. Tout livre est en puissance une vaste bibliothèque. Le lecteur n'entre pas dans un texte déjà façonné avant lui, dont les sens sont figés et qu'il ne ferait que parcourir passivement, les significations venant à lui sûrement, sans ambiguïté. Non : la lecture est toujours singulière, créatrice de sens multiples — lecture plurielle.

Ainsi une lecture est-elle une *coproduction entre l'auteur et le lec-*

7. U. Eco, *Lector in fabula*, Grasset, 1985, p. 9.
8. P. Ricœur, *TR III*. p. 307.
9. U. Eco, *Lector in fabula*, *op. cit.*, p. 65.
10. *Ibid.*, p. 38.
11. *Ibid.*

teur. Pour la bibliothérapie, l'hypothèse de base est qu'un texte met toujours en jeu une plurivocité de significations. Précisons aussi que par «coopération textuelle» on ne doit pas entendre l'actualisation des intentions de l'auteur (ce qui était le projet de l'herméneutique romantique), mais les possibilités de sens virtuellement contenus par l'énoncé du texte[12], par son «altérité propre».

3. Le lecteur modèle existe-t-il?

Selon Umberto Eco, le texte et son auteur prévoient toujours un «lecteur modèle», capable de «coopérer à l'actualisation textuelle de la façon dont lui, l'auteur, le pensait, et capable aussi d'agir interprétativement comme lui avait agi générativement[13]». De ce fait, «un auteur doit, pour organiser sa stratégie textuelle, se référer à une série de compétences qui confèrent un contenu aux expressions qu'il emploie. Il doit assumer que l'ensemble des compétences auquel il se réfère est le même que celui auquel se réfère son lecteur».

Cette dernière remarque est importante. Elle présuppose un horizon commun de sens entre l'auteur et le lecteur. Il semble cependant que cette approche reste liée à l'attitude historiciste que nous avons décrite précédemment.

Pour nous, il n'existe pas de lecteur modèle. Un texte dépasse toujours les intentions de son auteur et sa richesse est plus grande que l'ensemble des stratégies textuelles que l'auteur peut y mettre.

12. *Ibid.*, p. 81.
13. *Ibid.*, p. 71.

Les intentions de l'auteur et du texte cessent de coïncider. La carrière du texte échappe à l'horizon fini vécu par son auteur. Ce que dit le texte importe davantage que ce que l'auteur a voulu dire. Un texte est en même temps la rupture des amarres avec la psychologie de son auteur.

4. Le mystère des quatre-vingt-cinq lettres

A propos de cette dialectique du livre et du lecteur, le Talmud[14] offre une approche intéressante et originale.

Prenant prétexte de la situation imaginaire d'un incendie qui se déclarerait le jour du *chabbat* et sachant que dans la juridiction talmudique on ne peut éteindre le feu[15] en ce jour qu'en cas de danger pour la vie humaine, le Talmud se demande quels sont les objets qu'il faut essayer de sauver des flammes sans éteindre l'incendie.

Mise en scène typiquement talmudique de cas. Limite pour explorer les possibilités ultimes du réel... Avec ce qui pourra sembler beaucoup d'humour, le Talmud répond qu'il faut sauver de l'incendie de quoi se nourrir pendant les repas chabbatiques. On sauvera aussi les livres saints, les bibles... Le Talmud profite de cette réponse pour demander : « Mais, au fait, qu'est-ce qu'un livre saint ? » Et, tout simplement : « Qu'est-ce qu'un livre ? »

La réponse à cette dernière question est tout à faire surprenante. En référence aux versets 35 et 36 du chapitre 10 du livre

14. A propos du Talmud, cf. la première partie du *Livre brûlé*, *op. cit.*
15. Éteindre le feu fait partie des trente-neuf travaux fondamentaux interdits du chabbat. Cf. Talmud, *Chabbat*, VII.

des Nombres, qui constituent à eux seuls un livre de la Tora à part entière, selon l'enseignement de Rabbi[16], on conclut que «tout livre qui a la structure de ce plus petit de tous les livres est un livre».

Fidèles à l'enseignement des *Sopherim*-compteurs, les maîtres du Talmud définissent la structure de ce «livre-étalon» par le nombre de ses lettres : elles sont au nombre de quatre-vingt-cinq. Ainsi «tout livre qui possède au moins quatre-vingt-cinq lettres est un livre [et donc on le sauve de l'incendie]. S'il ne possède que quatre-vingt-quatre lettres, ce n'est déjà plus un livre[17]».

Voilà un texte qui ne peut nous laisser indifférents. Par son étrangeté, il est une question posée au lecteur, qui, dans le cas présent, aura plus de chances de trouver une interprétation s'il est un lecteur modèle. Il est étonnant cependant que rares soient les commentateurs qui se sont penchés sur ce nombre 85. Il est extraordinaire qu'un livre, que le Livre, y soit défini non par son contenu sémantique, mais par son architecture littérale. Soit l'évidence, soit une trop grande simplicité est à l'origine de ce «laisser pour compte» (c'est le cas de le dire) de la part des commentateurs.

85! Ce nombre, comme tout nombre apparaissant dans un texte de la Tora ou du Talmud, dit *darchéni* : «Interprète-moi!» Nous aurons recours ici à la *Guématria*, règle d'herméneutique talmudique qui pose un lien entre les chiffres et les lettres. Les

16. Les versets 35 et 36 du chap. 10 du livre des Nombres sont entourés par deux lettres *noun* inversées. Quelle est la raison de ces signes «exotiques»? Pour Rabbi, ils viennent signifier que ces deux versets constituent un livre biblique. Dès lors, il n'y a plus cinq livres de Moïse mais sept, le livre des Nombres ayant éclaté en trois livres : Nombres I jusqu'au premier signe; Nombres II entre les deux signes; Nombres III après le deuxième signe. *Heptateuque* et non plus *Pentateuque*, ce qui éclaire le verset des Proverbes : «La sagesse a construit sa maison, elle a taillé ses piliers au nombre de sept. Cf. le développement de cette idée in *Le Livre brûlé, op. cit.*, chap. «Qu'est-ce qu'un livre?», p. 163 *sq.*

17. Talmud, *Chabbat*, 115 *sq.*

deux lettres qui écrivent le nombre 85 sont *pé* et *hé* (80 et 5), qui se lisent *pé*, c'est-à-dire « bouche ».

Le livre est Livre s'il possède quatre-vingt-cinq lettres, c'est-à-dire s'il est « bouche » : lieu de la parole. Dans la structure même qui le dit, le Livre — l'écriture — est déjà oralité[18]. Le Livre a/est une « bouche ». Le Livre parle et donc nous fait parler.

Le livre, c'est donc le rapport au Livre : le rapport de l'homme et du Livre. Le Livre n'est ni le livre proprement dit, ni le texte, ni l'homme — lecteur-du-Livre ; il est le rapport de l'un à l'autre, de l'un pour l'autre. Ce rapport s'instaure dans la *Tora chébéal pé* : Loi orale. La structure du Livre, le fait de contenir plus qu'il ne peut, rend possible un rapport au Livre — lecture et interprétation — qui « vient libérer dans les signes de l'écrit une signifiance ensorcelée qui couve sous les caractères ou qui se love dans toute cette littérature des lettres[19] ».

5. Interpréter n'est pas répétition mais invention — parole parlante et parole parlée : le *hidouch*

Dire « le Livre est une bouche » implique une relation intime et réciproque entre l'écrit et la bouche. Le livre est Livre s'il est l'origine de l'ouverture de la bouche, s'il est créateur, générateur de parole. Une bouche ne parle, la parole ne parle que si elles sont créatrices de sens. La création de sens se dit en hébreu *hidouch*.

18. C'est le fondement épistémologique de toute la pensée juive : la Loi écrite *(Tora chébikhtav)* ne peut prendre son sens qu'à partir de l'interprétation de la Loi orale *(Tora chébéal pé)*; le Livre est défini par le texte plus son interprétation : c'est le Talmud.

19. E. Lévinas, *L'Au-Delà du verset*, *op. cit.*, p. 135.

La parole que doit prononcer la « bouche du Livre » est nécessairement un *hidouch*, une « parole parlante[20] » ou, selon une formule de Ricœur, une « innovation sémantique ». Comme le dit très bien Merleau-Ponty :

> On pourrait distinguer une *parole parlante* et une *parole parlée* ; la première est celle dans laquelle l'intention significative se trouve à l'état naissant. Ici, l'existence se polarise dans un certain « sens » qui ne peut être défini par aucun objectif naturel, c'est au-delà de l'être qu'elle cherche à se rejoindre et c'est pourquoi elle crée la parole comme appui empirique de son propre non-être. La parole est l'excès de notre existence sur l'être naturel. Mais l'acte d'expression constitue un monde linguistique et un monde culturel. Il fait retomber à l'être ce qui tendait au-delà. De là la parole parlée, qui jouit des significations disponibles comme d'une fortune acquise[21].

L'interprétation ne peut donc pas être répétition. La création du sens est une création-production de temps. Nous pourrions ici être amenés à définir un nouveau temps, qui n'est pas le temps mesurable de « la montre ou du calendrier », mais celui de la créativité de l'interprétation. On peut parler de « temps du *hidouch* » ou de « temps talmudique ». Il faut penser alors que ce n'est pas le changement qui est produit par le temps, mais le temps par le changement et le temps par la parole du *hidouch* ; « le temps du *hidouch* » est le fondement de l'Histoire, du monde et de l'être. C'est un « temps herméneutique ». C'est un temps qui « ajoute du nouveau à l'être, de l'absolument nouveau[22] ».

20. Nous reprenons ici la distinction entre « parole parlante » et « parole parlée » qu'a proposée M. Merleau-Ponty. Cf. *Phénoménologie de la perception*, *op. cit.*, p. 226 *sq.*
21. *Ibid.*, p. 229.
22. E. Lévinas, *Totalité et Infini*, *op. cit.*, p. 260.

CHAPITRE IV

L'imagination créatrice de la lecture

Liberté d'imaginer, pour imaginer la liberté

Que se passe-t-il quand un livre a rendez-vous avec son lecteur ? C'est sans doute le début d'une belle histoire d'amour. Chacun va offrir à l'autre ce qu'il a de plus profond, de plus précieux. Chacun va recevoir de l'autre un merveilleux cadeau : la vie. La bibliothérapie est fondée sur une pratique de la lecture qui permet à l'homme d'aller au plus profond de lui-même et de s'inventer à chaque fois de manière différente.

Chaque être humain est une personne unique et irremplaçable, d'où la responsabilité de chacun d'avoir à répondre à la vocation de son unicité. Cependant, l'unicité irremplaçable de chacun ne signifie pas la coïncidence d'un Soi dans l'identité atemporelle d'un Moi. L'homme se construit, se produit dans le temps. Non seulement chaque homme est à chaque fois un autre homme, une autre vie, une autre expérience non emprisonnable dans un concept totalisant, mais chaque homme pour lui-même n'*est* pas mais *devient*. Cela signifie que chaque être humain se doit d'exister comme émergence de figures nouvelles, autres, du pensable et de l'agir.

L'homme existe de sa capacité de «pouvoir être autrement»; dans une altération-altérité incessante qui construit le temps lui-même. Un être humain qui n'est pas capable d'engendrer de nouvelles formes d'existence signe son propre état d'arrestation.

« Vivre, c'est naître à chaque instant », selon Erich Fromm. L'homme comme créature implique création et créativité. Par l'événement de sa mise au monde, l'homme est liberté, portant en lui la promesse d'un « avoir à être ».

Mais comment l'homme peut-il entrer dans cette connaissance de soi et dans cette dynamisation incessante de l'être ?

> Contrairement à la tradition du *cogito* et à la prétention du sujet de se connaître lui-même par intuition immédiate, il faut dire que nous ne comprenons que par le grand détour des signes de l'humanité déposés dans les œuvres de culture. Que saurions-nous de l'amour et de la haine, des sentiments éthiques et, en général, de ce que nous appelons le Soi, si cela n'avait pas été porté au langage par la littérature[1] ?

La bibliothérapie est d'abord une philosophie existentielle et une philosophie du livre, qui souligne que l'homme n'est pas seulement un *« zôon logon échôn »*, un « animal doué de langage », selon la formule d'Aristote, mais aussi un être doué d'un rapport au livre.

Être-pour-le-livre est une des modalités fondamentales de l'homme, de sorte qu'une définition essentielle de l'homme doit inclure ce rapport au livre, à l'écriture. Il faut élever le livre et le rapport au livre au rang des catégories philosophiques, « au rang d'une modalité aussi déterminante pour la condition — ou incondition — de l'humain et aussi essentielle et irréductible que le langage lui-même, ou la pensée, ou l'activité technique »[2]. Le rapport au livre, « la lecture, n'est pas que l'une des péripéties de la circulation des informations et le livre n'est pas qu'une chose

1. P. Ricœur, *Du texte à l'action*, *op. cit.*, p. 116.
2. E. Lévinas, *L'Au-Delà du verset*, *op. cit.*, p. 9.

parmi les choses[3] ». Comme le dit admirablement Gaston Bachelard dans des phrases que nous avons déjà citées : « Le philosophe parle de phénomènes et de noumènes. Pourquoi ne donnerait-il pas son attention à l'être du livre ou bibliomène[4] ? »

Par le livre, dans la lecture et l'interprétation se produit une dynamique du sens corollaire d'une dynamique de l'être. Par la lecture et l'interprétation, le « devenir texte » est aussi un « devenir homme ». La lecture en tant qu'interprétation ne vient pas répéter le sens mais le mettre en mouvement. Il n'y a donc pas de possibilité d'emprise radicale ; la *main* ne doit pas se refermer sur le livre pour en faire un *manuel*[5]. Le temps de la lecture-interprétation n'est pas celui de la présence et de la transparence de soi à soi, le temps narratif n'est jamais le *main-tenant* mortifère qui annulerait le devenir.

Le « rapport au livre » n'est donc pas une « textolâtrie », et surtout pas une bibliophilie. Car « la bibliophilie n'est-elle pas en soi qu'une métonymie morbide, un marchandage autour du contenant momifié pour mieux censurer l'actualité vivifiante du contenu[6] » ?

Le livre, c'est la rencontre entre l'homme et le livre, rencontre entre le sens et le Soi, dynamique dialectique entre l'un et l'autre. La révolution apportée par l'herméneutique existentielle réside dans le sujet de la compréhension : « Comprendre un texte, c'est *se* comprendre. Se comprendre, c'est se comprendre devant le texte et recevoir de lui les conditions d'un soi, autre que le moi qui vient à la lecture[7]. » La lecture est une rencontre entre deux subjectivités, celle du lecteur et celle de l'auteur, qui s'enri-

3. *Ibid.*
4. Cité par J. Derrida, *L'Origine de la géométrie de Husserl*, *op. cit.*
5. Cf. M.-A. Ouaknin, *Le Livre brûlé*, *op. cit.*, p. 237 ; cf. aussi « Le refus du Texte-idole, ou de la nécessité de l'athéisme », p. 107.
6. S. Zagdanski, *Céline seul*, Gallimard, 1993, p. 21.
7. P. Ricœur, *Du texte à l'action*, *op. cit.*, p. 31.

chissent mutuellement. La philosophie bibliothérapeutico-herméneutique repose sur cette relation dialectique homme/livre, où le «devenir du texte» par l'interprétation conduit au «devenir de l'homme», dont la perfection réside dans sa perfectibilité.

Le lecteur ne fait pas qu'imposer au texte ses propres précompréhensions, «sa propre capacité finie de comprendre», mais «il s'expose aussi à recevoir de lui un soi plus vaste[8]»...

1. Interprétation : explication et compréhension

Il y a dans la lecture deux moments essentiels.

Le premier est l'*explication*. Expliquer un texte, c'est dégager la structure, c'est-à-dire les relations internes de dépendance qui constituent la statique du texte. Il s'agit ici d'une interprétation objective, en quelque sorte intratextuelle. A ce niveau, le texte peut être considéré comme une machine au fonctionnement purement interne, à laquelle il ne faut poser aucune question — réputée psychologisante —, ni en amont, du côté de l'intention de l'auteur, ni en aval, du côté de la réception par un auditoire. Caricaturalement, le sens d'un texte n'est pas distinct de sa forme.

Le deuxième moment de la lecture sort de l'objectivité de la structure et cherche la possibilité d'une *application* du sens ou, selon une autre expression, d'une *appropriation* subjective. Le texte est alors structure et sens orientés vers le lecteur. C'est le niveau de la compréhension subjective et existentielle. Ce qui est

8. *Ibid.*, p. 117.

à comprendre n'est pas l'intention de l'auteur mais l'effet du texte sur le lecteur qui reçoit et s'approprie le sens.

La lecture doit être toujours accompagnée de ces deux moments : *explication* objective et *compréhension* subjective. Ces deux moments constituent l'*interprétation.*

La compréhension est l'*appropriation* du sens, son *application* au vécu de l'auteur, elle est le lieu d'un ensemble d'effets pratiques et psychologiques. Elle est transfiguration du monde de la réalité et de l'*ego* du lecteur. Par le *lego*, l'*ego* se met en mouvement, il se temporalise vers un nouvel avenir de lui-même.

Ce qui est interprété dans un texte, c'est « une proposition de monde, d'un monde tel que je puisse l'habiter pour y projeter un de mes possibles les plus propres ». Ce nouveau monde que découvre l'interprétation est le « monde du texte », qui est une redescription de la réalité (*mimesis* de la réalité, selon l'expression d'Aristote), qui en atteint l'essence la plus profonde. La réalité quotidienne est métamorphosée à la faveur de ce que l'on peut nommer, avec Husserl et Ricœur, les *variations imaginatives* que la littérature opère sur le réel.

La littérature offre de nouvelles possibilités d'être au monde dans la réalité quotidienne. Si l'éthique est le passage d'une situation d'être à un être-autrement jusqu'à un autrement-qu'être, la littérature devient ainsi une des possibilités mêmes de l'éthique. La pratique (éthique) de la lecture que propose la philosophie herméneutique-existentielle et bibliothérapeutique est cette mise au jour de nouvelles propositions de monde pour, en les habitant, entrer dans l'altérité de soi, entrer dans le mouvement éthique de sa propre métamorphose.

D'une certaine manière, il est juste de dire que l'homme est fait par le texte autant que lui-même fait le texte ; manière de sortir du *cogito* souverain, qui constitue le monde à partir de sa certitude.

2. L'imagination créatrice de la lecture

La bibliothérapie, fondée sur une philosophie herméneutique-existentielle — c'est-à-dire une philosophie qui considère que le devenir de l'homme est corollaire du devenir des textes et des symboles de la culture par la médiation de l'interprétation subjective et créatrice — propose une pratique de la lecture qui conduise à l'altération-altérité, à un être-autrement. Le monde de la lecture (et, avant la lecture, celui de l'écriture) est un véritable laboratoire dans lequel nous essayons de nouvelles configurations possibles de la pensée et de l'action, pour en éprouver la consistance et la plausibilité.

La lecture est une projection du texte comme monde. Ce « monde du texte » découvert dans la lecture entre nécessairement en collision avec le monde réel, pour le « refaire ».

On peut distinguer trois moments dans l'expérience de la lecture : celui de l'imagination, celui de la narration et celui de la décision-action.

A) *Le temps de l'imagination : phase théorique*

Si l'imagination est comme un libre jeu, avec des possibilités, dans un état de non-engagement à l'égard du monde de la perception ou de l'action, elle introduit une note suspensive, un effet de neutralisation à l'égard de la « thèse du monde ». La fonction neutralisante est la condition négative pour abolir la référence du discours ordinaire appliquée aux objets qui répondent à l'un de nos intérêts.

Après la rupture avec le langage quotidien, la lecture ouvre et déploie de nouvelles dimensions de réalité. La lecture, par son annulation de la perception quotidienne, conditionne un élargissement de notre vision des choses[9]. En suspendant le monde réel pour entrer dans le « monde du texte », pénétrant ainsi dans l'imagination, se produit une ouverture de possibilités nouvelles qui est l'œuvre même, en nous, du « monde du texte ». L'interprétation est de l'ordre du jeu qui libère, dans la vision de la réalité, des possibilités nouvelles tenues prisonnières par l'esprit de sérieux, qui n'a pas encore appris à « lire aux éclats ».

Le jeu ouvre par ses variations imaginatives de nouvelles formes du monde et, par conséquent, de nouvelles formes d'être au monde : « Lecteur, je ne me trouve qu'en me perdant. La lecture m'introduit dans les variations imaginatives de l'*ego*. La métamorphose du monde, selon le jeu, est aussi la métamorphose ludique de l'*ego*[10]. »

On comprend dès lors quel est le rôle de la fiction du récit : c'est celui d'une charnière entre la théorie et la pratique, entre le premier temps de l'imagination et le second temps pratique de la décision.

B) *Le temps de la narration-fiction*

Dans la suspension du monde réel, le lecteur va se mettre à inventer, à raconter. Il se met alors à écrire la réalité, non pas telle qu'elle est, mais selon un désir, un vouloir. Le récit n'est pas une histoire objective mais une narration subjective, une fiction. Dans ce second moment après la suspension, le récit est création et non plus abolition du sens; il est structuré par un désir.

Dans le premier temps de la suspension de la « thèse du monde » par le « monde du texte », il y a une sorte de « déni » : le langage du texte est irruption violente de la négativité dans le discours, dans le sens du monde. Il détruit toute unité et détruit le sujet en

9. *Ibid.*, p. 222.
10. *Ibid.*, p. 117.

détruisant toute logique. Mais le récit est la reprise de cette brisure pour la réagencer, la restructurer, en fonction d'un pouvoir et vouloir-être autrement. Ainsi, par le récit, le sujet se constitue une « identité narrative »[11].

C) *Le temps de l'action*

Les variations imaginatives, le jeu, les métamorphoses, toutes ces expressions ont mis en relief un phénomène fondamental : c'est d'abord dans l'imagination que se forme en nous l'être nouveau. Imagination et non volonté : aventure, rencontre, hasard, un « se laisser saisir par de nouvelles possibilités » précèdent le pouvoir de décider et de choisir. Dans l'interprétation existentielle, la décision est seconde car il n'y a pas d'action éthique sans imagination.

L'imagination et le récit permettent de créer divers projets. Le jeu imaginatif, joint au jeu narratif, conduit le lecteur dans une temporalité anticipatrice, menant ainsi à un jeu pragmatique.

L'interprétation existentielle et bibliothérapeutique offre à l'homme *la liberté d'imaginer pour qu'il soit capable d'imaginer la liberté*[12]. La philosophie bibliothérapeutique rappelle à l'homme qu'il ne contient pas seulement d'innombrables possibilités de pouvoir-être, mais qu'il a précisément son être dans ce pouvoir-être multiple.

11. Cf. plus haut, troisième partie, chap. II.
12. P. Ricœur, *Du texte à l'action*, *op. cit.*, p. 225.

CHAPITRE V

Le nom et l'interprétation

1. La règle de la première occurrence : les quatre fleuves

Dans la recherche sur le sens d'un mot ou d'une idée, la première règle d'interprétation à utiliser est la règle de la première occurrence[1]. Elle signifie que le sens essentiel d'un mot est celui de sa première apparition dans le texte biblique.

Ainsi c'est le premier contexte qui donne la tonalité sémantique fondamentale dont le mot est porteur. Les apparitions ultérieures de ce mot sont comme des variations de ce sens initial, le modifiant et même le contredisant. Mais les nouveaux sens sont entendus dans une tension différentielle produite par le choc avec le premier sens, c'est-à-dire que la mémoire du sens cumulatif n'est pas linéaire mais impliquée dans un ensemble de forces qui peuvent être contradictoires. Pour travailler selon cette méthode, il suffit d'avoir une bible et une concordance biblique qui donne toutes les occurrences de tous les mots[2].

1. Cf. Rabbi Tsadoq Hacohen de Lublin, *Mahachavot Harouts*, éd. des Œuvres complètes, Jérusalem, p. 117.
2. Pour notre part, nous utilisons la concordance de S. Mandelkern, *Veteris Testamenti concordantiae hebraicae adque chaldaicae*, Leipzig, 1896.

Nous avons déjà étudié quelques aspects du nom. Nous allons montrer ici que le nom entretient des relations étroites avec l'herméneutique, qui poursuivra l'idée que nous avons soulignée du rapport entre le livre et le nom.

Nous voulons approfondir le « nom » en hébreu, dit *chèm (chinmèm)*. La première occurrence du mot *chèm*-« nom » se trouve dans la Genèse, chapitre 2, verset 10. Dans l'espace mythique de l'Éden, là où ont été plantés tous les arbres agréables à la vue et aptes à être mangés, là où se trouve en son milieu l'arbre de la vie et de la connaissance du bien et du mal.

Le texte dit alors : « Et un fleuve sort de l'Éden pour arroser le Jardin et, de là, se sépare et forme quatre têtes [affluents]. Le nom du premier *[chèm haéhad], Pichone.* Le nom du deuxième fleuve, *Guihone.* Le nom du troisième fleuve, *Hidéquèl.* Et le quatrième fleuve est le *Pherat.* »

Ainsi la première occurrence du mot « nom »-*chèm* apparaît dans un contexte fluvial, pour nommer les quatre fleuves issus du fleuve de l'Éden. Notons en passant que le texte biblique fait une distinction entre le Jardin et l'Éden, puisque le fleuve sort de l'Éden pour arroser le Jardin. Les affluents s'appellent des « têtes » *(rachim).*

Il est intéressant de noter que le premier fleuve est dit « fleuve un » *(naar haéhad)* et non « fleuve premier » *(naar harichone)*, ce qui aurait été dans la logique de la langue hébraïque. Pour nous dire peut-être que même s'il y a une hiérarchie entre ces quatre fleuves, le premier n'est pas nécessairement le premier cité. Mais, dans ce cas, pourquoi brouiller le jeu?

Autre question : pourquoi, dans l'énoncé de ces quatre fleuves, seuls les trois premiers ont droit au mot « nom »? Le quatrième, bien qu'ayant un nom, n'est pas précédé par l'expression « le nom du quatrième »...

2. Le paradis du sens : les quatre niveaux d'interprétation

Les maîtres de la Cabale voient dans ces quatre fleuves les quatre niveaux de signification à l'œuvre dans l'herméneutique hébraïque. Il y a :

— le *pchat* : sens simple ou littéral;
— le *rémèz* : l'allusion;
— le *drach* : l'interprétation;
— le *sod* : le sens secret.

Les initiales de ces quatre mots forment un sigle, qui, vocalisé, se prononce *pardès* c'est-à-dire « verger » ou encore « paradis ». Le *paradis*, c'est le jardin ou le « paradis du sens ».

A) *Le* pchat

Le *pchat* est l'« explication », au sens d'une signification déjà là qu'il suffit de déployer pour pouvoir l'exhiber. *Lehitpachèt* signifie en hébreu « se déshabiller ». La lecture *pchat* est une mise à nu des sens où tout est montré sans réserve, sans pudeur mais aussi sans érotisme. Il y a là un manque de poésie et de dimension artistique dans la perception. Illusion qui nous fait penser que ce qui est perçu est identique à ce qui est. Aucune distance herméneutique. Pure répétition verbale du monde des choses. Pure tautologie. Les choses veulent dire cela et ceci, mais rien de plus. Pas de « pouvoir dire » supérieur à un « vouloir dire ». Ainsi il n'existe pas dans le *pchat* la dimension de la transcendance des mots.

Cependant, si le *pchat* fait partie du *pardès*, c'est qu'il est une dimension nécessaire à la compréhension. Ce que refusent sans doute les maîtres de l'herméneutique est le fait de se contenter de ce seul niveau. Ce qui est critiqué, voire dangereux, est de rester, de s'installer dans le *pchat*. Traverser le *pchat* est important, y rester est mortel !

Comme l'a admirablement expliqué Henri Atlan :

> Le niveau de *pchat* est caractérisé par le caractère présent de la signification, de l'explication dans le texte, soit qu'elle y soit présente explicitement, soit qu'on puisse l'en déduire de façon telle qu'on puisse raisonnablement l'y retrouver. Le *pchat* met en jeu la grammaire de l'histoire. Chaque mot est expliqué pour lui-même, et on est capable d'expliquer l'existence logique de chaque mot dans le contexte général de la phrase ou du passage. On respecte la logique du temps du récit et de la possibilité de l'humain. Le *pchat* doit être clair et simple. Il comporte une marge de discussion possible qui explique les désaccords entre les commentaires[3].

B) *Le* rémèz

Le deuxième niveau d'interprétation est le *rémèz* ou l'« allusion ». Ici la signification n'est plus présente dans le texte, mais certains éléments des textes nous orientent vers telle ou telle interprétation. Dans le *rémèz*, le sens n'est pas donné mais à construire, à partir d'indices ou de traces encore présents dans les textes. Le *rémèz* est à proprement parler l'ensemble de ces indices, de ces signes qui nous font signe vers d'autres horizons. Ainsi le *rémèz* n'est pas encore une interprétation. Il est présémantique et pré-interprétatif. Le *rémèz* n'est pas une pensée mais donne à penser. Le *rémèz* ne requiert plus seulement la connaissance et une capacité d'analyse logico-déductive mais fait appel à l'imagination créatrice et inventive.

3. H. Atlan, « Niveaux de signification et athéisme de l'écriture », in *La Bible au présent*, Gallimard, coll. « Idées », 1982, p. 86. Nos explications des *rémèz, drach et dod* diffèrent radicalement de celles d'Atlan. Nous nous éloignons de ce que nous avons dit dans *Le Livre brûlé, op. cit.*, p. 102-103, où nous reprenions alors, telles quelles, les thèses d'Atlan.

Les jeux de mots, les équivalences numériques, les anagrammes, les effets de structure, les formes particulières des lettres, etc., appartiennent tous au *rémèz* car ils sont les supports d'une potentialité du penser.

La règle de la première occurrence que le rapport souligne entre le nom et les quatre fleuves est un *rémèz* : les conséquences de ce rapprochement, l'interprétation que nous en donnerons ne seront plus de l'ordre du *rémèz* mais du *drach*.

Il existe certains *rémazim* subtils qui ne sont pas des signes ou des indices, mais des absences, des «trous» dans la logique du récit, et ils invitent à l'interprétation.

Par exemple, lorsque Abraham, après sa circoncision, reçut la visite de trois anges, il est dit qu'il courut préparer un veau et qu'il demanda à Sarah de préparer des gâteaux. Quand, par la suite, il servit le repas aux invités, Abraham ne leur présenta que le veau. Le texte ne va plus jamais reparler des gâteaux de Sarah. De ce silence va naître une question pleine d'humour mais absolument fondamentale : «Mais où donc sont passés les gâteaux?»

C) *Le* drach

«Mais où donc sont passés les gâteaux?» est un *rémèz*, mais l'ensemble des interprétations qui peuvent en constituer une réponse possible appartient déjà au niveau du *drach*.

Le *drach* n'est pas du domaine du vrai ou du faux, mais de l'ordre du sens ou du possible. C'est pour cela que le Talmud dit : «*èn méchivine al hadrach*» (l'objection n'a pas de pertinence contre le *drach*).

Le *drach* est éminemment personnel et est le reflet de la subjectivité de son auteur. Plus, c'est par le *drach* que le lecteur engage sa subtilité, lecture existentielle, où il ne s'agit plus seulement de traverser le texte mais d'être traversé par lui. La question clef du *drach* n'est pas : «Qu'est-ce que le texte veut dire?», mais : «Qu'est-ce que le texte me dit?»

Le *drach* est une construction-création de sens. A ce niveau, il n'est pas inutile de relever la différence entre l'exégèse talmudique et l'exégèse chrétienne :

> Le Moyen Age vit se développer la théorie de *l'allégorisme*, selon laquelle la Sainte Écriture (puis, par extension, la poésie et les arts figuratifs) peut être interprétée suivant quatre sens différents : littéral, allégorique, moral et analogique. Cette théorie constitue la clef de la poésie médiévale. Le lecteur sait que chaque phrase, chaque personnage, enveloppe des significations multiformes qu'il lui appartient de découvrir. Selon son état d'esprit, il choisira la clef qui lui semblera la meilleure et utilisera l'œuvre dans un sens qui pourra être différent de celui adopté au cours d'une lecture précédente. Cependant, il n'y a ici aucune liberté d'interprétation. Le lecteur a simplement à sa disposition un éventail de possibilités soigneusement déterminées et conditionnées de façon que la réaction interprétative n'échappe jamais au contrôle de l'auteur[4].

Si on prend un verset, un mot ou un événement de l'histoire biblique et que l'on ait recours aux quatre sens de l'écriture de l'exégèse chrétienne, « on épuise toutes les lectures licites ; le lecteur peut choisir un sens plutôt qu'un autre, à l'intérieur du verset qui se déroule sur quatre plans distincts, mais sans échapper pour autant à des règles préétablies et univoques. La signification des figures allégoriques et emblématiques qu'on trouve dans les textes médiévaux est déterminée par les encyclopédies, les bestiaires et les lapidaires de l'époque ; leur symbolique est objective et institutionnelle[5] ».

Les quatre sens du *pardès* talmudique ne recouvrent pas du tout les quatre sens de la tradition médiévale. Dans la conception talmudique de l'interprétation, le texte est indéfini, ouvert à des interprétations toujours nouvelles. Le sens n'est garanti par aucune

4. U. Eco, *L'Œuvre ouverte*, Éd. du Seuil, coll. « Points Essais », 1979, p. 19-20.
5. *Ibid.*

encyclopédie. Les interprétations les plus diverses, philosophiques, symboliques, psychanalytiques, psychologiques, sociologiques, politiques, linguistiques, poétiques, etc., n'épuisent, chacune, qu'une partie des possibilités du texte. Ce que résume parfaitement Rabbi Éliézer lorsqu'il dit :

> Si toutes les mers étaient d'encre, tous les étangs plantés de calames, si le ciel et la terre étaient des parchemins et si tous les humains exerçaient l'art d'écrire, ils n'épuiseraient pas la Tora apprise par moi, alors que la Tora elle-même ne s'en trouve diminuée que d'autant qu'emporte la pointe d'un pinceau trempé dans la mer[6].

D) *Le* sod

Le quatrième niveau est le *sod*, c'est-à-dire le « secret ». On associe souvent ce niveau à la Cabale. Cependant, on remarquera avec intérêt que le Zohar, un des livres les plus importants de la Cabale, a pour sous-titre *Midrach hanéélam*, c'est-à-dire le « Midrach disparu » ou le « Midrach caché ». Quelle que soit la traduction du mot *néélam*, le niveau de signification de ces textes est celui du Midrach.

Il y a donc une confusion entre Cabale et *sod*. La Cabale, avec ses jeux de lettres et de chiffres, reste au niveau du *rémèz* et du *drach*. La différence majeure entre le *drach* et le *sod* réside peut-être dans la nature du sujet étudié et non dans la méthode. Le *sod* s'intéresse essentiellement au *Maassé beréchit*, c'est-à-dire à la « création du monde » (aux origines du monde), et au *Maassé merkava*, c'est-à-dire au « char céleste » de la vision d'Ézéchiel, qui traite de la « structure du divin ». On pourrait dire que le *sod* est une « théo-logie » ou « théosophie » qui cherche à percer les secrets de la divinité. Ainsi les *séphirot*, en tant que structure de la divinité, appartiennent au *sod*.

Il semble que cette définition du *sod* se vérifie dans la majeure

6. *Avot* de Rabbi Nathan, chap. 25.

partie des livres dits de Cabale, tels qu'on les rencontre dans l'œuvre de Rabbis Isaac Louria, Hayyim Vital, Cordovero, Louzzato... Cependant, l'ensemble de ces textes peut être lu dans une orientation et un éclairage anthropologiques existentiels. Et les mêmes textes parlent alors de l'homme et non plus de Dieu.

Est-ce alors la disparition du *sod* ou faut-il comprendre que le *sod* possède encore d'autres définitions ? S'il est vrai que le *sod* fut d'abord « théosophie », la lecture qui en fut faite ultérieurement a déplacé la tonalité des commentaires. Passage du divin à l'humain, du théologique à l'anthropologique. Véritable coupure épistémologique par un renversement des perspectives, réelle « révolution copernicienne », au sens classique de cette expression.

Ainsi le *sod* va devenir une recherche sur les structures profondes de l'humain, une véritable recherche sur la psyché humaine, en un mot une psycho-logie. Les questions du *sod* ne sont plus posées au monde, mais à l'homme et à ses différentes modalités d'appréhender le monde[7].

Le *sod* diffère donc radicalement du *drach*. Le *drach*, même dans sa dimension existentielle, demande encore : « Qu'est-ce que le texte *me* dit ? », alors que le *sod* s'interroge sur ce qui se passe au niveau du sujet qui est en train de faire cette expérience de la lecture.

Le mot *sod*, qui signifie « secret », nous invite encore à une troisième approche de ce quatrième niveau de signification. Le *sod* serait le « secret de la conscience » et, littéralement, le niveau inconscient de l'homme. Dans l'articulation générale des quatre niveaux, c'est le *sod* qui organiserait l'ensemble des autres niveaux, comme des effets du *sod*.

La fonction du *sod* est de rester *sod* mais de produire des effets

7. Cf. Raphaël Draï, *La Communication prophétique*, t. II : *La Conscience des prophètes*, *op. cit.*, particulièrement p. 301 *sq.*, sur l'agencement des *séphirot*.

de discours qui seront *drach*, *rémèz* ou *pchat*. De fait, selon cette acception, le *sod* ne dit rien. Il est avant tout une expérience de rencontre.

3. Le nom et l'interprétation

Si, comme nous venons de le montrer, la première occurrence du nom est liée aux quatre fleuves, que nous avons analysés comme étant les quatre niveaux de l'interprétation, il existe un rapport étroit entre le nom et l'interprétation ; dit de façon plus savante : il existe un lien fondamental entre le nom et l'herméneutique.

Le « nom »-*chèm* est le lieu de déploiement de l'être qui s'ouvre à la totalité de l'existence, c'est-à-dire aux trois temps : passé, présent et futur. Le rapport entre le nom et l'herméneutique est une indication sur les conditions de possibilité de ce déploiement. Ce n'est qu'en passant par l'herméneutique que seront assumés les trois temps.

Ainsi le « rapport au livre » dans le phénomène de la lecture et de l'interprétation est aussi essentiel et irréductible que le langage lui-même, ou la pensée, ou l'activité technique (Lévinas). Pour la tradition hébraïque, l'« être au livre » est une des modalités essentielles de la vie, une catégorie *existentiale*.

Le « fleuve » offre une métaphore fluviale qui enseigne certainement que l'être est un en-train-d'être, devenir incessant, « être infinitif » et « non-être définitif ». Pour dire cette « métaphysique fluviale[8] », un seul fleuve aurait suffi. L'éclatement du *pardès*

8. Sur la métaphysique fluviale, cf. troisième partie, chap. V, à propos de la philosophie d'Héraclite.

nous apprend quelles sont les conditions qui rendent possible cette infinité de l'être.

L'homme est pour la tradition biblique et talmudique un *homo hermeneuticus*, qui accède à son futur par la construction de nouvelles significations de soi, que le Talmud nomme poétiquement des « nouveaux visages » : *panim hadachot.*

CHAPITRE VI

La lecture et le sevrage

Nous avons vu dans le premier chapitre que le cœur du livre était marqué par l'espace vide qui séparait les deux mots *daroch-darach*, « interpréter »-« interpréter ».

Mais que se passerait-il si le « cœur herméneutique » n'était pas respecté ? Que se passerait-il si, tout en préservant le nombre de lettres de la Tora, on ajoutait un nouveau mot constitué par la dernière lettre du premier *daroch* et la première lettre du deuxième *darach*[1] ?

Tentons l'expérience !

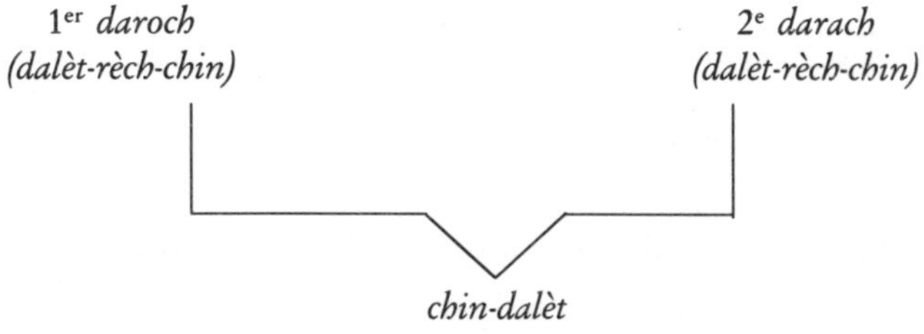

Nous obtenons un nouveau mot de deux lettres : *chin-dalèt*. Offrons-nous, en tant que lecteur, l'« initiative interprétative » de cette découverte, en mettant en œuvre l'herméneutique plurielle que nous avons évoquée plus haut.

1. Le nombre des mots passant de 79 976 à 79 977.

Dans le texte hébraïque, une des stratégies textuelles — peut-être la plus fondamentale — qui font «du texte un tissu d'espaces blancs, d'interstices à remplir[2]», est l'absence de voyelles. La langue hébraïque, comme les autres langues sémitiques, possède une racine triconsonantique, trois lettres consonnes : les voyelles ne font pas partie de la racine (les textes hébraïques traditionnels sont en général écrits sans voyelles)[3]. La racine hébraïque, formée le plus souvent de trois consonnes espacées, ouvre un champ de significations d'une ampleur extraordinaire; elle déploie de multiples lectures, tout en demeurant au départ — dans son statut non vocalisé — dans une indétermination positive.

Ainsi l'hébreu présente-t-il un caractère d'inachevé qui exige du lecteur un parachèvement. Les voyelles — ou, plus exactement, les points-voyelles[4] — renferment l'indétermination et l'ouverture de la racine et produisent lors de leur introduction un son et un sens beaucoup plus restreints, permettant la communication verbale :

> Une même racine n'intègre pas toujours les mêmes voyelles, ce qui donne un noyau sémique malléable, plastique et souple. [...] Le noyau du mot va jouer et se transformer. En modifiant les points-voyelles sur une même racine, le sens se modifie au point qu'on peut trouver une signification tellement différente qu'elle risque de nous désarçonner lorsqu'elle surgit[5].

L'absence des voyelles est d'une grande importance. Elle sup-

2. U. Eco, *L'Œuvre ouverte, op. cit.*, p. 67.
3. Un excellent exposé de ce problème a été fait par D. Banon, *La Lecture infinie*, Éd. du Seuil, 1987, p. 168 *sq.*
4. Les voyelles sont au nombre de neuf (ou dix, selon certaines écoles). Pour sept d'entre elles, elles sont constituées de points, juxtaposés dans des orientations différentes; deux autres sont formées de petits traits. D'après l'introduction du *Tiqouné Zohar* (f°s 6 à 8), les points sont des «étincelles» *(nitsoutsim)* et les traits des «horizons du ciel» *(raquiya)* : les voyelles ou les «étinciels».
5. D. Banon, *La lecture infinie, op. cit.*, p. 193.

prime l'exclusivité d'un sens, en laissant la racine dans son indétermination initiale, susceptible d'être diversement informée. Nous sommes alors responsables des mots...

Les deux lettres *chin* et *dalèt* associées peuvent recevoir trois vocalisations différentes et donc trois sons différents. Si elles sont vocalisées avec un *a*, nous obtenons le mot *chad*, c'est-à-dire le « sein » de la femme. Avec un *o*, apparaît le mot *chod*, c'est-à-dire « vol », « rapt ». Et avec un *è*, *chèd*, qui signifie « démon ».

La disparition du « cœur du livre » fait disparaître en même temps la dimension herméneutique et met en scène le « sein », le « vol » et le « démon » ! Précisons aussi que les mots *daroch-darach* privés chacun d'une lettre deviennent *dar-rach* ou *dor-rach*, littéralement : « génération pauvre ».

Pauvreté d'une génération, d'une époque et d'une culture qui ne sont pas capables de se renouveler, de se réinventer en s'offrant de nouvelles significations d'existence, en se ré-interprétant autrement ! La disparition de l'herméneutique au sein d'une société est la première brèche qui peut conduire à la « barbarie »[6].

Que signifie cette apparition du « sein » ? Quels rapports existent entre le sein et l'herméneutique ? Entre le sein et la parole ? L'apparition du sein fait signe vers un retour à la mère et à un temps où le sevrage n'a pas encore eu lieu. L'activité herméneutique peut être considérée comme un processus qui garantit, tout au long de l'existence d'un sujet, un non-retour à la situation du présevrage, où l'enfant et la mère sont unis dans un corps à corps et où, surtout, l'enfant est dans la passivité réceptive de la nourriture immédiate, qu'il n'a pas besoin de transformer pour qu'elle lui permette sa croissance.

Si on entend par le terme « castration » non pas une mutilation mais le passage d'un mode d'activité et de relations à un autre

6. Cf. M. Henry, *La Barbarie*, Grasset, 1987.

mode plus élaboré, on peut dire que l'activité herméneutique est corollaire d'une «castration herméneutique», qui est la continuation à chaque fois renouvelée du sevrage.

Précisons ce que nous entendons par «sevrage». Le sevrage, comme moment de séparation du corps-sein de la mère, n'est pas un moment unique de l'évolution d'un individu mais doit à chaque fois être répété. En termes d'évolution physique et psychologique de l'enfant, le sevrage — que certains appellent la «castration orale»[7] — correspond au moment où le désir du sein est interdit et l'enfant privé de la mamelle. L'enfant se sépare de l'objet partiel sein et de la première nourriture lactée. Il renonce à l'illusion du cannibalisme à l'égard du sein. Sa bouche est privée du téton, qu'il croyait sien.

La castration orale pose un interdit du corps à corps avec la mère, interdit qui va dynamiser le désir de parler et ouvrir à de nouveaux moyens de communication. Notons que ce sevrage implique aussi que la mère accepte cette rupture du corps à corps (castration orale de la mère) et qu'elle soit capable de communiquer autrement que par des soins corporels. La dynamique du sevrage dépend de la façon dont la mère en parle et le vit. Les pulsions orales barrées à un certain niveau de réalisation pourront alors se transmuer en un comportement langagier. L'oralité de la parole est une métaphore de l'oralité bouche-sein.

C'est seulement après le sevrage du corps à corps que l'assimilation de la langue maternelle commence à se faire. Et cela n'est possible que si le sevrage ne se passe pas dans une relation désertée par les paroles :

> La séparation du sevrage est progressive et le plaisir partiel qui lie la bouche et le sein est conduit par la mère à se distribuer

7. F. Dolto, par exemple. Cf. M.-H. Ledoux, *Introduction à l'œuvre de Françoise Dolto,* Rivages, 1990, p. 54 *sq.*

> sur la connaissance successive de la tactilité d'autres objets que l'enfant met à la bouche. Ces objets nommés par la mère introduisent l'enfant au langage, et nous assistons au fait que l'enfant s'exerce, lorsqu'il est seul et éveillé dans son berceau, à se «parler» à lui-même, en lallation d'abord, puis en modulations de sonorité, comme il a entendu sa mère le faire avec lui et avec les autres[8].

Françoise Dolto ajoute que le langage devient symbolique de la relation corps à corps «en se muant en un circuit long, par le subtil des vocalisations et des sons de ces mots qui recouvrent des perceptions sensorielles différentes mais toutes "mamaïsées" par la voix de la mère, la même que lorsqu'il était au sein[9]».

Winnicott fait, à propos du sevrage, une remarque fondamentale, qui va permettre d'approfondir cette articulation «oralité du sein»-«oralité de la parole» : «Pensez au petit enfant à l'âge du sevrage. La période exacte du sevrage varie suivant les modalités culturelles, mais pour moi le temps du sevrage est celui où l'enfant devient capable de jouer à laisser tomber des objets[10].» Il y a sevrage lorsque le corps littéralement s'ouvre et se déploie vers le monde extérieur, lorsque le corps commence à se faire jeu, entrant dans le temps et l'espace comme jet en avant de soi, comme «pro-jet», ce qui est le propre d'avoir conscience de porter un nom, d'être porté par son nom[11].

Ainsi, le sevrage est aussi le moment où l'enfant devient sujet, le moment où il accède à la dimension subjective représentant «l'inverse du solipsisme sur lui-même renfermé[12]». La subjectivité doit alors être entendue dans son étymologie «pongienne»,

8. F. Dolto, *L'Image inconsciente du corps,* Éd. du Seuil, 1980, p. 101-102.
9. *Ibid.*
10. D.W. Winnicott, cité par P. Fédida, *L'Absence*, *op. cit.*, p. 97-98.
11. En hébreu le «nom», *chèm*, vient de la racine *cham*, qui veut dire «là-bas». Cf. plus haut, deuxième partie, chap. II.
12. P. Fédida, *L'Absence*, *op. cit.*, p. 109.

forme de *hardiesse*, dont la force est soulignée par le «*sub*, ce qui me pousse du fond, du dessous de moi, de mon corps, et par le *jectif* (qui est dans "subjectivité") : il s'agit d'un *jet*, de *projection*, de *projectile*[13] ». La découverte de Winnicott est que la subjectivité d'un sujet est aussi (et peut-être d'abord) une modalité du corps et du comportement. Capacité de dessaisissement de l'objet pour le transformer en «*pro-jet*». *Projectilité* accompagnant la naissance de la *subjectivité*.

Ainsi naît la *caresse*, radicalement différente de la *prise* ou de la *saisie*. Différence qui réside dans l'intention et la dynamique du mouvement des doigts de la main. Dans la prise, les doigts se referment sur l'objet, marque d'un mouvement centripète et immanent de l'ensemble du corps. Avec la caresse, les doigts s'ouvrent et se déploient vers le dehors. Éclatement et transcendance vers le monde. «La main s'ouvre au vocable, s'ouvre à la distance[14].»

La caresse prononce à voix silencieuse cette prière d'Edmond Jabès :

> Puisse cette main
> Où l'esprit s'est blotti
> Être pleine de semences[15]...

* *
*

L'enfant est sevré «quand il joue à laisser tomber les objets». Découverte de l'objet par le jeu; découverte du jeu par le jet.

Il y a ici une rencontre entre l'objet et le jeu, littéralement la création d'un «objeu», selon la magnifique trouvaille de Francis

13. F. Ponge, *La Fabrique du pré*, cité par P. Fédida, *ibid.*, p. 108.
14. E. Jabès, *La Mémoire et la Main*, Fata Morgana, 1985.
15. *Ibid.*

Ponge, dont une partie importante de l'œuvre de Pierre Fédida est le commentaire : «Le jouet perd le rire de jouer à moins qu'il soit jeté! Objeu : événement de mot dans un éclat de rire de chose.» Fédida ajoute : «Jouir d'un jeu à jeter l'objet, c'est laisser l'objet se prendre au mot du mouvement physique qui le constitue : saut et bondissement, dessinant l'espace d'un transport : littéralement métaphore»[16].

Et si les mots n'avaient de sens qu'à être le lieu de ce jeu métaphorique qui consiste à se dé-saisir de notre perception habituelle du monde et, par ce jeu, à créer de nouvelles possibilités de sens?

Et si parler consistait justement non pas à dire le monde, mais à le dé-dire, à le dé-signifier, le dé-lier ou le dé-lire, le dé-crocher d'un ensemble de significations pré-jugées, toutes faites et définitives?

* *
*

L'activité de paroles-lectures du *daroch-darach*, l'herméneutique au cœur du livre, est l'acte fondamental du sevrage, apparition de la juste distance entre le nourrisson et le sein maternel, entre l'homme adulte et les différentes formes symboliques dans lesquelles se métamorphose le «sein»[17].

Le sevrage n'est pas un acte unique ou une époque précise de l'existence. Il est l'*ek-sistence* entendue comme arrachement aux différentes modalités dans lesquelles l'humain perd son humanité subjective. Le sevrage est la réappropriation ininterrompue de la subjectivité, tout au long de la vie, opposition incessante aux enfermements et aux systèmes qui annulent la *personne* au profit

16. P. Fédida «L'"objeu", objet, jeu et enfance, l'espace psychothérapeutique», in *L'Absence*, *op. cit.*, p. 97-195.

17. Cf. P. Roth, *Le Sein*, Gallimard, coll. «Folio», 1984. On trouve là une caricature de cette présence du sein dans la conscience non sevrée de l'adulte.

d'une communauté idéologique d'action ou de pensée. Mais, avant même d'avoir cette tonalité politique, le sevrage est la construction permanente de soi, construction impossible sans ces ruptures avec les formes préfabriquées des mots et des choses.

Vivre, c'est jouer, c'est-à-dire permettre à la dynamique de l'existant de trouver un lieu d'expression. Cette vitalité dynamique de l'existant est ce qui garantit la santé, définie comme création continuée de soi. Selon la formule d'Erich Fromm citée plus haut : « Vivre, c'est naître à chaque instant. »

La bibliothérapie est fondée essentiellement sur une articulation de l'expérience existentielle et linguistique. Le langage est coexistentiel à l'humain. Il s'agit plus que d'une fonction. L'humain est structurellement être de langage. *Pour une existence en mouvement, il faut un langage en mouvement*[18] *!* L'activité herméneutique, lecture et interprétation, n'est pas seulement au « cœur du livre », mais au « cœur de la vie », car c'est la façon la plus efficace de redonner un élan vital aux mots ensommeillés ou assommés par une utilisation répétitive et non ré-créatrice.

La bibliothérapie, par la lecture créatrice (en hébreu *Midrach*), réintroduit le rythme de l'existence : genèse du temps, grâce à un événement de langage que Ricœur appelle « innovation sémantique[19] », en hébreu *hidouch*, et qu'on peut nommer tout simplement « poésie ».

Sans l'activité récréatrice de la lecture herméneutique, la parole n'est qu'une organisation fonctionnelle de mots reproduisant le système des concepts et des objets. La lecture créatrice est une expérience existentielle et linguistique. Cela signifie que la parole, la lecture et l'interprétation ne sont pas des réalités extérieures et

18. Cf. plus haut, troisième partie, chap. V.
19. P. Ricœur, *Du texte à l'action*, *op. cit.*, p. 112.

objectives mais qu'elles appartiennent en propre au sujet-lecteur, au lecteur qui par elles devient *sujet.*

La lecture et le nom

Lire un texte, c'est se lire soi-même, « c'est recevoir du texte les conditions d'un soi autre que le moi qui vient à la lecture[20] ».

Il est intéressant de noter que le verbe « lire », en hébreu, *liqro*, signifie en même temps « appeler », comme si la lecture était toujours un acte vocatif, appel à être soi, appel et rappel de sa propre appellation, *s'appeler*, retour au nom. « Comment t'appelles-tu ? » — *« Èkh qorim lekha ? »* — peut se traduire exactement : « Comment lit-on pour toi, vers toi ? » Rapport entre la lecture et le nom, que l'hébreu souligne dans l'identité numérique des mots « livre », *sépher*, et « nom », *chèm*, les deux mots ayant une valeur numérique de 340.

Rapprochement essentiel, qui inscrit l'acte de lecture dans la direction offerte par le nom. En hébreu, « nom », *chèm*, vient de la racine *cham*, qui signifie « là-bas »[21]. La lecture est appel et l'appel ouvre au nom, qui fait signe vers un « là-bas ». Entre l'« ici » et le « là-bas » se dessine la forme d'un « jet », pro-jet de la subjectivité même. « Le jet est l'acte-racine de la projection et du *projet* [...] qui désigne l'acte autoconstitutif de la subjectivité comme transcendance[22]. » L'existentialité de la lecture n'est pas d'inscrire le lecteur dans un présent et un ici, mais de lui donner une direction de sens vers un futur et un là-bas.

Ainsi la parole existentielle ne nomme pas les choses pour les enfermer dans une présence qui rend possible la *compréhension* et

20. *Ibid. op. cit.*, p. 31.
21. Cf. plus haut, deuxième partie, chap. II.
22. P. Fédida, *L'Absence*, *op. cit.*, p. 97.

la *préhension*, mais au contraire pour les libérer et les rendre à leur devenir. Cette libération produit un jeu, entre les mots eux-mêmes, entre les mots et les choses, entre les choses et les êtres, entre l'être et lui-même. L'être et le langage s'amusent alors — très sérieusement — à être «objeux».

C'est à ce jeu qu'invite la lecture créatrice. La lecture est un «jouer à jeter au loin» les mots, les choses et l'être, acte de métaphorisation, «transport au-delà». La lecture ouvre un texte. Elle s'avance tout en actualisant le sens, tout en gardant prise sur des potentialités découvertes ou seulement pressenties.

Un texte est toujours écrit par une lecture. Un texte est toujours dés-écrit par une lecture. La lecture est rire et jeu, pratique «poétique», au sens où il revient d'éveiller et de réveiller (dans la parole) toute la signification temporelle de la langue, d'en attaquer les sédimentations sémantiques pour entendre quelque chose des objets du monde. La pensée rieuse, corollaire d'une certaine pratique de la lecture, doit à chaque fois être «un événement de mot dans un éclat de rire de chose[23]».

Le devenir-texte, corollaire du devenir-homme, est une pratique de la lecture-interprétation où le mot unité ne résiste pas. Le rire est ce qui produit l'éclat en introduisant un souffle, un mouvement d'espacement dans le mot. Ce souffle dé-serre, dé-limite le mot, l'ouvre à d'autres mots, à d'autres phrases, l'anagrammatise, l'inscrit dans des ensembles instables.

Mouvements, écarts, étrangetés. Il y a dans ces «éclats de lire» des glissements sans fin qui emportent dans leur déferlement toute fixité, toute limite, toute marge calculable, toute frontière infranchissable.

Ainsi l'homme n'est plus, il devient...

23. *Ibid.*

CHAPITRE VII

Un doux alphabet en gâteaux de miel

La désistance

1. Les trois castrations

Le « cœur du livre » nous a enseigné le rapport entre sevrage et lecture créatrice.

Approfondissons cette notion à partir des termes hébraïques. En hébreu, « sevrage » se dit *guemoul*, un mot dont le champ sémantique est très vaste : la racine est *gamal* et renvoie, entre autres, à la troisième lettre de l'alphabet *(guimèl)* et au « chameau » *(gamal)*.

Dans le texte biblique, le mot apparaît pour la première fois, à propos d'Isaac, dans un ensemble de versets qui énoncent sa naissance[1] :

> Et *yhvh* se souvint de Sarah comme Il l'avait dit, et Il fit à Sarah comme Il avait parlé. Elle fut enceinte et elle enfanta

1. On peut être surpris par le contraste entre les nombreux et longs chapitres consacrés à l'attente de l'enfant et les quelques versets qui, dans une version très abrégée, racontent la naissance.

> Sarah pour Abraham un fils pour sa vieillesse, au temps que lui avait parlé Élohim. Et il appela Abraham, le nom de son fils qui lui était né, qu'avait enfanté pour lui Sarah, Isaac. Et il circoncit *[vayamal]* Abraham Isaac son fils à l'âge de huit jours, comme lui avait ordonné Élohim. [...] L'enfant grandit et il fut sevré *[vayigamal]*. Et Abraham fit un grand festin au jour du sevrage d'Isaac *[beyom higamel Itshaq]*[2].

Quelques remarques : à combien de naissances est-il fait allusion dans ces versets? Du texte en hébreu il ressort qu'il y eut trois naissances. Au verset 2, on assiste littéralement à la naissance de Sarah. Le verset dit : «Elle fut enceinte et elle enfanta Sarah», au lieu de dire : elle fut enceinte et Sarah enfanta. La naissance de son enfant est aussi une naissance pour elle-même. Au verset 4, un ensemble répétitif du verbe *yalad* souligne la naissance d'Abraham. Ces deux naissances symboliques s'ajoutent à la naissance d'Isaac. L'enfant fait naître ses parents...

— Abraham circoncit Isaac : *vayamal*.
— Isaac grandit : *vayigdal*.
— Isaac fut sevré : *vayigamal*.

Le verbe *gamal* («sevrer») peut se lire comme *guimel-mal*. Ce qui signifie, si l'on donne au mot *guimel* son sens de chiffre, «trois». Ainsi *gamal*, «lu aux éclats», peut signifier, «trois fois la racine *mal*», ce qui est juste du point de vue lexical. Il existe en effet trois sens à cette racine de deux lettres *mèm-lamèd (mal)*. Elle signifie «coupure», «rupture», «circoncision» *(mila)*. Elle signifie «face-à-face» *(moul)*. Elle signifie «parole», «mot» *(mila)*, qui a donné aussi le verbe «parler» *(millèl)*[3]. Ainsi, en

2. Genèse, 21, 1-8.

3. Le verset 7 utilise apparemment à dessein ce verbe *millèl*, «parler», pour faire entendre dans ce contexte la proximité des deux sens de *mila* : «circoncision» et «parole».

hébreu, le même terme *mila* signifie la «circoncision» et la «parole».

Le sevrage, à partir de la racine hébraïque, est ce mouvement de «coupure» *(mila)*, inaugurant un «face-à-face» *(moul)*, rendant possible la «parole» *(mila)*.

On peut aussi comprendre des trois *mal* qu'il existerait trois modalités différentes de rupture, dont l'ensemble constituerait le sevrage. Nous pensons, bien sûr, aux trois «castrations», que l'on rencontre par exemple dans l'œuvre de Françoise Dolto : ombilicale, orale, anale[4]. La circoncision dans le corps serait la marque de la nécessité permanente de ces ruptures, une sorte de métacastration, «signe-souvenir», signe pour se souvenir qu'on ne peut exister qu'à partir de ces coupures renouvelées.

Comme nous l'avons déjà souligné plus haut, la parole-lecture-interprétation serait une modalité essentielle de la castration orale par métaphorisation de la «bouche tétante» à la «bouche lisante», et nous ajoutons ici que la parole-lecture-interprétation viendrait aussi permettre et garantir la castration ombilicale et anale.

Pour la castration ombilicale — la césure du cordon ombilical — il y a passage d'un milieu liquide à un milieu aérien, modification de l'image et des limites du corps, sensation de perte (des enveloppes placentaires), modification de la perception du rythme cardiaque de la mère, apparition de la soufflerie pulmonaire et de l'activité péristaltique du tube digestif et, essentiellement, passage de l'oxygénation passive et de la passivité nutritive à l'oxygénation active et à une nutrition active. La castration ombilicale est ainsi le premier instant, l'inauguration de l'autonomie d'un être vivant, et il sera nécessaire pour que ce vivant

4. Cf. M.-H. Ledoux, *Introduction à l'œuvre de Françoise Dolto, op. cit.*, p. 51-66.

devienne « sujet libre » de perpétuer et de répéter cette castration sous d'autres formes symboliques, essentiellement par le langage.

Ainsi le sevrage n'est pas seulement lié à la nutrition, expérience de l'allaitement et retrait du sein, mais il signifie toutes les phases où un humain devient à chaque fois plus autonome.

Par la castration ombilicale, l'enfant arrête de faire un avec sa mère, d'être dedans, d'être passif (nourriture et oxygène). Par la castration orale, il y a un passage d'un type de nourriture passif-actif à un autre type, plus actif et moins dépendant. Par la castration anale, l'enfant se sépare de la mère en ce qui concerne la dépendance des besoins excrémentiels : fin de l'assistance maternelle pour l'entretien du corps et de l'habillement. Entrée dans l'agir, dans les expériences et l'autonomie motrice.

Ces trois castrations sont les premières et les plus visibles, mais on pourrait en souligner de nombreuses autres, qui sont à chaque fois des moments de passage et d'évolution où l'enfant, puis l'adolescent, puis l'adulte devient de plus en plus sujet libre et autonome, se séparant à chaque fois d'une instance titulaire. Sortie d'une passivité et d'une surveillance.

2. Ek-sistence et dé-sistance

Ainsi l'entrée à l'école, les anniversaires, l'âge de la puberté, le mariage, etc., sont tous des moments de promotion existentielle. Et, si on peut parler à chaque fois de « sevrage » et de « castration », c'est que toutes les étapes sont dialectiquement accompagnées d'une perte, d'une séparation ou d'un deuil.

L'« ek-sistence », la subjectivité, existant à être hors et en avant de soi, projet et projection, s'accompagne inéluctablement d'une

« dé-sistance » : perte de placenta, perte de la mamelle, perte des excréments, perte de sperme (pollutions nocturnes de l'adolescent), perte de sang (les règles), éloignement de la maison parentale (après le mariage), etc.

Mais, à chaque fois, ces moments de perte sont accompagnés socialement d'un ensemble de festivités. Comme si la fonction de la fête n'était pas de souligner un événement heureux mais de soutenir l'humain dans ce passage difficile où il se sépare de quelque chose, la joie de la fête compensant la douleur de la perte. Les fêtes scandent les temps d'initiation, qui sont à la fois désistement et ek-sistement. C'est ce que la sociologie a nommé « rite d'initiation » mais qui est le sens même de toutes les fêtes, dans lesquelles on ne perçoit souvent que la dimension « promotionnante ».

Les fêtes des pratiques religieuses rendent plus visible l'événement de la perte. Dans le judaïsme par exemple, les trois fêtes de famille que sont la circoncision, le *bar* ou *bat mitsva* (treize ans pour les garçons, douze pour les filles) et le mariage correspondent à des « rites de passage » où à la fois se joue une accession à une autre phase de l'existence (promotion) et se constitue le moment d'une perte ou d'une séparation.

La désistence requiert des forces d'arrachement extrêmement importantes. Il y a en l'humain une pulsion de retour au corps à corps (corps dans corps) maternel qui nécessite à chaque fois de reconstruire et de reconquérir l'autonomie. Le sevrage — rupture, perte et séparation — est un processus ininterrompu rendant possible l'existence elle-même.

3. Le corps maternel, la terre et la lecture

Il est à noter que les formes que revêt cet attachement au corps maternel sont parfois surprenantes et inattendues. Elles peuvent être, entre autres, philosophiques, politiques et même sportives. L'alpinisme n'est-il pas un sport ombilical[5]?

Le point de vue politique est particulièrement intéressant. Les fêtes nationales sont souvent, pour les États modernes, des fêtes d'indépendance. Accession à la liberté, l'égalité, l'autonomie. Passage de la monarchie à la république et, parfois — forme intéressante —, reconquête des autonomies par rapport à une colonisation venant d'un pays-métropole. Mais, paradoxalement, la naissance de nations nouvelles est en même temps naissance de nationalismes plus ou moins accentués, qui se marquent par un repli sur soi et l'exclusion de l'étranger.

La terminologie politique la plus banale devient alors riche d'enseignements : la « nation » devient la « mère patrie » et les « citoyens » sont alors les « enfants » de la « patrie ». On parlera des « mamelles de la France », etc. Le nationalisme est un retour à la terre mère, marquant un sevrage inaccompli : « syndrome de cramponnement » au corps maternel, au corps de l'État, au corps de l'armée[6]. Tout fonctionne avec un ensemble de formules et de préjugés idéologiques tout faits, que les « enfants de la patrie » boivent comme du petit-lait.

L'expérience du peuple hébreu est tout à fait caractéristique à cet égard. La Bible est essentiellement le récit de la constitution d'un peuple. Mais celui-ci ne naît pas sur la terre qu'il va habiter

5. Cf. I. Hermann, *L'Instinct filial*, G. Kassai (trad.), Denoël, 1972.
6. Boutade : pourquoi *l'armée* est un mot qui peut s'écrire *la mère*?

par la suite. Il ne naît pas sur la terre de la promesse. Il naît à partir de l'Égypte, en sortant d'Égypte, comme un enfant sort du ventre de sa mère. La terre d'Égypte est pour le peuple hébreu comme sa mère, sa matrie. Mais c'est la sortie de la matrice mère qui est l'acte de naissance et la Loi des « dix paroles » l'ensemble des lois et des forces de séparation qui permettront de ne pas retourner en Égypte.

Non pas parce que ce fut le pays de l'esclavage mais parce que ce fut le lieu de naissance : le corps maternel. Et peut-être que l'esclavage est justement ce retour à la mère, la non-castration.

La première parole des « dix paroles » : « Je suis l'Éternel qui t'a fait sortir d'Égypte... », est suivie immédiatement par l'interdiction de l'idolâtrie. Il existe un interdit du retour en Égypte qui marque symboliquement l'interdit de l'inceste... Le voyage et l'errance dans le désert viennent faire séparation entre la matrie de naissance et le pays de la promesse.

Le sevrage est un refus de la totalisation, une ouverture à l'autre et à l'étrangeté de l'étranger. Une société psychologiquement mûre est ouverte à l'altérité d'autrui, à un mouvement de transcendance et d'accueil : « Tu aimeras et respecteras l'étranger, car toi-même, tu as été étranger dans le pays de l'Égypte. » Il est essentiel de remarquer la grande importance du souvenir du séjour et de la sortie d'Égypte, que ce soit dans le texte biblique lui-même ou dans la liturgie et le rituel.

Le texte biblique pose l'équation suivante : sortie d'Égypte = respect et amour de l'étranger = lois d'organisation du sol et de la terre[7]. Les lois concernant la terre et les récoltes consistent à faire prendre conscience à l'homme de la distance qui le sépare de la terre. Le rapport au sol ne peut être total. Il doit toujours y avoir la marque d'un manque, d'un vide — séparation et coupure.

7. Cf., par exemple, Lévitique, chap. 24 et 25.

Quelques exemples : lors de la récolte, il faut donner un cinquantième de cette récolte au prêtre, un vingtième au *Lévi* et un dixième aux pauvres[8]. Pendant la moisson, un coin de champ ne doit pas être moissonné et est laissé aux pauvres (lois du *pèa*). Il est interdit de récolter et de consommer les fruits de la septième année *(chemita)*. Les terres n'appartiennent à leurs propriétaires que jusqu'à la cinquantième année *(yovèl)*. Les *Léviim* n'ont pas droit à la possession des terres, etc. L'ensemble de ces idées est présenté et discuté dans la première partie du Talmud, intitulée *Zeraïm*, c'est-à-dire « Semences »[9].

L'opposition classique nature/culture comporte dans sa formation encore trop de terroir. Le Talmud propose une opposition culture/éthique, où l'éthique, au-delà de la culture, est la prise en compte de l'existence et du respect d'autrui, de sa faim, de sa souffrance. Une humanité cultivée peut être encore barbare et envoyer des millions de personnes à la mort aux sons de la musique de Wagner ou de Beethoven !

Dans cette première partie du Talmud, il existe cependant une anomalie de thème et de structure. Le premier traité, intitulé *Berakhot* (« Bénédictions »), est consacré en son ouverture aux règles de lecture du *Chema Israël*, passage clef de la prière hébraïque. Il y a là un véritable traité sur la lecture : temps de la lecture, rythmes, positions, etc. Comme si, avant même d'entrer dans l'éthique comme dépassement de la culture ou, plus précisément, pour entrer dans une humanité éthique, ou dans une culture humaine non barbare, il fallait apprendre à lire. Au commencement est la lecture !

8. Ce sont la *térouma*, le *maassère* et le *maassère ani*.

9. Le Talmud est divisé en six parties, chaque partie est divisée en traités et les traités en chapitres. Sur la structure du Talmud, cf. M.-A. Ouaknin, *Le Livre brûlé*, *op. cit.*, p. 23-95.

Et le Talmud pose d'emblée l'articulation « lecture » et « culture-éthique » de façon tout à fait surprenante : « A partir de quand lit-on le *Chema* le soir ? A partir du moment où les *cohanim* [prêtres] rentrent chez eux pour manger la *terouma* [le prélèvement qui leur est dû]... » Le Talmud lui-même s'étonne de cette formulation concernant la règle du temps de lecture. Car, pour connaître l'heure de lecture, il faut connaître l'heure à laquelle les *cohanim* rentrent chez eux pour manger la *terouma*, et on est donc obligé de poser une seconde question : à partir de quelle heure les prêtres rentrent ?...

Puisqu'on va nous répondre que les prêtres rentrent au coucher du soleil, n'était-il pas possible de formuler l'ensemble ainsi : « A partir de quand lit-on ? A partir du coucher du soleil... » Pourquoi faire ce détour par l'heure des prêtres[10] ?

Parce qu'il existe un rapport entre la lecture et la nourriture, parce que la lecture comme cette nourriture de prélèvement est désistence par rapport à la terre, par rapport à la mère. La sortie d'Égypte crée un rapport non ontologique à la terre mère, rupture dont la permanence est garantie par les lois de culture-éthique, elles-mêmes garanties par la lecture.

4. Lecture et nourriture

L'existence passe par le « sevrage », nommé en hébreu par le terme générique *mila*, « coupure », qui n'est pas seulement la circoncision. Nous avons vu que *mila*, c'est aussi le mot « parole »,

10. Cf. aussi M.-A. Ouaknin, *Lire aux éclats, op. cit.*, éd. Lieu commun, 1989, p. 308.

millèl étant le verbe «parler», «raconter». Cette articulation du langage et de la castration peut encore être soulignée par l'enseignement que nous offre le rapport des chiffres et des lettres dans la langue hébraïque.

Le mot *mila* possède une valeur numérique de 85 (*mèm-yod-lamèd-hé* : 40 + 10 + 30 + 5), chiffre qui s'écrit aussi *pé-hé* (80 + 5), deux lettres qui disent le mot *pé*, signifiant «bouche», et qui est, comme nous l'avons vu, la structure intime du «livre»[11]. L'idée fondamentale offerte par le «cœur du livre» repose sur le fait que la «bouche» — parole, lecture, interprétation — vient faire coupure et réalise à chaque fois selon des modalités différentes les «castrations» nécessaires au passage à un plan d'existence plus élevé et plus élaboré.

Revenons sur une étape importante de l'évolution de l'enfant. Dans la tradition hébraïque, l'âge des trois castrations — ombilicale, orale et anale — a déjà eu lieu. L'enfant inaugure son autonomie culturelle, si l'on peut dire. Il existe alors une cérémonie où l'on coupe les cheveux, que l'on avait laissés pousser jusque-là, un événement de perte dont nous avons parlé : les cheveux sont comme des fils innombrables, de fines cordes (cordons) par lesquels on peut toujours avoir le sentiment d'être rattrapé[12]. Cette coupure des cheveux, accompagnée de chants, de danses, en présence de nombreux invités, est un acte de désistence. C'est le décrochage du corps de la mère. L'enfant accède à sa première liberté.

C'est au cours de cette cérémonie qu'a lieu un autre événement inaugural : l'enfant va manger des gâteaux de miel qui ont la forme des lettres de l'alphabet. Douce lecture ! Douce entrée dans

11. Cf. plus haut, cinquième partie, chap. III.

12. L'habitude existe de laisser pousser des «papillotes» de chaque côté du visage. Dans le hassidisme de Braslav, l'explication donnée est celle d'une «corde de rappel» par laquelle le maître peut rattraper le disciple en danger.

le monde des livres, doux passage de l'oralité-nourriture à l'oralité-lecture...

Un troisième moment de la cérémonie est marqué par la reprise de la *mapa*, longue bande de tissu[13] décorée artistiquement de dessins et de versets bibliques, avec le nom et la date de naissance de l'enfant. Rouleau textile et textuel d'état civil. Cette bande servira par la suite à envelopper et maintenir les rouleaux de la Tora, quand ceux-ci sont fermés. Ainsi la bande est déroulée et lisible à chaque lecture du texte.

Ouvrir le livre est pour l'enfant un moment de face-à-face avec son nom et son histoire. Les langes propres sont alors intimement liés au livre, à la lecture. Tous les détails de cette cérémonie sont comme des paradigmes des différents temps et étapes de la « castration », dialectisés dans le double mouvement de la perte et de l'acquisition. Futurisation de l'exercice passant à chaque fois par le livre et la lecture. Dans la tradition hébraïque, l'enfant apprend ainsi à lire à trois ans.

Insistons sur le fait que cette activité de lecture se porte garante tout au long de l'existence de l'efficacité et de la réalisation des castrations. L'être humain n'en a jamais fini d'être sevré, le processus doit être à chaque fois renouvelé.

Pour nous, c'est essentiellement l'herméneutique, lecture et interprétation, qui joue ce rôle essentiel de la possibilité d'entrer dans la civilisation.

13. De plus d'un mètre de long et de vingt centimètres de large environ. Cette coutume de la *mapa* est surtout répandue chez les Juifs d'origine alsacienne.

CHAPITRE VIII

L'humain : un souffle parlant

Au début du chapitre VI de cette cinquième partie, nous avons montré comment la non-mise en œuvre de l'herméneutique *(daroch-darach)* faisait naître le « sein », le « vol » et le « démon ». Nous avons commenté le « sein ». Qu'en est-il du « vol » et du « démon » ?

Disons brièvement qu'une parole reçue, acceptée sans avoir été reprise par l'innovation herméneutique, est comme un vol. La parole doit être *notre* parole et non une parole qui appartient à d'autres : « parole parlante » et non « parole parlée » ; *hidouch* ou innovation sémantique sont les fondements d'une parole existentielle qui structure la personnalité de l'humain, engagée dans une existence futurisée.

Quand la parole ne nous appartient pas, nous sommes parlés, comme si quelqu'un d'autre parlait en nous, *parole démoniaque*. Rabbi Nahman de Braslav propose un commentaire intéressant de cette parole démoniaque, en faisant référence à Lilith, la princesse de la nuit.

Le texte de Rabbi Nahman est très court et nous en donnons ici une traduction presque intégrale. Il se trouve dans les *Liqouté Moharan*, I, 83 :

> Sache que l'alphabet hébraïque contient six fois la lettre *pé*. En effet, il est impossible de lire le *aleph* sans *pé*. De même, le

> *khaph*, le *khaph* final, le *pé*, le *pé* final et le *qoph* : on compte en tout six lettres *pé* (ou *phé*). Or six fois *pé* correspondent en valeur numérique à 480, qui est aussi la valeur numérique de *Lilith*... Lilith est une écorce *[qlipa]* qui, pour exister, puise dans l'alphabet l'énergie nécessaire à son nom, c'est-à-dire les six lettres *phé* [...]. Sache que les six lettres qui contiennent un *pé* ont une valeur numérique équivalant au feu *[èch]*.

Dans la tradition populaire, Lilith est un démon. C'est une forme féminine du démoniaque. Elle séduit et elle dévore. Son nom lui vient de la nuit, *laïla*. Elle n'apparaît qu'une seule fois dans le texte biblique[1], mais elle est très présente dans les commentaires du Midrach.

Que veut dire Rabbi Nahman ? L'alphabet hébraïque se compose de vingt-deux lettres consonnes. Cinq lettres adoptent, en position finale d'un mot, une autre forme graphique. Ce sont les lettres *kaf, mèm, noun, pé, tsadé*. L'alphabet comporte donc en tout vingt-deux lettres, plus cinq lettres finales, soit vingt-sept lettres.

Parmi ces vingt-sept lettres, six contiennent la lettre *pé*, en écriture simple ou développée[2] : *aleph*, *kaph*, *kaph* final, pé, pé final, *qoph*. La lettre *pé* possède une « énergie sémantique » de 80. Et elle signifie par elle-même le mot « bouche ». L'alphabet hébraïque contient six « bouches » (six lettres *pé*), dont l'énergie sémantique est de 480 (6 × 80). Or, dit Rabbi Nahman, 480 est justement la valeur numérique (ou énergie sémantique) de *Lilith*, qui s'écrit :

[*lamèd-yod-lamèd-yod-tav :* 30 + 10 + 30 + 10 + 400 = 480.]

Lilith correspond à toute réalité qui, pour exister, a besoin de puiser dans le langage — d'épuiser le langage —, toutes les lettres *pé*, toutes les « bouches ». Il reste alors un corps sans « bouche »,

1. Cf. Isaïe, 34, 14.
2. L'écriture simple est la lettre elle-même ; l'écriture développée est constituée par l'ensemble des lettres nécessaires à prononcer la lettre. Exemple en français : *h* et *hache*.

un alphabet sans parole... une « écorce vide », qui se dit en hébreu *qlipa*.

Les six lettres qui contiennent la lettre *pé* ont, en écriture non développée, une valeur numérique de 301[3], qui équivaut à la valeur numérique du mot « feu », *èch* (*aleph-chin* : 1 + 300). Ce très beau texte de formulation « alghébraïque » est un commentaire de ce que la tradition hébraïque nomme le « démon » et le « démoniaque ».

Le fait que le « démon », *chèd*, soit apparu dans le refus de considérer l'herméneutique comme le cœur du livre est archifondamental. Il y a situation démoniaque à chaque fois qu'il n'y a pas une reprise herméneutique, c'est-à-dire une réappropriation subjective de la parole[4]. Un corps éclôt dans l'humanité de l'humain à partir non seulement *du* langage, mais encore de *son* langage.

Certes, l'enfant reçoit le langage de manière passive, on lui parle, il est parlé. Mais, déjà, il réagit — il s'exprime — de façon infralangagière ou préverbale, et c'est déjà un langage. L'humain naît et vit du langage. La « respiration de vie[5] » insufflée au premier homme le transforme en « être vivant[6] » et en « souffle parlant[7] ». Le souffle parlant est fondateur de l'humain. Rien n'est seulement organique chez l'humain, tout est souffle parlant. Pour que rien ne reste dans l'organicité, il faut parler. « Sans mots reçus sur les expériences et les perceptions, l'être humain se déréalise. »

3. *Aleph* = 1; *kaf* = 2; *kaf* final = 20; *pé* = 80; *pé* final = 80; *qof* = 100; 1 + 20 + 20 + 80 + 80 + 100 = 301 = *èch*.

4. Sur les démons et la lecture, cf. M. Tasitano, *L'Œil du silence. Éloge de la lecture*, Verdier, 1989, p. 90.

5. Cf. Genèse 2, 7 : *nichmat hayim*, « respiration de vie ».

6. *Nefèch haya* : « être vivant ».

7. Traduction araméenne d'Onkolos de l'expression précédente : *rouach memalléla* : « souffle parlant ».

Le langage n'est pas seulement le propre de l'adulte, le petit *infans*, qui ne s'exprime pas encore dans un langage articulé linguistiquement mais parle à sa façon, a lui aussi besoin d'«aliments symboligènes», de paroles adressées à sa personne : «Le langage en paroles est ce qu'il y a de plus germinant, de plus inséminant, dans le cœur et dans la symbolique de l'être humain qui naît» (Dolto).

Ce qu'il faut souligner ici, c'est qu'il existe un ensemble de langages non verbaux qui parlent aussi : langage olfactif, visuel, gestuel, rythmique, etc. Et qu'il existe aussi un langage verbal fait de phrases et de mots qui ne parlent plus, qui n'appartiennent pas à la bouche qui les prononce. Cette parole pré-fabriquée, neutre et anonyme, qui prend la place d'une parole vivante et historiquement ancrée dans la subjectivité d'un individu est la parole démoniaque qui fait sortir l'humain de l'Histoire et de l'existence.

La bibliothérapie herméneutique consiste essentiellement, par l'intermédiaire de la lecture interprétative, à continuer à faire vivre les mots en l'homme, à faire circuler l'énergie symbolique, à faire en sorte que les mots se fassent histoire, dynamisation du temps par éclatement des nœuds de l'être portés-inscrits dans des mots «extérieurs à l'individu qui les profère».

La lecture bibliothérapeutique fait sortir de la pétrification de l'être, reposant sur la pétrification des mots. Déliement des mots enchaînés dans des structures définitives, où ils n'ont pas la force de dire la vie... L'herméneutique n'est pas une possibilité du monde mais une nécessité incontournable.

Comme être appartenant à une société, l'humain est construit, préfabriqué par les institutions. Le sujet est toujours d'abord le produit d'une préfabrication institutionnelle : «subjectivité préfabriquée». L'enfant naissant entre dans l'institution du langage. Le lexique et les règles de grammaire sont déjà là quand il prend la «parole en marche». La structure du langage qu'il entend et acquiert ne lui appartient pas en propre. Comme l'a bien distingué Ferdinand de Saussure, c'est la «langue», masse linguistique commune disponible, qui s'oppose à la «parole», performance individuelle de la langue par une personne unique.

Ainsi la parole devrait toujours être de l'ordre de l'unique et de l'original. Mais l'habitude et les réflexes, les normes éducatives induisent une réduction de la parole à la langue, un effacement de l'unique, neutralité d'une pseudo-parole... Et lorsqu'un individu commence à parler, il ne parle déjà plus, il est parlé : «L'être parlant est parlé, il est parlé par le discours des institutions, le discours dogmaticien. Avant même d'être né, tout individu est parlé, du seul fait que les institutions existent et fonctionnent» (Pierre Legendre).

Il ne s'agit pas de détruire les institutions : celles-ci sont nécessaires, préservent de l'anarchie et permettent aussi un horizon commun de pensées et de manière d'exister. Et les textes fondateurs, autour desquels se recueille *(logos)* la communauté, les mythes, construisent une mémoire commune sans laquelle une cohésion sociale est impossible.

Cependant, en rester à l'opinion commune de la *doxa* produirait une société dogmatique, un «homme unidimensionnel», selon la belle expression de Marcuse[8]. Il n'y a donc pas rejet de la traditionalité du sens, mais mise en mouvement d'une dialectique de l'ancien et du nouveau, création d'une «tradition du nouveau». Selon une terminologie proposée par Jan Patocka, il existe une dialectique entre le «préhistorique» et l'«historique»[9].

Le monde en lui-même n'est pas sensé, il reçoit son sens de l'homme. Mais l'homme, venant après d'autres hommes, peut

8. H. Marcuse, *L'Homme unidimensionnel*, Éd. de Minuit, 1968.
9. Cf. J. Patocka, *Essais hérétiques sur la philosophie de l'Histoire*, Verdier, 1981.

accepter le sens préalable du monde sans remise en question; il peut laisser vieillir le «sens déjà là» du monde et, par là même, se produire comme vieillesse. Dans ce cas, l'homme est préhistorique! Le monde est posé dans *son sens* : idole. Ici, l'à-venir n'a pas sa place puisque tout est déjà en place.

L'être «historique» est celui qui, capable d'un autre destin par la remise en question du sens du monde, s'inscrit dans la fécondité. La fécondité exclut «la redite du moi qui, s'aventurant vers un avenir indéterminé, retombe sur ses pieds et, rivé à soi, cesse : le moi est réellement autre et jeune. La fécondité produit l'Histoire sans entraîner la vieillesse» (Lévinas).

La distinction entre l'historique et le préhistorique est fondamentale car elle souligne avec force que l'homme a une responsabilité concernant l'Histoire. Cette responsabilité concernant l'Histoire consiste pour l'homme à instituer entre sa propre fugacité et l'écoulement du temps une temporalité proprement humaine. Chaque société *est* une manière de faire le temps.

Pour la bibliothérapie, le temps est un temps herméneutique, fabriqué par les innovations sémantiques du sens du monde et de l'homme. L'Histoire devient cette dialectique entre la tradition et ses innovations. Le préhistorique signifie seulement alors le sens de l'homme face à ce sens, jamais repris dans un questionnement.

La «parole parlante» de l'innovation sémantique (ou *hidouch*) est un pouvoir de rupture, la «tradition» un pouvoir de continuité : ce sont les mots fondamentaux par lesquels l'homme humanise son histoire et donc la produit. Le monde n'est pas seulement humain parce que nous agissons en son sein, mais encore parce que nous dialoguons à son propos, parce que nous débattons du sens de ce qui se produit en son sein : parce qu'il est pour nous problématique et ainsi historique.

La notion d'Histoire est éminemment temporelle : carrefour

même du temps entre passé et futur. Dans une autre terminologie, plus biblique, celle de Franz Rosenzweig, on dira que la Révélation est ce présent de l'irruption d'un autre ordre qui brise la structure empêtrée de l'être, pour la tirer du passé et la propulser dans l'avenir. Il s'agit d'assumer la responsabilité pour le sens de ce qui se produit dans le monde, en le reprenant aux générations passées et en le transmettant aux générations futures. L'existence de la tradition permet à l'homme de ménager un espace de mémoire pour héberger ses actions et ses paroles ; c'est à partir de cette réserve que lui-même et d'autres pourront exercer leur pouvoir de produire du nouveau.

Par l'acceptation de la tradition, les actions et les paroles se font horizon commun du monde, se font mémoire pour la communauté, « la mémoire de la tradition garantit la préexistence d'un monde commun » (Hannah Arendt). Ce qui advient comme événement singulier et « fait historique » peut devenir un lien entre les époques ; naît alors une temporalité mémorielle transgénérationnelle[10]. Mais la mémoire seule ne suffit pas pour qu'il y ait Histoire. La tradition-mémoire doit être reprise par l'action et les idées novatrices.

Un passé sans tradition est une violence pour le présent, alors que le passé de la tradition ne tire pas en arrière mais pousse en avant ; selon la formule de Rabbi Nahman : *« Ein zékhèr éla lealma déaté »* (« Il n'y a de souvenir qu'en direction du monde qui vient »)[11]. La tradition n'est jamais l'ensemble du passé qui se transmet, mais un choix de certaines significations forgées par les générations passées.

L'activité herméneutique d'une lecture-interprétation-création ouvre au futur une tradition qui, à son tour, n'est tradition

10. Sur la nécessité du transgénérationnel en thérapie, cf. plus haut, deuxième partie, chap. II, 8.
11. *Liqouté Moharan*, I, 54.

vivante que si elle ne se réduit pas à la pure répétition mécanique mais est elle-même innovation, sous la forme de modulations toujours différentes d'un même fondement.

CHAPITRE IX

Lorsqu'un livre a rendez-vous avec son lecteur

A propos de la triple *mimesis* dans *Temps et Récit* de Paul Ricœur

> Le texte est le lieu d'une expérience singulière, privilégiée, d'une récréation dont chaque lecteur peut devenir le centre, pour peu qu'il veuille sortir de cette passivité où il s'appauvrit, qui l'isole du texte dont le sens lui échappe toujours en grande partie et nécessairement, puisque fixé par l'auteur, n'appartenant qu'à l'auteur, le lecteur n'y a aucune part. Que le lecteur apprenne qu'il n'est pas le spectateur ébloui ou ennuyé d'une histoire faite ailleurs avec laquelle il n'a pas maille à partir. Qu'il sache seulement que le texte lui parle de lui et de sa propre histoire et aussitôt lui apparaîtront des sens possibles. Le lecteur apprendra que le texte lui apporte dans un langage déjà codé, qu'il n'appartient qu'à lui de décoder, le souffle nocturne de sa vie la plus lointaine, ensevelie, indicible. C'est dire qu'il n'y a pas un sens fixé du texte, que la vérité du texte est partout et nulle part, que chacun a le pouvoir de faire exister des sens, de décider des sens...
>
> Serge Viderman, *Le Céleste et le Sublunaire*[1].

1. PUF, 1977, p. 44.

Dans son grand ouvrage *Temps et Récit*[2], Paul Ricœur déploie une véritable philosophie de la lecture. D'inspiration phénoménologique et herméneutique, à partir des pensées d'Aristote et de saint Augustin, autour d'exemples littéraires précis[3], la question posée par Ricœur est celle de l'articulation du temps et du récit.

L'hypothèse de base de Ricœur est qu'« il existe entre l'activité de raconter et le caractère temporel de l'expérience humaine une corrélation qui n'est pas purement accidentelle, mais présente une forme de nécessité transculturelle : le temps devient temps humain dans la mesure où il est articulé sur un mode narratif, et le réel atteint sa signification plénière quand il devient une condition de l'existence temporelle[4] ». Avec cette thèse fondamentale, la question du temps trouve enfin ici une voie concrète de son appréhension.

La richesse de cette approche n'est pas seulement théorique, mais aussi d'ordre pratique, car il ne s'agit plus seulement d'une philosophie du temps, sur le temps, mais d'un accès au temps vécu lui-même.

1. *Mimesis* : Aristote contre Platon

Le concept clef de l'ensemble de l'ouvrage de Ricœur s'intitule la « triple *mimesis* », que nous allons exposer maintenant.

Le terme *mimesis* vient de la poétique d'Aristote et signifie

2. Cf. plus haut, première partie, chap. II.

3. Dans le t. II, Ricœur analyse trois œuvres : *Mrs Dalloway*, de Virginia Woolf, *La Montagne magique*, de Thomas Mann, et *A la recherche du temps perdu*, de Marcel Proust. Cf. *TR II*, p. 152-225.

4. *TR I*, p. 85.

« l'imitation ou la représentation de l'action[5] ». Plus précisément encore, « l'imitation ou la représentation de l'action dans le médium du langage métrique, donc accompagnées de rythmes (à quoi s'ajoutent dans le cas de la tragédie, exemple *princeps*, le spectacle et le chant)[6] ». Chez Aristote, il s'agit de la *mimesis* propre à la tragédie, à la comédie et à l'épopée. Mais il n'insiste lui-même que sur la structure de la tragédie, qui, dit-il, « comporte nécessairement six parties, selon quoi elle se qualifie. Ce sont l'intrigue, les caractères, l'expression, la pensée, le spectacle et le chant » (50*a*, 7-9).

Ricœur analyse ce texte de la façon suivante[7] : dans ces six parties il y a, premièrement, l'objet de la représentation (le « quoi ») : intrigue, caractère, pensée; il y a ensuite le « par quoi », le moyen de la représentation : l'expression, le chant; et enfin le « comment », le mode de la représentation : le spectacle.

Une seconde hiérarchisation à l'intérieur du « quoi » met l'action au-dessus des caractères et de la pensée : « C'est qu'il s'agit avant tout d'une représentation d'action *[mimesis praxeôs]* et, par là seulement, d'hommes qui agissent » (50*b*, 3). L'action est l'âme de la tragédie : « C'est l'intrigue qui est la représentation de l'action » (50*a*, 1). La *mimesis* au sens d'Aristote est une imitation, une représentation qui est une activité mimétique en tant qu'elle produit quelque chose, à savoir précisément l'agencement des faits par la mise en intrigue.

Ce détour technique et terminologique est important car nous sommes habitués à entendre le *mimesis* dans son sens platonicien. Chez Platon, il y a *mimesis* entre les choses et les idées parce que les choses imitent les idées, comme les œuvres d'art imitent les choses. Il y a dans la *mimesis* platonicienne une déchéance de valeur entre l'idée et la chose. La chose est moins que l'idée. L'œuvre d'art

5. *TR I*, p. 58.
6. *Ibid.*
7. *Ibid.*, p. 59.

est moins que la chose. La chose s'éloigne d'un degré par rapport au modèle idéal (l'idée), qui en est le fondement ultime. Et l'œuvre d'art s'éloigne ainsi mimétiquement de deux degrés par rapport au modèle. On se rappellera la fameuse définition de l'art comme «imitation de l'imitation, éloignée de deux degrés de ce qui est[8]».

Chez Aristote, la *mimesis* est plus que l'agencement des faits de l'intrigue ou *muthos* : elle produit quelque chose de nouveau dans la réalité et n'en est pas que la pâle imitation.

2. *Mimesis I* : la structure prénarrative de l'expérience

En écho à Aristote se fait entendre la voix de Nietzsche :

> Aussi je me conte ici ma vie. Qui a la moindre idée de ce que je suis devinera que j'ai vécu plus d'expériences qu'aucun homme. Le témoignage en est même inscrit dans mes livres : qui, ligne par ligne, sont des livres vécus, à partir d'une volonté de vivre, et, par là, en tant que *création*, représentent un vrai supplément *[Zutat]*, un plus *[ein Mehr]* de cette vie[9].

L'agencement des faits d'une vie dans un livre n'est pas une biographie, au sens classique d'un récit de vie passée, de Mémoires. La biographie existentielle est une écriture de la vie, une vie qui accède à elle-même par l'écriture, un «bio» (vie) qui a besoin de l'écriture (graphie)[10] — agencement de faits, intrigue, fable,

8. Platon, *La République*, liv. X, 596*a*-597*b*.

9. Nietzsche, *Fragments posthumes*, Gallimard, 1977, p. 352 ; cité par M. Tasitano, *L'Œil du silence, op. cit.*, p. 123.

10. Sur la bio-graphie, la vie comme et par l'écriture, cf. l'œuvre de R. Laporte, en particulier *Quinze Variations sur un thème biographique*, Flammarion, 1975.

muthos —, en un mot, qui a besoin du récit pour devenir temps de vie, un vrai supplément, un plus de cette vie (c'est l'effet *mehr*!). La vie n'est-elle pas alors qu'une préhistoire, un récit potentiel, un ensemble de faits et de gestes qui attendent une « mise en texte », comme on parle d'une « mise en scène » ?

La *mimesis* comme représentation des actions de la vie, au sens d'une mise en texte, apporte un plus à la vie, qui devient la vie comme cet écart dynamique de la vie et d'une survie, transcendance même de l'ek-sistence :

> Sans quitter l'expérience quotidienne, ne sommes-nous pas inclinés à voir dans tel enchaînement d'épisodes de notre vie des histoires, « non (encore) racontées », des histoires qui demandent à être racontées, des histoires qui offrent des points d'ancrage au récit ? Je n'ignore pas combien est incongrue l'expression « histoire non (encore) racontée ». Les histoires ne sont-elles pas racontées par définition ? Cela n'est pas discutable si nous parlons d'histoires effectives. Mais la notion d'*histoire potentielle* est-elle acceptable[11] ?

Il y a dans l'expérience en tant que telle « une narrativité inchoative qui ne procède pas de la projection de la littérature sur la vie, mais qui constitue une demande de récit[12] ». Il existe ainsi une « structure prénarrative de l'expérience[13] ». La dialectique de la vie et du récit est constamment à l'œuvre.

* *
*

La vie est un roman : « Un roman est une vie prise en tant que livre. Toute vie a une épigraphe, un titre, un éditeur, un avant-

11. P. Ricœur, *TR I*, p. 113. C'est nous qui soulignons.
12. *Ibid.*
13. *Ibid.*

propos, une préface, un texte, des notes, etc. Elle les a ou peut les avoir[14]. »

La composition de l'intrigue, l'agencement des faits du *muthos*, est donc enracinée dans une précompréhension du monde de l'action. La *mimesis*, au sens aristotélicien, est une imitation d'action et nécessite une compétence préalable capable d'identifier l'action en général par ses traits structurels, une compétence à utiliser de manière significative le réseau conceptuel de l'action. La *mimesis I* est l'ensemble de cette précompréhension de ce qu'il en est de l'agir humain, déjà organisé par des lois[15], des règles et des normes, un ensemble de médiations symboliques qui structurent une société et les individus qui la constituent. Elle est l'agencement des faits dans la réalité, en attente de devenir récit ; c'est donc la *structure prénarrative* de l'expérience ou ce que nous avons appelé avec Ricœur « histoires potentielles ». L'action est alors une sorte de quasi-texte[16], de pré-texte en attente de devenir texte.

Comme le formule Wilhelm Schapp, l'homme est un « être enchevêtré dans des histoires[17] ». L'histoire racontée est en continuité avec l'enchevêtrement passif et actif, conscient et inconscient, dans des histoires dont l'origine n'est pas toujours connue. *Mimesis I* est « l'histoire non encore racontée » qui vit au cœur même de l'existence : « Nous racontons des histoires parce que finalement les vies humaines ont besoin et méritent d'être racontées. »

Les vies humaines... Toutes les vies ! Et non seulement celles des forts, des vainqueurs et des grands hommes. Cette dernière remarque introduit une dimension éthique dans la *mimesis*, dès le niveau

14. Novalis, cité par M. Robert, *Roman des origines et origines du roman*, Gallimard, coll. « Tel », 1992, p. 11.

15. La « loi », le « légal », est à rapprocher étymologiquement de *legere*, « lire ».

16. Cf. P. Ricœur, Du texte à l'action, *op. cit.*, p. 183 *sq.*, chap. intitulé « Le modèle du texte, l'action sensée considérée comme un texte ».

17. Wilhelm Schapp, *L'homme empêtré dans des histoires*, trad. et postface de J. Greish, Éd. du Cerf, 1993.

de *mimesis I. Toute* vie possède suffisamment d'importance et d'intérêt pour devenir récit. *Toute* vie est une «histoire potentielle». Le droit au récit est un droit élémentaire de l'humain. Ce n'est pas parce que l'on est un «grand homme» que la vie devient récit, mais c'est parce que la vie se fait histoire, récit, narration que l'on accède à la dimension de «grand homme».

Mais il n'y a pas de «grands hommes» et de «petits hommes». Il n'existe que des hommes qui partagent tous les mêmes droits, en premier lieu qui partagent la même dignité au droit à être raconté.

* *
*

Un des livres les plus importants de la mystique juive, le *Sépher Yetsira*, le «Livre de la Création», enseigne que le monde a été créé par trois choses : le *livre*, le *compte* et le *récit*; il déploie ainsi la racine hébraïque *S-Ph-R*, qui, selon les voyelles, écrit *SéPheR* («livre»), *SéPhaR* («compte», «chiffre»), *SipouR* («récit»)[18]. Selon notre commentaire, cela signifie que la vie de chaque homme[19] se déploie en passant nécessairement par ces trois modalités d'existence.

Dans l'ordre de l'humain, chaque personne a une importance fondamentale, chaque singularité *compte*... Le «ne pas être compté» ouvre la voie à ce que nous développerons plus loin sous le nom de «complexe d'Abel»[20].

Cette importance de chaque être humain passe par la possibilité d'une inscription dans «le livre» et la reprise de cette inscription par le récit et la lecture que d'autres pourront en faire. On retrouve

18. Cf. *Le Livre de la Création,* avec un commentaire de Saadya Gaon, Bibliophane, 1982.
19. «Chaque homme est un monde», dit le Talmud.
20. Cf. deuxième livre, «Le complexe d'Abel».

ici la thèse de Ricœur : « Le temps ne devient humain que dans sa modalité de temps raconté. »

Il semble extrêmement intéressant que la six cent treizième et ultime loi que les maîtres du Talmud retiennent du texte biblique soit : « Il existe une obligation pour toute femme et tout homme d'écrire un livre, d'écrire sa propre histoire[21]. »

3. *Mimesis I* et psychanalyse

La préfiguration narrative interne à l'expérience de la vie quotidienne trouve peut-être son expression dans le cadre de la psychanalyse.

La « révolution psychanalytique » s'inscrit dans l'histoire de la philosophie à la fois sous la forme d'une continuité et sous celle d'une rupture. La modernité philosophique est marquée par l'émergence du sujet, de la subjectivité, du droit au « je ». C'est avec la Renaissance, puis dans la formulation cartésienne du *cogito* qu'advient cette modernité. Dans le « je doute, je pense, je suis » de Descartes, c'est le « je » qui est événement. En opposition à un « il y a de la pensée et de l'être », garantis identiques pour tous selon des hiérarchies institutionnelles, le « je pense » affirme qu'il y a toujours d'abord un individu dans sa singularité, son unicité et originalité. Le sujet produit un « penser » et un « parler » ouvrant sur une existence libre et créatrice.

L'œuvre de Freud appartient à cette modernité en exposant et

21. Cf. commentaire du texte de Deutéronome 31, 19 : Talmud, *Sanhédrin*, 21*b*. La métaphore de l'inscription de l'existence dans le livre est très fréquente dans la tradition juive. En particulier dans le rituel de *Roch hachana*, le Nouvel An juif.

démontrant cliniquement que l'être, et plus particulièrement le «bien-être», trouve son authentique possibilité dans la réappropriation subjective de la parole et de la pensée. Continuité donc, mais aussi rupture, car Freud découvre que ce n'est pas seulement dans la clarté d'un *cogito* conscient qu'on atteint l'être subjectif de chaque existence, mais qu'il faut passer par un voyage au cœur de l'inconscient pour rencontrer le noyau fondamental de l'organisation dynamique de la vie.

La découverte des forces de l'inconscient serait la grande découverte de Freud. Soit! Il semble cependant qu'on puisse souligner un autre aspect de la psychanalyse, qui est aussi une fantastique révolution de notre manière d'être au monde. En deçà même du pouvoir magique des mots qui apportent la «guérison», il y a le fait pour un individu singulier de se mettre à raconter, à produire le récit de sa vie, à «écrire» son livre, pour en être le premier auditeur et le premier lecteur. Avant toute théorie, c'est la dimension narrative qui est la clef de l'acte analytique.

La «narrativité en acte» sur le divan construit une histoire et produit des effets de langage dont l'efficacité thérapeutique est à chercher dans la dimension narrative elle-même[22]. Mais la «narrativité en acte» bouleverse les comportements «hors divan» en faisant prendre conscience de la structure prénarrative de l'expérience quotidienne. Les effets de la parole analytique transforment la manière de considérer ses propres faits et gestes, qui sont, à un degré plus ou moins grand, «en vue de...», en attente de récit, ou histoire, non raconté.

L'analyse n'a pas seulement lieu dans le cadre strict de la séance.

22. Nous n'entrerons pas dans les détails de ce que Freud a appelé lui-même le *roman familial*. Nous renvoyons ici à une analyse de ce thème *in* M. Robert, *Roman des origines et origines du roman*, *op. cit.*, p. 41 *sq*. Le chapitre est intitulé «Raconter des histoires».

Entre chaque séance le monde acquiert une structure prénarrative qui est le sens exact de la *mimesis I*. *Mimesis I* est une *préfiguration* narrative du monde qui trouve son actualisation dans une *configuration* narrative, la structure du récit proprement dit, qui appartient à l'ordre de ce que Ricœur nomme *mimesis II*.

Ainsi la séance analytique est de l'ordre de *mimesis II*, alors que les temps «entre deux séances» sont de l'ordre de *mimesis I*. Sous cet angle, «on peut considérer l'ensemble des théories métapsychologiques de Freud comme un système de règles pour raconter les histoires de vie et les élever au rang d'histoires de cas[23]».

Il faut insister sur la notion d'«histoire de cas». Contre la théorisation, l'histoire de cas devient à chaque fois un récit paradigmatique, auquel on peut se référer, dont aucune lecture ou interprétation ne peut épuiser le pouvoir de signifier.

Le fait que la littérature psychanalytique se présente (et doit continuer à se présenter) sous forme de récits de cas est inhérent à la structure narrative de la pratique analytique. Le récit de cas maintient la dimension éminemment subjective de la parole dans l'analyse, à laquelle on ferait violence en l'universalisant dans une pure théorie. Le cas clinique comme paradigme existentiel est une remise en question constante de la théorie, pour qu'elle reste une dynamique interprétative qui ne sombre pas dans le piège d'une idéologie dogmatique.

23. Cf. R. Shafer, *A New Language for Psychanalysis*, New Haven, Yale University Press, 1976, cité par P. Ricœur, *TR I*.

4. La dialectique du mythe et du rite au niveau de *mimesis I*

Le texte biblique — et en particulier les cinq livres de Moïse — est un tissu enchevêtré de *mythes* et de *rites*. La hiérarchie chronologique entre ces deux éléments suit originellement la séquence *mythe-rite*. En fait, il existe une triade : expérience-événement/mythe/rite. Un événement vécu est repris sous la forme d'une histoire qui, acceptée collectivement par un groupe social, devient une partie de sa mémoire : « mémoire narrative ». Ensemble de paroles qui fondent les origines collectives du groupe. Paroles fondatrices d'identité individuelle et collective : le mythe.

Cette mémoire narrative, orale ou écrite, est reprise à un second niveau par un agencement de gestes pour créer une « mémoire gestuelle ». C'est la création du rite. Le rite est la mémoire du mythe. Il est un enfant du mythe. L'exemple princeps se rencontre dans le texte biblique, avec l'épisode du combat de Jacob avec l'ange[24].

Le fait que le récit du mythe produit un nouvel ensemble de gestes et de comportements, ce passage du texte à l'action, cette *refiguration* du récit à partir de la *configuration* du récit, est une grande partie du travail de *mimesis III.*

Cependant, ce que nous venons de décrire n'est pas le « rite vécu » mais le processus de naissance d'un rite à partir d'un mythe. L'évolution sociale et historique du rite aboutit souvent à ce que l'on pourrait nommer l'« oubli du mythe ». Les rites sont alors effectués par des « pratiquants » dont le seul souci est le

24. Cf. Genèse 32, 32, essentiellement le rite de l'interdiction alimentaire du nerf sciatique, qui est conséquent au fait que Jacob a été touché à la hanche pendant le combat.

«geste juste», sans aucune considération pour les mythes qui leur ont donné naisssance. Cette situation est d'ailleurs sélective, car certains rites gardent un lien fort avec leurs mythes générateurs.

Notons ici que le travail essentiel du Talmud consiste en la recherche de l'articulation du «rite» et du «mythe», produisant le «rythme»!

* *
*

Ces remarques nous semblent fondamentales car elles vont nous aider à approfondir encore le caractère prénarratif de l'expérience quotidienne, que nous appelons, avec Ricœur, le niveau de *mimesis I*.

Toutes les sociétés — et en particulier les sociétés dites laïques — sont organisées et structurées autour de mythes et de rites oubliés. Le comportement des individus d'une société est souvent, trop souvent, le vestige d'un comportement rituel. Le vêtement, l'habitat, les manières de table sont toujours les traces plus ou moins visibles d'un folklore rituel-mythique. De fait, la structure de l'expression quotidienne est déjà ritualisée; elle est déjà la transcription gestuelle d'un ensemble de mythes à l'œuvre dans une mémoire-palimpseste.

En ce sens, la littérature n'est plus seulement la configuration narrative d'une structure prénarrative, mais le retour à une narrativité oubliée, fondatrice, sans laquelle une société ne peut exister. Aucune société ne peut exister sans les fondements de sa mémoire ou sans la mémoire de ses propres fondements, de ses mythes fondateurs.

La littérature peut aussi être lue comme une rétroversion, un voyage à rebours du rituel-palimpseste qu'est le quotidien, vers les mythes générateurs de ces rites.

Ainsi le quotidien est de l'ordre de *mimesis I*, non seulement parce qu'il peut s'organiser en un récit — en vue de... — mais encore parce qu'il est déjà complètement enchevêtré dans une structure narrative oubliée. Il s'agit dans ce cas de retrouver l'histoire oubliée, qui est plus qu'une histoire potentielle.

Il est bien évident que la littérature, cherchant ses mythes, ne les trouve pas nécessairement; mais en fait il ne s'agit pas de les retrouver réellement : le «mythe oublié» produit une dynamisation du discours et du récit, nous offrant à chaque fois le renouvellement de la création littéraire.

5. *Mimesis II* : fabriquer une histoire — la configuration

Nous avons souligné les caractères prénarratifs de l'expérience quotidienne; certains événements sont vécus en vue d'être racontés. De manière plus claire encore, l'expérience peut être structurée comme un récit, rituel (oublié), mémoire-palimpseste d'un mythe (oublié).

Mais la potentialité narrative ne suffit pas à raconter une histoire. L'ensemble des actions et des événements repérables dans l'ordre de *mimesis I* est comme un répertoire. Les actions sont comme dans une simple succession d'ordre sériel, toutes inscrites dans le même axe vertical en une neutre achronie.

Mimesis II consiste à «prendre» l'ensemble des éléments hétérogènes et discordants de l'expérience ordinaire et à en produire une intelligibilité. L'acte de faire récit, le *muthos*, est une opération, une structuration qui exige que l'on parle de «mise en intrigue», plutôt que d'«intrigue». La mise en intrigue est «l'ensemble des combinaisons par lesquelles des événements sont transformés en histoire [...]. Un événement n'est pas seulement une occurrence, quelque chose qui arrive, mais une composante narrative[25] ». Mis ensemble, les événements se font récits, contes, romans, drames, épopées, dont le caractère commun est la capacité à être raconté, à entrer dans une histoire « complète et entière[26] », ayant commencement, milieu et fin :

> Comprenons par là qu'aucune action n'est commencement que dans une histoire qu'elle inaugure ; qu'aucune action n'est non plus un milieu que si elle provoque dans l'histoire racontée un changement de fortune, un « nœud » à dénouer, une péripétie surprenante, une suite d'incidents « pitoyables » ou « effrayants » ; qu'aucune action enfin prise en elle-même n'est une fin, sinon en tant que dans l'histoire racontée elle conclut un cours d'action, dénoue un nœud, compense la péripétie par la reconnaissance, scelle le destin du héros par un événement ultime qui clarifie toute l'action et produit, chez l'auditeur, la *katharsis* de la pitié et de la terreur[27].

L'intelligibilité narrative produite par la mise en histoire introduit une logique causale et temporelle. La narrativité métamorphose une temporalité neutre et muette en une temporalité orientée linéairement du début à la fin d'une histoire, en passant par les nœuds de l'intrigue et de ses dénouements. La narrativité marque, articule et clarifie l'expérience temporelle. Elle est la condition de possibilité de l'émergence de la conscience du temps.

Tout processus temporel n'est reconnu comme tel que dans la mesure où il est racontable d'une manière ou d'une autre. La « racontabilité » est inhérente à la temporalité. Le caractère tem-

25. P. Ricœur, *Du texte à l'action, op. cit.*, p. 14.
26. Aristote, *La Poétique, op. cit.*, 1450*b*, 25.
27. P. Ricœur, *Du texte à l'action, op. cit.*, p. 13-14.

porel du récit permet à l'histoire d'être suivie : c'est le concept de *followability*[28] :

> Suivre une histoire, c'est avancer au milieu des contingences et des péripéties sous la conduite d'une attente qui trouve son accomplissement dans la *conclusion*. Cette conclusion n'est pas logiquement impliquée par quelques prémisses antérieures. Comprendre l'histoire, c'est comprendre comment et pourquoi les épisodes successifs ont conduit à cette conclusion, laquelle, d'être prévisible, doit être finalement acceptée comme congruante avec les épisodes rassemblés[29].

Cette remarque, apparemment banale, est importante car elle nous fait entrer dans la dialectique du temps impliquée par le récit. La non-prévisibilité de la fin est fondamentale, voire fondatrice d'une mise en tension de la conscience vers... Tout l'être est tendu, en attente et en suspens, qui n'est pas arrêt du temps mais bien sa dynamisation futurisante.

Le lecteur est souvent l'auteur — qui invente au fur et à mesure de son écriture, surpris lui-même par l'émergence multiple des possibilités de l'intrigue —, entré dans une orientation linéaire à laquelle invite le temps narratif. Ce temps linéaire suit la logique d'« il était une fois », « alors », « et alors », « enfin »... Tant que l'histoire n'est pas arrivée à sa fin, l'auditeur-lecteur-(auteur) (se) demande : « Et alors ? » « Et puis ? »

Les épisodes ne s'impliquent pas logiquement et mutuellement ; les différentes phases sont dans une relation d'extériorité. Les épisodes constituent une série ouverte d'événements. Si ce n'était pas le cas, chaque événement suivant serait prévisible et la question « et alors ? » n'aurait plus de sens. Cette non-prévisibilité de la suc-

28. Cf. *id.*, *TR I*, p. 104. Le concept de *followability* est emprunté à W. B. Gellie, *Philosophy and the Historical Understanding*, New York, Schoken Books, 1964.

29. *Ibid.*

cession des épisodes est une des conditions *sine qua non* de l'acte de faire récit.

Linéarité du temps, où « de nouveau » s'ajoute à « de nouveau », nouveauté qui constitue la temporalité narrative même. Linéarité, nouveauté et aussi irréversibilité, « puisque les événements se suivent l'un l'autre en accord avec l'ordre irréversible du temps commun aux événements physiques et aux humains[30] ».

Mais, d'un autre côté, la configuration narrative rend possible un « texte fini » possédant une « temporalité a-temporelle », morceau de temps enfermé dans les mots et les phrases, où le « déjà raconté une fois » implique la possibilité de la connaissance de la *conclusion* annulant la tension vers... Connaissant la fin, il est alors possible de parcourir le récit et l'intrigue à rebours. Ainsi, dès qu'une histoire est bien connue — et c'est le cas de la plupart des récits traditionnels et populaires, aussi bien que celui des chroniques nationales rapportant les événements fondateurs d'une communauté —, elle permet un nouvel accès au temps, un accès à d'autres modalités et qualité de temps.

En effet, l'histoire bien connue est déjà racontée, peut-être parcourue du début à la fin, mais aussi de la fin au début :

> Ainsi le récit traditionnel constitue une alternative à la représentation du temps comme s'écoulant du passé vers le futur, selon la métaphore bien connue de la « flèche du temps ». C'est comme si la recollection inversait l'ordre dit « naturel » du temps. En lisant la fin dans le commencement et le commencement dans la fin, nous apprenons aussi à lire le temps lui-même à rebours[31].

On peut aller plus loin, ici, qu'une simple lecture du temps car,

30. *Ibid.*, p. 104.
31. *Ibid.*, p. 105.

dans la lecture à rebours, ce sont toute la conscience et toute la personne qui peuvent être emmenées sur les ailes du temps. Il y a bien là une expérience du temps, un vécu de renversement de la temporalité.

6. Les jeux avec le temps

De façon générale, c'est bien un ensemble de «jeux avec le temps[32]» qui nous permet de réaliser le récit, et pas seulement le récit traditionnel. Les jeux avec le temps peuvent être internes au récit, que le contenu temporel soit explicite ou non.

Ricœur donne trois exemples de ces fables sur le temps, trois œuvres paradigmatiques : *Mrs. Dalloway*, de Virginia Woolf, *La Montagne magique*, de Thomas Mann, et *A la recherche du temps perdu*, de Marcel Proust. Ces œuvres nous offrent un ensemble de variations sur le temps, que le lecteur va pouvoir expérimenter dans l'acte de lecture.

On perçoit d'emblée la fragile limite entre *mimesis II* — la configuration instance du temps — et *mimesis III* — la refiguration du récit et de sa temporalité dans l'acte de lecture. On pourrait objecter par exemple que la linéarisation et l'inversion du temps que nous avons évoquées plus haut appartiennent déjà à *mimesis III*, et non à *mimesis II*. Cependant, c'est bien parce que le récit propose une configuration «début, milieu, fin» que ces expériences sont possibles.

Les jeux avec le temps sont aussi externes au récit, dans le temps de raconter lui-même. Ricœur insiste sur la distinction entre

32. *Ibid.*, p. 92 *sq.*

l'énoncé et l'énonciation, c'est-à-dire entre ce qui est raconté, le contenu du récit, et le fait de raconter, ce qui implique les deux temps distincts : *temps raconté* et *temps du raconter*[33].

Il existe en fait dans tout récit trois réalités et trois temps qui correspondent aux trois *mimesis* : la réalité extérieure, la réalité dans le livre, la réalité du lecteur; trois temps : temps prénarratif, temps narratif (interne au récit), temps postnarratif; trois temps qui, articulés au temps du récit, appartiennent encore à la sphère de la narrativité.

La temporalité humaine émerge de la complexe dialectique de ces trois temps et réalités.

* *
*

7. *Mimesis III* : le lecteur est au rendez-vous — la refiguration

Pour parfaire cette esquisse de la triple *mimesis*, il nous faut préciser le sens de *mimesis III*, à laquelle nous avons déjà fait plusieurs fois allusion.

S'il est juste de considérer *mimesis II* comme le pivot logique de la triple *mimesis*, c'est la *mimesis III* qui est le noyau fondamental au niveau existentiel. *Mimesis III* est l'ensemble des effets du récit sur le lecteur et sur sa façon de réorganiser sa vie et le monde qui l'entoure. C'est, littéralement, le mouvement et le passage du « monde du texte » au « monde du lecteur »[34], le *mou-*

33. *Id.*, *TR II*, p. 113. Distinction introduite par Gérard Genette et Günther Müller : *erzählte Zeit* et *Erzählzeit*.

34. *Id.*, *TR III*, chap. « Monde du texte et monde du lecteur », p. 284 *sq.*

vement du texte à l'action, ouverture du texte vers le monde réel. C'est, pour ainsi dire, la dimension *performative* du récit.

La fiction narrative «imite» l'action humaine, en ce qu'elle consiste à remodeler ses structures et ses dimensions selon la configuration imaginaire de l'intrigue. Le nouveau monde ouvert dans le texte — le «monde du texte» — intervient dans le monde de l'action pour le configurer à nouveau et mieux le transfigurer.

Cette transcendance de l'œuvre littéraire ouvre en général vers un autre monde, extérieur à elle-même, le texte à la clôture de ses contraintes internes et l'ensemble de ses structures immanentes : «Le "monde du texte" marque l'*ouverture* du texte sur son "dehors", sur son "autre", dans la mesure où le monde du texte constitue par rapport à la structure "interne" du texte une visée absolument originale[35].»

Cependant, il faut souligner et insister sur le fait que, sans le phénomène de l'acte de lecture, «le "monde du texte" reste une transcendance dans l'immanence»; une transcendance enfermée, enclavée, une transcendance prisonnière. «Son statut ontologique reste en suspens : en excès par rapport à la structure, EN ATTENTE DE LECTURE. C'est seulement dans la lecture que la dynamique de configuration achève son parcours. Et c'est *au-delà* de la lecture, dans l'action effective, instruite par les œuvres reçues, que la "configuration" du texte *(mimesis II)* se transmet en "refiguration" *(mimesis III)*[36].»

Nous pouvons ainsi énoncer une définition précise de *mimesis III* : «C'est l'intersection du "monde du texte" et du "monde du lecteur"; c'est l'intersection entre le monde configuré par le poème et le monde au sein duquel l'action effective se déploie et déploie sa temporalité spécifique[37].»

35. *Ibid.*, p. 286. C'est nous qui soulignons.
36. *Ibid.* C'est nous qui soulignons.
37. *Ibid.*, p. 286-287.

* *
*

Ainsi se boucle ce voyage préparatoire à la compréhension de l'acte de lecture et de ses effets, dont l'un, essentiel, est la possibilité d'un être-bien et d'un être-mieux. Ainsi la triple *mimesis* réalise un « arc herméneutique qui s'élève de la vie, traverse l'œuvre littéraire et retourne à la vie[38] ».

38. *Ibid.*, p. 286, n. 1.

SECOND LIVRE

Le complexe d'Abel

En chaque homme tu trouveras un point positif, même chez ceux qui t'apparaîtront comme les pires mécréants.
Inlassablement, généreusement, cherche, récolte, écoute...
Ce sont des notes de musique.
Danse!
Frappe des mains!
Fais surgir la mélodie!
Fais éclater le présent!
Découvre le miracle de l'aube fracturant la noirceur de la nuit.
Fais danser les lettres, les voyelles amoureuses de lointaines consonnes.
Fais danser les mots pour qu'ils deviennent des oiseaux.
Écris le chant joyeux de la guérison, le chant précieux de la délivrance.
Ainsi tu te souviendras de ton futur...

D'après Rabbi Nahman de Braslav,
Liqouté Moharan.

CHAPITRE PREMIER

Un livre pour guérir...

Nous commencerons par une légende.

A propos du verset : « Voici le livre des généalogies de l'homme[1] », le Zohar nous offre l'enseignement suivant[2] :

> I. « Voici le livre... » : il s'agit d'un livre. Quand Adam était dans le jardin de l'Éden, le Saint, béni soit-Il, lui fit descendre un livre par l'intermédiaire de Raziel, le saint ange, préposé aux saints secrets supérieurs. Dans le livre il y avait des lettres gravées, gravures supérieures, ainsi que la sainte sagesse. Soixante-douze sortes de sagesse (émanant du nom divin de soixante-douze triades de lettres), explicitées et déployées en six cent soixante-dix lettres gravées des secrets supérieurs.
>
> II. Au centre du livre, une lettre de sagesse gravée, qui permet d'accéder à la connaissance de mille cinq cents clefs, qui n'ont pas été transmises aux saintes créatures d'en haut. Et tous les secrets étaient cachés dans le livre avant qu'il arrive à Adam; les anges supérieurs s'assemblèrent autour de lui pour savoir et entendre; et ils disaient : « Élève-toi sur les cieux, Élohim, sur toute la terre est ta gloire[3] ! »
>
> III. A ce moment, le saint ange Hadarniel suggéra ceci à Adam : « Adam, Adam, cache la gloire de ton maître car il n'a

1. Genèse, 5, 1.
2. Zohar I, 55*b*.
3. Psaumes 57, 6.

pas été donné aux créatures supérieures de connaître la gloire de ton maître, nul autre que toi ne le peut. » Alors le livre resta caché et dissimulé jusqu'à ce qu'Adam sortît de l'Éden.

IV. A l'origine, Adam faisait une lecture approfondie de ce livre et se servait tous les jours des trésors de son maître. Ainsi lui furent dévoilés les secrets supérieurs, que ne connaissaient même pas les visiteurs de l'en haut. Quand il fauta, transgressant l'ordre de son maître, le livre s'envola... Adam se frappa la tête, pleura et entra jusqu'au cou dans les eaux du fleuve Guihon[4]. Les eaux rongèrent son corps et son rayonnement ternit[5]. Tout son corps se couvrit de plaies, au point de le rendre méconnaissable.

V. Alors le Saint, béni soit-Il, fit signe à Raphaël, l'ange de la guérison, qui lui restitua le livre. Adam guérit. Adam s'adonna à son étude, puis le remit à Chêt, son fils, et ainsi de suite à tous ses descendants, si bien qu'il parvint à Abraham, qui put grâce à lui [au livre] voir la gloire de son maître. De même Hanokh [Hénoch] à qui le livre fut donné, grâce auquel il put accéder à la gloire suprême.

4. Cf. Genèse 2, 10 *sq.*
5. Cf. *Pirqé de Rabbi Éliézer*, M.-A. Ouaknin et E. Smilévitch (trad.), Verdier, 1993, chap. 20, p. 119.

CHAPITRE II

Le livre des engendrements

Quel est le secret du livre ? Qu'est-il écrit de si formidable dans le livre d'Adam ? A quelle sagesse extraordinaire ouvrent les mille cinq cents clefs ? Quelle est la nature de ce remède qui a guéri Adam de ses plaies sur la peau et de sa souffrance d'avoir perdu l'accès au monde de l'en-haut ? Guérison du corps et de l'âme ! Comment retrouver ce livre ?

Le texte du Zohar nous met lui-même sur la voie. Il ne s'agit pas de n'importe quel livre, mais du « livre des Généalogies », auquel fait allusion le premier verset du chapitre 5 de la Genèse. Dans ce verset, le mot « livre » apparaît pour la première fois dans le texte biblique. Apparition princeps[1], qui doit donner une des clefs fondamentales de la compréhension du livre. En hébreu, le texte dit : *« zé sépher toldot adam »*, c'est-à-dire : « voici le livre des généalogies de l'homme ».

En fait, le mot *toldot*, que nous avons traduit par « généalogies », peut aussi se traduire par « engendrements », « générations », « histoire ». *Toldot* vient de la racine *yalad*, qui signifie « enfanter », « créer », « mettre au monde », « féconder », « donner naissance », etc.

La déclinaison sémantique de *yalad* donne :

1. Sur la règle de la première occurrence, cf. plus haut, livre premier, cinquième partie, chap. VI.

— « enfant » : *yélèd, yalda* ;
— « sage-femme » : *meyalédèt* ;
— « nouveau-né » : *youlad, nolad* ;
— « femme qui accouche » : *yolédèt* ;
— « enfanter » : *leholid* ;
— « accouchement » : *léda* ;
— « terre de naissance » : *molédèt* ;
— « temps de la nouvelle lune » : *molad* ;
— « conséquence » : *tolada* ;
— « histoire » : *toldot* ;
— « généalogies », « engendrements », « générations » : *toldot.*

CHAPITRE III

Le complexe d'Abel

Nous venons de le voir, la première apparition du « livre », *sépher* en hébreu, se trouve au chapitre 5, verset 1, du livre de la Genèse : *« zé sépher toldot adam »*, « voici le livre des généalogies de l'homme ».

La notion de livre inaugure l'énumération des générations. En effet, tout au long de ce chapitre 5, nous seront comptées et contées les généalogies qui vont d'Adam à Noé.

Faisons remarquer, avant de poursuivre, que le mot *adam* possède deux significations : c'est d'abord un terme générique, qui désigne l'humain (homme et/ou femme) et ensuite un nom propre : *Adam*. C'est sur ce point qu'insiste la suite de notre verset : 5, 1. « Voici le livre des généalogies de l'homme *[Adam]* : au jour où Élohim créa l'homme, à la ressemblance de Élohim Il le fit. » 5, 2 « Masculin et féminin Il le créa : Il les bénit et Il appela leur nom *adam* [humain] au jour de leur création. »

L'appellation « humain/Adam » est conséquente à la création bisexuée (masculin/féminin) et à la bénédiction qui est donnée à ce couple.

Dans un très beau livre intitulé *L'Histoire promise*, Catherine Chalier insiste sur la proximité entre la mort d'Abel, tué par son frère Caïn, et la première occurrence du mot « livre », dans notre verset 1 du chapitre 5. En effet, le « livre » fait son entrée sur la scène du texte juste après le chapitre 4 de la Genèse, où sont racontés la difficile et tragique existence d'Abel, sa presque non-vie et son assassinat : « Le "livre des Généalogies" ouvre le temps d'une histoire tendue vers l'émergence d'un sens vainqueur de la mort, de celle d'Abel et de tous ceux qui lui ressemblent[1]. »

Le livre est un *tiqoun*, une réparation. Le triple sens de la racine hébraïque du mot « livre » va nous aider à comprendre cette idée. « Livre » se dit en hébreu *sépher* — trois lettres : *samèkh, phé, rèch*. Cette racine signifie à la fois « livre », « récit » et « nombre ».

Comme l'enseigne le « livre de la Formation » *(Sépher yetsira)* : « Le monde a été créé par le livre *[sépher]*, le récit *[sipour]* et le nombre *[séphar]*. » La proximité du *sphr* et de la mort d'Abel nous apprend que la triple dimension « livre-récit-nombre » possède cette capacité de surmonter la mort et de lui faire échec.

Si le « livre des Généalogies » est la réparation de la mort d'Abel, cela nous invite à comprendre qu'Abel n'était pas inscrit dans la juste modalité du généalogique.

1. Abel : le souffle du néant

La lecture des deux premiers versets du chapitre 4 nous donnera déjà la tonalité essentielle de la difficulté d'exister d'Abel : 4, 1. « Et Adam connut Ève, sa femme. Elle fut enceinte et elle enfanta Qaïn[2]. Et elle dit : "J'ai acquis un homme avec Dieu." » 4, 2. « Et elle ajouta d'enfanter son frère, Abel... »

Le verset 1 déploie une séquence classique : rapport sexuel —

1. C. Chalier, *L'Histoire promise*, Éd. du Cerf, 1992, p. 29.
2. En hébreu, « Caïn » s'écrit *qof-yod-noun*, d'où la transcription « Qaïn », plutôt que « Caïn ».

grossesse — accouchement. Abel n'a pas droit à cette temporalité normale de la Création. Il est d'emblée le frère du premier. Il n'a pas d'existence propre, individuelle. Ève donne une explication du nom qu'elle attribue à Qaïn; car, dit-elle, «j'ai acquis un homme avec Dieu». En hébreu, «j'ai acquis» se dit *qaniti*, d'où «Qaïn». Voilà une mère qui acquiert au lieu de mettre au monde... Nomination qui exclut le père. Le père humain ne compte pas, c'est avec Dieu qu'elle a procréé. Pauvre père porteur!

Pour le second, «la mère n'a pas conjugué son nom, elle n'a rien dit de son désir dans sa direction, n'a parlé ni à lui ni sur lui; comment ce nom lui vient-il et peut-il vivre avec? A-t-il le moindre soutien dans le langage? Ce qui est sûr, c'est qu'on ne l'entend pas "vivre" dans le discours de la mère[3]». C'est le texte, pour ainsi dire, qui nomme Abel, il le nomme de la non-nomination de la mère.

En hébreu, «Abel» est *«Hévèl», (hé-vèt-lamèd)*. D'où vient ce nom? Étymologiquement, la racine est *bal*, terme de la négation «ne pas»; la lettre *hé* est l'article défini. *Hévèl* est le *hé-bal*, littéralement : le «ne pas».

Le dictionnaire nous aide à approfondir cette déclinaison sémantique : *beli*, c'est «ne pas», «sans», et les dérivés *bilti, biltékha* : «sans moi», «sans toi». Les verbes dérivés et construits sur la racine *bal* offrent tous ce sens de négation, destruction, disparition, détérioration. Ainsi *bala* signifie «s'abîmer, se flétrir, devenir vétuste». Verbe qui a donné *beloïm*, «haillons», *tavlit*, «abolition» (ici s'entend l'homophonie mnémotechnique «Abel»-«aboli»); le verbe *lehavhil* signifie «faire peur, épouvanter, faire perdre le contrôle de soi, nier la conscience de l'homme»; *ballal* : «mélanger, confondre, faire disparaître par mélange, négation

3. D. Sibony, *L'Autre incastrable*, Éd. du Seuil, 1978, p. 25.

d'une forme individuelle»; *tévèl* : «abomination par mélange interdit, comme le rapport sexuel d'un homme et d'une bête»; *tévaloul* : «défaut de l'œil où le blanc et la couleur de l'iris sont mélangés»; *bala (bèt-lamèd-ayin)* : «dévorer, faire disparaître»[4].

Hévèl, le «ne pas» fondamental, devient «vanité», dans le sens où on le rencontre dans le livre de l'Ecclésiaste *(Qohélèt)*, qui commence ainsi : *«Hévèl havélim hakol hévèl»* («Vanité des vanités, tout est vanité»). *Hévèl* devient la «buée», «l'insaisissable haleine qui ne se forme que pour se diluer. *Hévèl* est tout ce qui est voué par essence à disparaître[5]».

2. Compter et être compté

Ainsi Abel est buée, «souffle du néant». Et si Abel est mort, tué par son frère, il est d'abord mort de ne pas avoir été compté, de ne pas avoir compté pour quelqu'un d'autre, de ne pas avoir été inscrit dans le désir d'un autre. Naissance d'un «ne pas», «n'essence»[6].

Il est intéressant de noter que la somme des neuf chiffres primordiaux[7], de 1 à 9, est égale à 45.

$$[1 + 2 + 3 + 4 + 5 + 6 + 7 + 8 + 9 = 45.]$$

4. S. Mandelkern, *Veteris Testamenti, concordantiae hebraicae atque chaldaicae*, *op. cit.*, p. 201-203.

5. A. Néher, *Notes sur Qohélèt, l'Ecclésiaste*, Éd. de Minuit, 1951, p. 72.

6. Sur la genèse du meurtre, cf. aussi A. Néher, «Caïn et Abel», in *L'Existence juive. Solitude et affrontements*, Éd. du Seuil, 1985, p. 34 *sq.* et *Le Puits de l'exil. La théologie dialectique du Maharal de Prague*, Albin Michel, 1966, p. 180 *sq.*; cf. aussi C. Birman, C. Mopsik, J. Zacklad, *Caïn et Abel*, Grasset, 1980.

7. Ou des dix chiffres de 0 à 9.

45, que l'hébreu écrit *mèm-hé ma*, qui signifie « quoi ? » et correspond aussi à la valeur numérique, ou énergie sémantique, du mot *adam*/l'« humain » : *aleph-dalèt-mèm* : 1 + 4 + 40.

Dans l'ordre de l'humain, chaque personne a une importance fondamentale, chaque singularité compte... La structure « alghébraïque » de l'humain-*adam* est portée par la présence de toutes les unités.

Pour faire réparation — *tiqoun* — de la mort d'Abel, de cet homme « souffle de néant » et « vanité de l'être » qui n'a pas compté, il faut le « livre des généalogies de l'homme ».

Le *sphr*, qui est en même temps le « livre » et le « nombre », « enseigne que les temps et la vie sont liés à l'énoncé persévérant des noms qui tissent la trame de la généalogie d'Adam [...], que la possibilité de l'existence se mesure à l'aune des singularités de chacun, qui souligne à chaque fois la merveille d'un véritable commencement [...]. Commencement non absolu, qui se sait d'ores et déjà engagé par le mouvement des *toldot* qui le précèdent[8] ».

8. C. Chalier, *L'Histoire promise*, *op. cit.*, p. 29.

CHAPITRE IV

Un visage pour chacun

Il est intéressant d'étudier de quelle manière le texte biblique énonce la nécessité du «compte».

Deux expressions sont à l'œuvre, la première est *«lassèt èt roch michéou»*, c'est-à-dire «lever, relever la tête de quelqu'un». Ainsi dans le chapitre 30 de l'Exode, verset 12 : *«ki tissa èt roch bené Israël»*, «quand tu lèveras la tête des enfants d'Israël». Ou encore, dans le premier chapitre du livre des Nombres (justement!), verset 2 : *«seou èt roch kol adat Israël»*, «levez la tête de toute l'assemblée».

Dans ces deux exemples, l'expression «lever la tête» est utilisée à la place de «compter», «recenser», «dénombrer». La seconde expression — il faut plutôt parler d'un verbe — est *liphegod*, dont le champ sémantique est «compter», «se souvenir de quelqu'un» et «rendre fécond».

Ainsi, dans Exode 30, 12, le texte complet est : *«Ki tissa èt roch bené Israël liphegoudéhèm, venatenou ich kofère nafcho lachem biphegod otam, velo yihyé bahèm neguèf biphegod otam»*, «Quand tu lèveras la tête des enfants d'Israël selon leur nombre *[liphegoudéhèm]*, chacun d'eux paiera le recouvrement de sa personne à Dieu lors du dénombrement *[biphegod otam]*, et il n'y aura pas parmi eux d'épidémies mortelles quand on les dénombrera *[biphegod otam]*». Passage essentiel, qui met en relation paradoxale la nécessité de compter et l'extrême danger de ce dénombrement.

Chaque personne doit être comptée, mais le compte ne doit pas se transformer en numération, qui effacerait le « visage », c'est-à-dire l'originalité radicale de chaque être humain. Lorsque les êtres humains ne sont plus que des numéros, l'inimaginable horreur peut devenir quotidienne. Il faut compter, soit ! Mais, par ce compte, chaque être doit pouvoir relever la tête, *lassèt èt haroch*, signe formidable de sa dignité.

Dans le monde des « numéros sans visages », il y a « un entassement des êtres et une nudité des corps : un univers se crée où tous les hommes sont interchangeables, homogènes, équivalents. Ce qui existe à titre de réalité unique, irremplaçable, est dégradé au rang d'exemplaire ou d'échantillon indéfiniment reproductible[1] ».

Pour éviter l'« épidémie mortelle », le *néguèf* dont parle le texte de l'Exode, chaque personne doit donner un « demi-sicle » *(mahatsit hachéquèl)*, une pièce de la valeur d'une demi-unité de la monnaie courante. Cette pièce sera un *kofère nafcho*, une « protection-recouvrement » pour chacun, rachetant ou expiant ne serait-ce que le risque de l'effacement des visages par la numération et la mathématisation de l'être.

Avoir un visage, être reconnu par l'autre dans son unicité, implique aussi une reconnaissance réciproque. Si je suis non interchangeable, l'autre aussi, par son visage, exprime sa singularité et son infinie différence. C'est pour cela que la « protection-expiation » consiste dans le don d'une demi-unité et non de l'unité tout entière, pour rappeler à chacun que la subjectivité, l'individualité ne doit pas se transformer en un individualisme hautain, pour rappeler que l'existence est d'abord partage, ouverture, écoute et responsabilité.

Selon la formule de Lévinas, il s'agit de construire une société

1. A. Finkielkraut, *La Sagesse de l'amour*, Gallimard, 1985, p. 165.

fondée sur « l'humanisme de l'autre homme[2] ». Des hommes, et non des numéros... Et pourtant ! Chaque être doit être compté, pour qu'il prenne conscience de ce fait absolu et initial : la puissance de chaque homme à renouveler de manière originale mais fidèle la cascade des actions dans le monde. Toute naissance, toute personne instaure une rupture avec le déjà-là et offre au monde l'imprévisibilité, un jaillissement de neuf qui est la source même de la possibilité du futur.

Le *sépher*, immédiatement énoncé après l'épisode de Caïn et Abel, enseigne par sa signification de « compte » une des façons essentielles d'échapper ou de sortir du « complexe d'Abel ».

La bibliothérapie consiste avant tout en la reconnaissance de l'importance de chacun : « Chaque être humain est unique dans la diversité des peuples, des terres, des langues, le fils, le petit-fils, l'arrière-petit-fils ne sont pas moins importants que le père, chaque frère est distingué d'un autre frère[3]. » La singularité de chacun, c'est aussi l'émergence d'une parole subjective, parole réellement parlante et non parole pré-fabriquée, « prête à parler ».

La bibliothérapie a ainsi une fonction politique car elle permet l'existence d'une démocratie fondée sur la possibilité dialogique entre « Je » distincts. Le demi-sicle oriente le sens du compte/recensement des singularités, libres en leur subjectivité pour s'ouvrir au dialogue, soulignant qu'être, c'est être-soi, mais aussi être-avec et, surtout, être-pour-autrui.

Le livre-*sépher* qui guérit Adam, selon le texte du Zohar que nous avons cité, enseigne que l'histoire des hommes — l'Histoire — n'est pas un récit sur les événements du monde. Le livre de la guérison « ne se préoccupe pas de la grandeur ou de la décadence des royaumes. Il se "contente" de l'énoncé laconique des noms

2. E. Lévinas, *L'Humanisme de l'autre homme, op. cit.*
3. M. Balmary, *Le Sacrifice interdit*, Grasset, 1986, p. 78.

propres[4] », révélation de l'extra-ordinaire de tout être humain. Ce que résume avec force ce texte de Martin Buber :

> Chaque personne née en ce monde représente quelque chose de nouveau, quelque chose qui n'existait pas auparavant, quelque chose d'original et unique. C'est le devoir de toute personne de savoir apprécier qu'elle est unique en ce monde par son caractère particulier et qu'il n'y a jamais eu quelqu'un de semblable à elle dans ce monde, car s'il y avait eu quelqu'un de semblable à elle, il n'y eût nul besoin pour elle d'être au monde. Chaque homme pris à part est une créature nouvelle, et il est appelé à remplir sa particularité dans le monde. La toute première tâche de chaque homme est l'actualisation de ses possibilités uniques, sans précédents et jamais renouvelées, et non pas la réception de quelque chose qu'un autre, fût-ce le plus grand de tous, aurait déjà accompli. C'est cette idée qu'exprime Rabbi Zousya peu avant sa mort : « Dans l'autre monde, on ne me demandera pas : Pourquoi n'as-tu pas été Moïse ? On me demandera : Pourquoi n'as-tu pas été Zousya ? »[5].

C'est dans le même esprit que Rabbi Bounam, déjà vieux et aveugle, disait un jour : « Je ne voudrais pas échanger ma place contre celle d'Abraham. Car quel serait l'avantage pour Dieu si le patriarche Abraham devenait comme l'aveugle Bounam et si l'aveugle Bounam devenait comme Abraham[6] ? »

4. C. Chalier, *op. cit.*, p. 29.
5. M. Buber, *Le Chemin de l'homme d'après la doctrine hassidique, op. cit.*
6. Cité *ibid.*

CHAPITRE V

La parole enchaînée

Reprenons l'épisode biblique du dénombrement. Le texte insiste beaucoup sur l'« argent de substitution », qui permet de « compter sans compter » : comptage des signes et non des êtres. Dans le livre de Samuel[1], le roi David décide de dénombrer le peuple : « [...] recensez la population, pour que je connaisse le chiffre de la population »; et Yoav, le chef de l'armée, lui dit : « Que *yhvh*, ton Dieu, ajoute à la population cent fois plus de ce qu'elle est actuellement et de ce que voient les yeux de mon seigneur le roi ! Et pourquoi le seigneur mon roi désire-t-il cette chose ? »

Mais David insiste. Le peuple est dénombré sans la technique de l'argent de substitution. David regrette son ordre, mais trop tard. Conscient de la gravité de ce dénombrement, il dit à Dieu : « J'ai beaucoup fauté en ce que j'ai fait, et maintenant, Seigneur, daigne pardonner la faute de ton serviteur car je me suis comporté en véritable insensé *[niscalti méod].* »

Suit un passage étonnant, où Dieu envoie le prophète Gad dire à David de choisir son châtiment : « Veux-tu que te surviennent sept années de famine en ton pays, ou bien trois mois de fuite devant ton ennemi, tandis que celui-ci te poursuivra, ou encore

1. 2 Samuel 24, 1 *sq.*

qu'il y ait trois jours de peste en ton pays ?» David, angoissé, répond : « Tombons plutôt dans la main de Dieu car grandes sont ses miséricordes, mais que je ne tombe pas dans la main de l'homme ! »

Ainsi advient la peste, soixante-dix mille hommes meurent. En apercevant l'ange de l'extermination, David dit : « C'est moi qui ai péché et moi qui ai commis une faute ! Mais vos brebis, qu'ont-elles fait ? De grâce, que ta main soit contre moi et contre la maison de mon père ! » En ce jour, le prophète Gad vient chez David et lui dit : « Monte et élève *[alé vehaqèm]* pour *yhvh* un autel... »

Sans entrer dans une exégèse détaillée de ce texte, soulignons qu'il est le corollaire du passage de l'Exode étudié précédemment[2].

David veut compter son peuple, mais pour quelle raison ? Le texte ne le dit pas. Sans raison précise, simplement pour savoir[3]. Bon vouloir d'un roi qui désire se rassurer sur le nombre des hommes qu'il « possède » ? Expression d'une volonté de puissance qui s'intéresse plus aux choses qu'aux hommes ? La question de Yoav insiste : « Pourquoi le roi désire-t-il cette chose ? » *(« Lama hafèts badavar hazé ? »)* Et David ne répond pas mais s'enferme plus encore dans sa décision.

Par ce recensement sans raisons et par le non-respect de la technique du demi-sicle d'argent substitutif, David transforme son peuple en une foule de « sans-visage », simples numéros comptables comme des objets, renouant ainsi avec la violence de l'époque du Déluge, époque qui s'était efforcée de démontrer que l'homme est superflu : naissance de l'État totalitaire !

Son choix de la punition est révélateur. Un choix éthique aurait donné la préférence à la deuxième proposition, les trois mois de

2. Exode 30, 11 *sq.*
3. « *Veyadati èt mispar haam.* »

fuite, la seule qui ne concernait que lui uniquement, sans impliquer d'autres personnes. Poussé par l'angoisse, il choisit la plus rapide, mais la plus violente et peut-être la plus symbolique. A l'insensé du *davar* («chose») répond le *dévèr* («peste») : chosification des personnes qui perdent l'humanité de leur visage.

«Chose» et «peste» en hébreu s'écrivent avec les trois mêmes lettres : *dalèt, bèt, rèch*, identité que met en scène le verset : *«da oureé ma achiv cholehi davar (dévèr)»*, «sache et vois que je répondrai en envoyant la chose [la peste]». La peste est le symptôme du *davar*, c'est-à-dire d'une «parole enchaînée». Parole fermée sur elle-même, dans l'ignorance et l'indifférence à l'autre homme.

Davar, c'est la «chose» et la «parole» en hébreu. Notons que la première fois où la racine *davar* apparaît dans le texte biblique, c'est pour annoncer la fermeture et la clôture. La première occurrence de *davar* se trouve dans l'expression *devarim ahadim*, «paroles uniques», Genèse 11, 1, à l'orée de l'épisode de Babel.

Dans *L'Exil de la parole*, André Néher commente cette expression de façon magistrale : s'appuyant sur le Midrach, il explique l'expression de *devarim ahadim*, «paroles uniques», par *devarim ahoudim*, «paroles occluses». La première occurrence de *davar* au pluriel et au masculin n'offre que fermeture :

> C'est l'émergence subtile d'une dimension de signe contraire à celle qu'on attendait. Car tout ce qui s'était *dit, fait, vécu* précédemment n'avait été sans doute que balbutiement, ébauche, tentative embryonnaire, mais, au-dedans même de ce projet aux ramifications nombreuses et souples, quelque chose semblait sans répit rendre mobiles les parties de l'ensemble, quelque travail souterrain paraissait ouvrir la bouche en vue d'une Parole, ouvrir la matière vers une singularisation, ouvrir la vie à l'assaut d'une histoire, pratiquer dans le huis-clos une ouverture. Or, au moment où cette génération allait enfin éclater en fleurs et en fruits, voici que la gestation avait été comme renversée sur elle-même et qu'à la place d'un terme *éclos*, dont la maturité allait s'offrir en poussières de pollen semé à tous les

> vents, surgissait un terme occlus, mûr lui aussi, mais d'une maturité repue dirigée tout entière vers l'autodigestion des réserves inépuisables accumulées dans ses entrailles. La Parole, l'Objet, l'Événement occupèrent toute la terre, mais ils étaient à contre-courant de l'évolution qui avait, jusqu'ici, conduit cette terre[4].

Les paroles uniques-occluses de l'épisode de Babel, dans leur projet d'une langue unique non partageable, conduisent à une forme autistique de l'être, excluant toute dimension de dialogue et d'altérité.

Malgré cette première occurrence négative, on ne peut pas conclure que le terme *davar* soit en lui-même porteur d'un sens négatif. L'hébreu *davar* possède quatre formes : un masculin singulier, *davar* ou *dibbour*; un masculin pluriel, *devarim* ou *dibbourim*; un féminin singulier, *dibbera*; un féminin pluriel, *dibberot*. Le *davar* est dans tous les cas une parole structurée et structurante, qui devient «parole-peste» quand cette structuration enferme l'être et ne lui donne plus la possibilité d'accéder à la temporalité libre de son histoire.

Le Zohar fait précisément la distinction entre trois termes : *qol, dibbour, maamar*.

Qol, c'est la voix, son sans articulation sémantique, pur souffle sonore, bruit blanc.

Dibbour est l'introduction d'un sens par articulation, différenciation et structuration des sens. A propos de Moïse, qui dit : «je ne suis pas un homme possédant des paroles» *(«lo ich devarim anokhi»)*, le Zohar enseigne qu'il était dans la situation d'un *«qol belo dibbour»*, d'une «voix sans mots».

Le *maamar* est de l'ordre du mot ou de la phrase. Le *maamar* défait, déconstruit les articulations internes qui lient des mots

4. A. Néher, *L'Exil de la parole. Du silence biblique au silence d'Auschwitz*, Éd. du Seuil, 1980. C'est nous qui soulignons.

entre eux et des lettres entre elles, pour retrouver une potentialité combinatoire, une virginité du matériau linguistique qui va pouvoir, dans une reconstitution différente, produire de nouvelles significations.

Nous avons pris connaissance d'un commentaire sur le mot *mamré*, lieu où les trois anges vinrent rendre visite à Abraham après la circoncision et annoncer la naissance d'un fils[5]. La valeur numérique de ce nom est 281 (*mèm-mèm-rèch-aleph :* 40 + 40 + 200 + 1), qui s'écrit en hébreu *rèch-phé-aleph* (200 + 80 + 1) et qui signifie « guérir » — guérison de la plaie de la circoncision et de la stérilité du couple. On peut aussi remarquer que le mot *mamré* s'écrit avec les mêmes lettres que le mot *maamar (mèm-aleph-mèm-rèch)*, qui signifie « parole ». Formidable rencontre de la guérison et d'une certaine modalité de la parole : le « dire ».

Le *davar* est la parole structurée, « enchaînée » dans un ensemble de lois, de réseaux, de logiques ; la *amira* est parole créatrice brisant les enfermements. La *amira* ou le *maamar* découvrent de nouvelles possibilités de signifier. Dé-lire des mots, dé-dire désignifiant, qui produit un dynamisme des sons et des sens. Le *maamar*, dérivé de la *amira*, le « dire », est une parole libre, qui vient désenchaîner la structure à tendance mortifère de *dibbour* ou *davar*.

Il existe une proximité fondamentale entre l'opposition *davar/amar* et l'opposition « dire »/« dit » qui parcourt toute l'œuvre d'Emmanuel Lévinas. Dans le dit, le monde se rassemble et s'enferme, se fait destin, fable ou thème. Le monde devient langage et le langage s'absorbe et se meurt dans le dit. Il s'inscrit. Le dit ou *davar* est de l'ordre de la Loi écrite, ou *Tora chébikhtav*, dans laquelle le sens devient destin, *mektoub*.

5. Conférence de Rav Man, Jérusalem, non publiée.

Mais c'est là que doit jaillir le dire, incessant dédit du dit, fracture d'un temps immobile qui s'ouvre à une diachronie sans synthèse, même si le rassemblement des paroles dites se fait volumes, livres[6]. Le livre contenant le dire est matrice d'une interprétation infinie, qui le soustrait à cet empêtrement ou engluement dans la thématisation, à la coagulation de la fluence du temps et des sens.

C'est là le sens même du Talmud ou Loi orale, qui arrache le dire au dit, par l'interprétation, le dialogue entre les maîtres, dialogue entre les textes eux-mêmes. Dialogisme hyperdialectique sans synthèse, qui produit une «modification par laquelle le Même se décèle ou se dessaisit de lui-même, se défait en ceci et en cela[7]...», en une multiplicité de phénomènes et de paroles.

La parole est guérison lorsqu'elle est *maamar*, désenchaînement du langage et de l'être.

6. E. Lévinas, *Autrement qu'être, op. cit.*, p. 217. Sur le livre comme non-rassemblement, cf. J. Derrida, «En ce moment même dans cet ouvrage me voici», in *Psyché*, Galilée, p. 159 *sq.* (art. très important).
7. E. Lévinas, *Autrement qu'être, op. cit.*, p. 37-38.

CHAPITRE VI

Désir : fondement de l'humain

La dignité de l'être humain, sa possibilité d'avoir la « tête haute », est une conséquence, comme nous l'avons étudié précédemment, du droit à compter, à être compté : expression fondamentale de la singularité et de l'importance de chacun. Nous avons vu que le texte biblique propose une technique de recensement indirect, qui consiste pour chacun à donner un demi-sicle d'argent *(mahatsit hachéquèl)*[1]. Nous étudierons l'importance de ce don, de ce signe, sur le plan ontologique dans le prochain chapitre.

Il importe maintenant de s'interroger sur le devenir de ce demi-sicle. Que faisait-on avec cette pièce d'argent ?

Nous lisons au chapitre 38 de l'Exode, versets 25 à 27 : « L'argent des comptes de la communauté : cent talents et mille sept cent soixante-quinze sicles, selon le sicle du sanctuaire. »

1 talent[2] est une mesure qui correspond à 3 000 sicles. 100 talents totalisent ainsi 300 000 sicles. Si l'on ajoute les 1 775 sicles cités, nous obtenons un total de 301 775 sicles. Chaque personne ayant donné un demi-sicle, le nombre des recensés est 603 550 : « un *béqua*[3] par tête, soit un demi-sicle, selon le

1. Exode 30, 11 *sq.*
2. En hébreu : *kikar*.
3. C'est le nom du poids du demi-sicle ; *béqua* signifie justement « fendu en deux ».

sicle du sanctuaire, pour quiconque avait passé parmi les recensés, depuis l'âge de vingt ans et plus, soit six cent trois mille cinq cent cinquante».

Le texte poursuit : «Les cent talents d'argent serviront à fondre les socles du sanctuaire et les socles du rideau : cent socles pour les cent talents, un talent par socle. Quant aux mille sept cent soixante-quinze socles, on en fit des crochets[4] pour les colonnes et l'on en couvrit leurs chapiteaux[5], et on en fit des filets alentour[6].»

Le contexte de ces versets est la construction de l'espace sacré du «temple portatif» que les Hébreux montaient et démontaient pendant leurs longues marches dans le désert : en hébreu, ce temple se dit *michkane*, littéralement la «résidence». Résidence pour accueillir la *Chekhina*, la Présence divine. Lieu de rendez-vous avec la transcendance. Place en l'humain d'une trace des mondes de l'en haut. Le sanctuaire-*michkane* n'est pas la descente du transcendant dans l'immanent, mais l'inversion de l'immanence en transcendance au sein de l'humanité. C'est l'expérience pour l'homme de la construction de sa capacité à la transcendance.

En d'autres termes, le *michkane* enseigne comment doit se construire l'humain pour qu'il soit adéquat à son humanité. Les éléments du sanctuaire sont des symboles projectifs de l'image idéale de l'humain. Construire le sanctuaire, c'est se construire soi-même, ainsi qu'il est dit : «Faites-moi un sanctuaire et je résiderai en vous[7].» Non pas en lui, mais en vous[8], car vous, les hommes, êtes le lieu d'accueil de la transcendance.

Ainsi il est important de comprendre les significations et les

4. Ou des clous.
5. Littéralement : «leur tête».
6. Littéralement : «on les encercla»; *hachouq* : «bague», «anneau».
7. Exode, 25, 8.
8. Midrach.

implications existentielles de cette construction et de ses éléments.

Tout d'abord, les socles. En hébreu, le terme utilisé est *édèn (aleph-dalèt-noun)*, au pluriel *adanim*. Mais, dans le verset cité[9], le mot est à l'état construit[10] et apparaît sous la forme *adné [aleph-dalèt-noun-yod]*. Dans cette écriture, le mot *adné* s'ouvre à une signification plus essentielle, puisqu'il s'écrit avec les quatre lettres qui composent le tétragramme sonore *Adonaye*.

Rappelons que le Tétragramme, *yhvh*, est imprononçable, quatre consonnes sans voyelles, pur visible indicible. Cependant, le non *yhvh* entre dans le monde de la parole par l'utilisation d'un autre tétragramme, qui en est l'écrin sonore : *Adonaye [aleph-dalèt-noun-yod]*. Essayons de comprendre le sens du mot *Adonaye* d'un point de vue existentiel, et non théologique.

Quand, dans un mot hébraïque, se trouve la lettre *dalèt*, celle-ci fonctionne comme « porte » qui donne accès au sens des autres lettres du mot. Lorsque, dans le mot *Adonaye*, on enlève le *dalèt*, il reste les trois lettres *aleph, noun et yod*, qui écrivent exactement le mot *Ani*, qui signifie « Je ».

Ainsi le nom *Adonaye* est le *dalèt* dans le *Ani*, c'est la porte qui permet d'accéder au Je, Moi-sujet porteur d'une parole, expression d'une subjectivité différenciée et libre. L'argent du compte est transformé, fondu, coulé en socles-fondements-soubassements de l'être, portes qui s'ouvrent sur la possibilité du Je.

La matière des socles — *adné* — est l'argent. Ici, ni l'or ni le cuivre, deux matériaux employés dans la construction du *michkane*, ne sont utilisables. Cet argent se dit en hébreu *kessef*, qui veut dire aussi précisément « désir ». Si ces socles représentent les fonde-

9. Exode 38, 26.

10. Forme grammaticale de l'hébreu qui consiste en une ellision de la préposition et une construction au pluriel; exemple : *banim chel Israël* (« les enfants d'Israël ») devient *bené Israël.*

ments de l'espace du sanctuaire et, en même temps, du point de vue symbolique, les fondements de l'être-homme, on peut énoncer que le désir est le fondement de l'être-homme[11], ou encore, sous une forme plus ludique *(tamludique)* : *libido ergo sum.*

11. Nous sommes proche, ici, d'un aspect fondamental de la pensée de Spinoza; cf. *L'Éthique,* III, définition des affects, I : « Le désir est l'essence même de l'homme. » Cf. aussi R. Misrahi dans son éd. de *L'Éthique*, PUF, 1990, p. 21 et 25, sur le sens exact des termes latins, et p. 44 : « L'homme comme être de désir ».

CHAPITRE VII

Ici, il y a toujours un «pourquoi?»

Les socles, les *adanim* du sanctuaire, fondements de l'être-homme, sont désir. Sur ces socles viennent s'ériger des colonnes, les *amoudim*, sur lesquelles seront accrochés les rideaux, les voiles, qui déterminent l'espace même du sanctuaire.

Dans la symbolique du sanctuaire, ces colonnes représentent l'humain dans sa dignité d'homme debout, droiture d'un corps engagé dans la transcendance, dans l'ek-sistence. N'oublions pas que l'expression biblique utilisée pour le «compte» est *lassèt èt roch*, «lever la tête», «porter la tête haute». Par cette expression, le texte biblique n'implique pas seulement une modalité éthique — dignité et droiture —, mais aussi une modalité psychologique, corporelle et physique de l'être-homme.

La verticalité appartient de manière fondamentale à la définition de l'être humain. Dès lors, le «se tenir droit» et les défauts de la stature ne doivent pas être abordés selon une approche purement mécaniciste du corps humain. Le corps physique — le squelette, les muscles, etc. — répond entièrement à l'image mentale qu'un sujet a de lui-même.

Une étude du mot *amoud* («colonne») va nous aider à approfondir le sens de la verticalité de l'être-homme. L'hébreu *amoud* s'écrit : *ayin-mèm-vav-dalèt.* Outre la racine *omèd*, «être debout», ces quatre lettres écrivent aussi le mot *moèd*, qui signifie «fête», en particulier les trois fêtes de pèlerinage : *Pessah, Chavouot* et *Soukkot*[1]. Le mot *moèd* vient de la racine *vaad*, qui veut dire « rencontre », « rendez-vous ». Si les fêtes juives sont des temps de rendez-vous qui permettent aux hommes de se retrouver entre eux pour construire une existence communautaire, elles sont aussi des temps de rendez-vous avec la mémoire de l'Histoire.

Aux jours des fêtes, l'homme rencontre son histoire collective, l'histoire de son peuple et de ses ancêtres : Histoire et mémoire fondées autour du souvenir de la sortie d'Égypte, expérience de la libération d'Israël.

On peut soutenir l'idée que le souvenir de la libération introduit à la libération grâce au souvenir. Comme l'enseigne le Baal Chem Tov, fondateur du hassidisme : «Dans le souvenir se trouve le secret de la rédemption.»

Pour nous, cela signifie essentiellement qu'il ne peut y avoir de futur sans passé et qu'il faut avoir accès à sa mémoire pour anticiper et construire l'avenir — ce que résume une formule de Rabbi Nahman de Braslav : « Souviens-toi de ton futur[2] ! »

La mémoire collective est une des racines de la mémoire, nécessaire pour construire le passé, et donc la possibilité du futur.

* *
*

Un autre mot peut être écrit avec *ayin-mèm* et *dalèt*, c'est le mot *madoua*, qui signifie « pourquoi ? » : *mèm-dalèt-vav-ayin-(hé)*.

Le « pourquoi ? » est une des modalités fondamentales de l'être-homme. La capacité de s'étonner, de s'interroger sur l'événement, la non-indifférence aux situations qu'il rencontre font de l'homme un être de liberté, sortant du déterminisme, des che-

1. Cf. Lévitique 23, 1-44. Sur les fêtes juives, on lira avec intérêt A. Abecassis, *Le Temps du partage*, Albin Michel, 1993.
2. *Liqouté Moharan*, I, 54.

mins déjà tracés, où tout est décidé à sa place, imposé à lui, le plus souvent sans qu'il s'en rende compte. Le *madoua* est cette parole de Moïse se détournant du chemin pour aller voir pourquoi le buisson ardent ne se consume pas.

La possibilité même du «pourquoi?» est l'indice d'une conscience qui peut assumer la responsabilité de son histoire et, mieux encore, métamorphoser le destin en Histoire. Dans le «pourquoi?» se trouvent en attente le germe de la révolte, le refus d'un laisser-être destinal[3].

A ce propos, nous pouvons citer une anecdote qui s'est passée dans le ghetto de Varsovie et que raconte Marek Halter dans *La Mémoire inquiète*. On accuse à tort les Juifs de s'être laissé passivement massacrer, sans résistance. Mais, contrairement à un cliché répandu, la révolte du ghetto de Varsovie, la révolte armée, ne fut pas la seule! Car, pour les Juifs, il y a d'autres formes que la révolte armée. Et Marek Halter cite deux moments essentiels, deux autres façons de se révolter[4] — la parole et le témoignage :

> A Varsovie, en 1940, le ghetto devient l'un des plus grands «cimetières de vivants», réserve pour un peuple condamné à disparaître. D'où la brusque curiosité anthropologique qui incita de nombreux Allemands à visiter le ghetto, dans un vaste mouvement touristique. Des soldats et des officiers munis d'appareils photographiques venaient, souvent en compagnie de leur famille, voir vivre les «sous-hommes». Devant tant de bêtise et de cynisme, les Juifs ne se découragèrent pas. Ils entrèrent dans ce que j'appelle la première phase de la résistance. Celle de la Parole. On put voir des groupuscules de langue allemande aller au-devant des bourreaux et leur parler[5].

3. Cf. plus loin, chap. «Deux lectures d'Œdipe»; cf. aussi livre premier, deuxième partie, chap. II, 4-6.
4. En cela il rejoint l'ensemble des exégètes concernant l'attitude de Jacob avant sa rencontre avec Esaü. Jacob pria, prépara des cadeaux et se prépara à la guerre.
5. M. Halter, *La Mémoire inquiète. Il y a cinquante ans : le ghetto de Varsovie*, Robert Laffont, 1993, p. 34 *sq.*

La parole contre la guerre, opposition de la question à la violence. Opposition de la parole à la violence. Pourquoi, pourquoi tant de haine, tant de bêtise ? Pourquoi cette indifférence ? Pourquoi perdez-vous votre visage en nous enlevant le nôtre ? Pourquoi ? « Six mois plus tard, Himmler, par décret spécial, interdisait aux soldats allemands de pénétrer dans le ghetto[6]... »

La violence jaillit alors du silence. La violence fit suite à la parole foudroyée !

* *
*

Un jour où Primo Levi demandait à un SS d'Auschwitz le pourquoi de tout cela, le SS lui répondit : *« HIER IST KEIN WARUM ! »* (« ICI IL N'Y A PAS DE POURQUOI ! »)

C'est ainsi que l'humanité fit naufrage dans le « sans pourquoi ».

* *
*

Après la résistance par la parole, il y eut la résistance par la mémoire : « Bien que se sachant condamnés, Emmanuel Ringelblum et ses compagnons de malheur trouvèrent assez de force pour s'employer à rassembler tous les documents qui circulaient dans le ghetto ; ils les lui remettaient, afin que l'histoire ne soit pas effacée par l'Histoire[7]. »

Rompre en silence le silence imposé : responsabilité face aux générations futures !

« Enfin, quand les témoins furent déportés à leur tour, les derniers survivants finirent par prendre les armes. Sans joie. Montrant ainsi au monde, s'il en doutait, qu'eux, les Juifs, étaient comme tous les hommes, capables de tuer[8]. »

6. *Ibid.*
7. *Ibid.*, p. 46.
8. *Ibid.*

* *
*

La langue hébraïque poursuit ses variations sémantiques sur le mot *amoud* avec une autre possibilité d'écriture. Les lettres *ayin-mèm* et *dalèt* peuvent écrire le mot *dema (dalèt-mèm-ayin)*, qui signifie «larme». La capacité de pleurer est sans doute le signe de la non-indifférence aux malheurs du monde, extérieur et intérieur. Implication affective de l'être-homme.

Il paraîtrait, selon une interprétation cabaliste (que nous n'avons pas réussi à retrouver), que «Dieu compte les larmes des femmes[9]».

Le Talmud enseigne que Moïse écrivit le passage de la Tora concernant sa mort avec ses propres larmes[10].

Pleurer, plus encore que rire et sourire, est une forme de communication. Comme l'a fait remarquer Bruno Bettelheim, «les enfants autistes ne sourient ni ne pleurent [...]. Les pleurs, peut-être plus encore que le rire, sont une expression d'affects, qui a pour but de provoquer une réponse[11]».

Les pleurs sont bien une certaine forme de question adressée à l'autre dans la douleur, souvent doublée par un ensemble de «pourquoi?» sanglotés.

* *
*

Ainsi le don du demi-sicle, désir d'être, ouvre aux possibilités d'un être debout, digne et humain, parce que refusant l'indifférence, capable de construire le questionnement qui brise le définitif du destin pour ouvrir à l'infinitif de l'existence...

9. Cité dans le film de S. Lumet *Une étrangère parmi nous*, 1993.

10. *Baba Batra* 15*a*; cf. M.-A. Ouaknin, *Le Livre brûlé*, *op. cit.*, p. 83, «Larmes d'encre : le vrai savoir». Cf. aussi É. Wéber, «Larmes d'encre», in *L'Éthique du don. Jacques Derrida et la pensée du don*, colloque de Royaumont, 1990, Métailié, 1992, p. 252.

11. B. Bettelheim, *La Forteresse vide. L'autisme et la naissance du soi*, Gallimard, 1969.

CHAPITRE VIII

Le poids de l'Histoire

Le texte du Zohar[1] dont nous poursuivons le commentaire pose de façon explicite une relation entre le livre et la guérison. Privé du «livre des Généalogies», Adam se couvre de plaies, sa luminosité se ternit, malgré sa volonté de se purifier dans les eaux du Guihon. Lorsque le livre lui est rendu par Raphaël, l'ange de la guérison, il va le transmettre à ses descendants, transmission qui est en soi la clef de la guérison. On comprend dès lors que la maladie, par perte du livre, due à la faute, s'articule autour de la problématique de la filiation. Mais comment penser la faute et la filiation? Quel rapport entre le fruit défendu et le «livre des Généalogies»?

Pendant de nombreuses années, cette interdiction de consommer le fruit nous a semblé étrange. Toute cette histoire pour un fruit?! Précisons d'emblée qu'il n'y a jamais eu de pomme et que les maîtres du Talmud discutent pour savoir s'il s'agit de blé, de vigne (raisin) ou de figue[2].

Mais ne pourrait-on pas penser à un fruit? Le fruit défendu, qui n'est pas nommé dans le texte, ne serait-il pas plutôt le «fruit des entrailles», selon une expression classique du texte biblique[3]? Et

1. Cf. livre deuxième, chap. Ier.
2. Cf. *Sanhédrin*, 70*b*.
3. Deutéronome, 7, 13.

l'homme n'est-il pas appelé explicitement un « arbre des champs », *ki haadam èts hassadé*?

L'homme-arbre fruitier donne des enfants-fruits. Le premier interdit, qui fonde la loi, est celui de dévorer, de manger ses propres enfants. Métaphore de la nécessité, pour les parents, d'offrir une place aux enfants dans la structure généalogique, place différente de la leur : offrir à l'enfant une différence qui lui permette d'échapper à la répétition mortifère de l'histoire parentale. Offrir à l'enfant la force de transformer son destin en histoire!

Métaphore de la nécessité, pour les enfants, d'offrir en retour une place à leurs parents dans la structure généalogique; place différente de la leur, permettant à l'Histoire de ne pas se faire destin.

Dialectique des parents et des enfants, de l'Histoire et du destin, qu'essaie en partie de nous faire comprendre un passage clef des « dix commandements ». La cinquième parole énonce : « Honore ton père et ta mère afin que se prolongent tes jours sur la terre que *yhvh* ton Dieu te donne[4]. » Le terme hébraïque traduit par « honore » ou « respecte » est *kabèd.*

Dans son livre *Les Trois Monothéismes,* au cours d'un très beau chapitre intitulé « Pour une éthique de l'être », Daniel Sibony propose un commentaire remarquable de cette parole. Nous en reprenons ici la totalité.

Le mot *kabèd* signifie en hébreu « donner du poids ». Il ne s'agit pas d'abord d'amour, d'honneur ou de respect, mais de donner du poids à ses parents. C'est-à-dire de considérer que, quelle que soit leur histoire, celle-ci a suffisamment de sens, de poids, et que personne ne peut ni n'a le droit de refaire leur histoire à leur place. Donner du poids à l'autre n'est pas si simple : « C'est une

4. *Ibid*, 20, 13. Dans ce verset, il s'agit d'un arbre fruitier. On lit dans le chapitre 34 des *Pirqé* de Rabbi Éliézer : « Lorsque l'on abat un arbre fruitier, son cri traverse le monde, d'une extrémité à l'autre, mais personne ne l'entend. » Et Rabbi Nahman de Braslav ajoute : « Abattre un arbre fruitier est aussi grave que de tuer un homme. »

épreuve que de leur en supposer» quand ce poids ne se perçoit pas de façon évidente. Il s'agit de «donner consistance à leur lieu d'être, à leur fonction de passeurs, bien plus qu'à leur "moi"»[5]. Si on ne leur donne pas du poids, on se retrouve portant tout le poids qui leur manque. «Même à leurs manques il faut donner du poids [...] pour pouvoir les leur laisser, comme leur bien propre, comme une partie de leur histoire[6].»

Une des pensées clefs de la bibliothérapie consiste «à restituer aux parents le poids qui fut le leur et que l'enfant a pris sur lui, pour lui, indûment. Il s'agit de ne pas consacrer sa vie à ce qui semble être un manque ou une torsion de leur être, de leur vie. Car alors on passe sa vie à "vivre" ce qu'ils n'ont pas vécu, à répéter leurs manques en projetant de les réparer, en vain. Et ça vous raccourcit la vie, que de vivre dans le fantasme et le symptôme une partie de la leur. C'est pourquoi la suite du texte dit bien : "Afin que se prolongent tes jours". Ce respect en forme de poids, d'être accordé, supposé et offert à la génération qui a précédé, ce cadeau de "leurs jours", te laisse à toi du temps à vivre pour ton compte[7]».

Le respect des parents, c'est «le droit à leur histoire. Ce qui implique le fait de connaître leur histoire, si peu que ce soit, pour la "connaître". Il faut reconnaître qu'ils en ont une, pour bifurquer à partir d'elle, et avoir sa propre histoire, qui ne soit pas un ressassement de la leur[8]».

Cette parole de «poids» ressemble à un appel : «Ne sois pas névrosé ! Ne souffre pas à cause de ce que *sont* tes parents !» Parole de coupure :

5. D. Sibony, *Les Trois Monothéismes*, *op. cit.*, p. 331. Nous modifions ici le texte de D. Sibony, en substituant «histoire» à «destin».
6. *Ibid.*
7. *Ibid.*, p. 332.
8. *Ibid.*

> Respecter le père indigne, c'est donner du poids au père qu'il n'a pas été, ou qu'il n'a pas pu être. Cela permet d'avoir un père qu'on puisse quitter. Parfois, il faut inventer à chaque parent l'amour de soi qu'il n'a pas eu, qu'il ne s'est pas accordé, quitte à le laisser avec cet amour en friche, inutile, inexploité. Mais c'est le rendre à son histoire, en lui donnant ce poids qu'il n'a pas su porter[9].

Il faut remarquer qu'il existe d'autres occurrences bibliques concernant la prolongation des jours qui vont dans le sens de cette analyse de coupure générationnelle. Nous lisons dans le Deutéronome :

> Si par hasard se rencontre un nid d'oiseau en chemin, en tout arbre ou sur la terre, oisillons ou œufs, et que la mère couve sur les oisillons ou sur les œufs, tu ne prendras pas la mère sur les enfants. Renvoie, tu renverras la mère et tu prendras [alors] les enfants, afin qu'il te soit fait du bien et que tu prolonges tes jours[10].

Le renvoi du nid ou, plus précisément, de la mère est un rite qui marque la rupture générationnelle pour permettre à l'homme de comprendre que la génération des jours, la création de son propre temps et de sa propre histoire, nécessite au préalable le renvoi de la mère, le refus d'une causalité qui déterminerait l'être sans lui laisser le risque de sa propre création[11].

Les autres références sont Deutéronome 6, 2 et 11, 21, avec une distinction dans la formulation : l'expression utilisée n'est pas « prolongation des jours » *(arikhout yamim)* mais « augmentation des jours » *(ribouye yamim).*

9. *Ibid.*
10. 22, 6-7.
11. Cf. notre livre *Lire aux éclats, op. cit.*, Lieu Commun, p. 67 *sq.*, analyse de ces deux versets. Notons une différence importante entre les deux textes — Exode : « afin que tes jours soient prolongés » ; Deutéronome : « afin que tu prolonges tes jours ».

Dans son commentaire, Sibony fait judicieusement remarquer que le contraire de « donner du poids », c'est « alléger ». En hébreu, « léger » se dit *qal* et est très proche du mot *qalal*, qui signifie « maudire » : « Maudire quelqu'un, c'est poser qu'il n'a pas de poids, c'est l'alléger de lui-même, de sa part d'être[12]. » Donner du poids à l'autre, à ses parents, c'est les faire sortir de la malédiction, d'un « mal-dit » et, sans aucun doute, d'une « maladie »[13].

Dans un autre horizon méthodologique, on peut ajouter, pour approfondir cette question de « poids », que le mot *kavèd* signifie aussi en hébreu l'« organe du foie » : le « foie-*kavèd* s'écrit avec les trois lettres *kaf*, *vèt* et *dalèt*, que l'on peut lire *dalèt-kaf-vèt*, littéralement, « la porte dans les vingt-deux[14] ». Le nombre 22 renvoie toujours et en premier lieu à l'alphabet des vingt-deux lettres hébraïques. La porte dans les vingt-deux lettres de l'alphabet, c'est l'ouverture de l'être au langage.

Le poids de l'Histoire, supposé et offert à l'autre, ouvre à celui qui offre et celui qui reçoit la dimension d'un potentiel de langage, sans lequel l'Histoire serait impossible. La temporalité de la prolongation des jours est liée à la capacité d'un dire tendu entre le passé et le futur. C'est précisément le sens « grammatical » du Tétragramme divin, *yhvh*, qui fait signe vers les trois temps : *(hvh)* présent, *(hyh)* passé et *(yhh)* futur.

Que faut-il ajouter à cette remarque, si ce n'est que l'énergie sémantique ou valeur numérique du mot *kavèd*, « poids », « respect », et « foie », est *kaf* + *vèt* + *dalèt*, c'est-à-dire 20 + 5 + 6 + 5 = 26, énergie sémantique du Tétragramme *yod-hé-vav-hé* = 10 + 5 + 6 + 5 = 26?

12. D. Sibony, *Les Trois Monothéismes, op. cit.*, p. 333.
13. « Maladie » : « mal à dire » (J. Lacan).
14. *Dalèt* signifie « porte » et *kaf-vèt* sont deux lettres qui correspondent au nombre 22.

Le noyau de l'être est ouverture aux possibilités d'une parole subjective, une parole de poids qui pourra inscrire son auteur dans une histoire, son histoire.

CHAPITRE IX

L'Histoire contre le destin

Les réflexions qui précèdent nous ont permis de comprendre que l'existence de l'humain repose sur la possibilité d'être inscrit dans le «livre des Généalogies», non pas comme mort, mais comme vivant qui compte et qui est compté par sa singularité — et nous ajouterons maintenant par sa subjectivité. Le livre comme compte introduit l'humain à la dimension du sujet. «Il ne suffit pas de produire de la chair humaine, encore faut-il l'instituer pour qu'elle vive, pour que la vie se reproduise[1].»

La filiation ou le généalogique est un principe d'organisation (politique) qui doit permettre l'assemblage des trois éléments qui constituent tout sujet : le biologique, le social et la subjectivité. Précisons qu'une société n'est ni un groupe, ni un troupeau, ni un magma, mais une organisation soumise au statut de la parole, composée d'humains subjectivement différenciés.

Le «livre des généalogies d'*adam*» introduit cet «impératif de différenciation subjective» auquel est accrochée la vie ou la mort du sujet. L'impératif de différenciation implique une mise en place des conditions de possibilité d'une «subjectivisation», jamais acquise par la seule production biologique.

L'interdit premier : «Tu ne mangeras pas des fruits de l'arbre»,

1. P. Legendre, *Leçons IV (suite). Filiation. Fondement généalogique de la psychanalyse*, Fayard, 1990, p. 10.

entendu comme : « Tu ne mangeras pas tes propres enfants[2] », introduit au temps de l'Histoire comme histoire des engendrements : *Toldot*.

Nous trouvons ici une opposition radicale au mythe grec de Chronos dévorant ses propres enfants. C'est à cette opposition *Chronos/Toldot* que pense André Néher lorsqu'il écrit :

> Le temps grec, en tant que dimension métaphysique, ne peut rien enfanter ; il ne peut que se refléter en des images parfaitement semblables, alors que le temps hébreu se recrée, par des enfantements, en des avenirs imprévisibles : le *temps-enfant* tient du *temps-parents* par la naissance, mais il a sa physionomie et son contenu particuliers. Le temps hébreu ne se recommence pas comme le temps grec, il engendre[3].

Grâce à l'interdit de consommer le fruit, l'enfant laissé vivant à sa propre subjectivité différenciée produit le temps. C'est la différence généalogique parents/enfants qui est l'essence du temps. Cette *différance* (avec un *a*, au sens de Derrida) est la fécondité. Celle-ci n'est pas seulement la capacité biologique de produire un être de chair et de sang, mais c'est aussi la capacité d'offrir au nouveau créé la liberté de son histoire. Ainsi l'enfant n'est pas répétition des parents. Il se construit un nouveau chemin, un autre destin ; seul un être capable d'un autre destin est un être fécond[4]. L'Histoire comme *Toldot* est ouverture à l'aventure...

Comme le dit très bien Jan Patocka : « Le problème de l'Histoire est demeuré irrésolu. Or le problème de l'Histoire ne peut être résolu, il doit demeurer un problème. » Ce que Derrida commente ainsi :

2. Cf. chap. précédent.
3. A. Néher, *L'Essence du prophétisme,* PUF, 1951. C'est nous qui soulignons.
4. Cf. E. Lévinas, *Totalité et Infini, op. cit.*, p. 258.

> Le problème de l'Histoire [...] doit demeurer un problème. A l'instant où le problème serait résolu, cette clôture totalisante déterminerait la fin de l'Histoire : verdict de la non-historicité même. L'Histoire ne peut devenir ni objet décidable ni totalité maîtrisable, précisément parce qu'elle est liée à la responsabilité... A la responsabilité dans l'expérience de décisions absolues, prises sans continuité avec un savoir ou des normes donnés, donc prises dans l'épreuve même de l'indécidable[5].

On pourrait résumer l'entreprise de la bibliothérapie par la formule suivante : il s'agit de transformer le destin en Histoire. L'homme destiné est le point de départ pour la désubjectivisation, la déresponsabilisation et la déshumanisation. La bibliothérapie cherche, par la lecture, le commentaire et la traduction, essentiellement à permettre à l'homme d'échapper à un enfermement du destin.

Schématiquement, on peut considérer deux philosophies de l'Histoire opposées (en fait, on peut en répertorier au moins cinq[6]). Un préjugé, explicable par ailleurs, s'est répandu, présentant la philosophie de l'Histoire véhiculée par le judaïsme selon le schéma suivant : il y aurait une grille qui préexisterait au monde et à son histoire et aurait à se réaliser. L'Histoire serait le déploiement d'un projet élaboré au préalable. Vision téléologique et théologique de l'Histoire, où l'homme apparaît comme gestionnaire, comme fonctionnaire du destin ; Histoire où il n'y a plus de différence entre le *to be* et le *not to be*, puisqu'elle se déroule imperturbablement, dans l'indifférence à la réalité humaine qui y assiste. Le texte biblique peut se lire alors comme un « traité sur les marionnettes » dans les mains du destin.

Les détenteurs de cette vision du monde sont tellement sûrs de

5. J. Derrida, in *L'Éthique du don*, *op. cit.*, p. 24, à propos de J. Patocka, *Essais hérétiques sur la philosophie de l'Histoire*, *op. cit.*

6. Cf. L. Ferry, *Philosophie politique*, t. II. *Le Système des philosophies de l'Histoire*, PUF, 1984.

leur compréhension du monde que, lorsque la réalité concrète des événements va dans le sens contraire du projet établi — qu'ils ont cru instituer et déchiffrer —, ils y voient une « ruse de la raison » (Hegel), qui a besoin de se déguiser, d'emprunter des détours, pour réaliser en fin de compte l'ensemble du programme. « C'est écrit », donc c'est vrai et cela a été réalisé : *mektoub*.

La pensée talmudique et hassidique et, dans cette lignée, la bibliothérapie prennent le contre-pied absolu de cette vision de l'Histoire, en cherchant systématiquement à sortir de tout enfermement destinal, de toute grille préfabriquée de l'interprétation du monde et des hommes, de toutes les griffes de la passivité.

La bibliothérapie met en place un ensemble de stratégies, dont la plus importante est la lecture interprétative ou herméneutique, qui, fidèle à la pensée talmudique, cherche toujours à (re)valoriser le commentaire, dont l'origine est la parole des hommes, par rapport à la parole divine de la Bible. Dialectique incessante de l'écrit et de l'oral, dynamisme des significations, qui ouvre au dynamisme du temps et de l'Histoire.

La bibliothérapie fondée sur l'herméneutique réalise l'ouverture et la possibilité d'arracher les chaînes qui enferment les êtres dans la répétition mortifère d'une histoire déjà écrite.

CHAPITRE X

L'enfant-question

Le livre est inauguralement le « livre des Généalogies », *Sépher toldot*, énumération des générations, récit performatif de l'Histoire. En tant que « livre des Engendrements », le *Sépher* est le lieu privilégié d'une interrogation sur les problèmes de stérilité et de fécondité.

Lorsque les hommes et les femmes de la Bible, séparément ou en couple, retrouvent les chemins de l'enfantement, il ne s'agit pas d'un miracle, mais de la conséquence d'une métaphore existentielle, d'un changement radical dans les modalités d'être au monde. Pour la pensée biblique, talmudique et bibliothérapeutique, la stérilité est fondamentalement psychogène, même lorsqu'on peut mettre en évidence des origines organiques[1].

Nous allons essayer de comprendre à travers l'histoire de Saraï et Abram quelques points essentiels de cette problématique.

Contrairement à un préjugé qui ne retient que la stérilité de Saraï, c'est au couple Abram-Saraï qu'il faut s'intéresser. Abram avec Hagar a déjà eu un enfant : Ichmaël. C'est avec Abram que Saraï n'arrive pas à avoir d'enfant; c'est avec Saraï qu'Abram

1. Nous remercions très chaleureusement notre ami le docteur Paul Atlan, qui nous a guidé pour mieux comprendre le processus de ce qu'il a merveilleusement appelé « Nouvelles approches dans les PMA », à entendre : « procréation midrachiquement assistée », cf. P. Atlan, « L'ambivalence du gynécologue face aux PMA », in *Féminités, féminités troubles, troubles des soignants*, Journées nationales de gynécologie et d'obstétrique psychosomatiques, Grenoble, avril 1991.

n'arrive pas à être fécond. Qu'est-ce qui déclenche soudain la capacité à l'engendrement? Ou, de façon plus juste, qu'est-ce qui, jusqu'à la «guérison», empêchait la fécondité?

* *
*

De nombreux commentaires évoquent le changement de noms. Abram devient Abraham et Saraï devient Sarah. Certes, ce changement de noms est fondamental et ouvre les voies de la fécondité, mais il faut remonter en deçà et comprendre pourquoi justement il a fallu cette transformation linguistique de ces mots, qui sont presque des corps.

Nous lisons au verset 2 du chapitre 15 de la Genèse : «Et Abram dit : "Mon seigneur Dieu[2], que me donneras-tu, et [voici que] je suis stérile, et l'enfant qui s'occupe de ma maison, c'est Éliézer de Damas." Et Abram poursuivit : "Voici pour moi, tu n'as pas donné de descendance et [comment pourrait-on dire] qu'un enfant de ma maison sera mon héritier?»

Quelques précisions sur cette référence : tout ce dialogue entre Dieu et Abram se passe dans une vision *(mahazé)*. Dieu promet un grand salaire (15, 1). En réponse, Abram se plaint d'être stérile *(ariri)*. Mais la parole d'Abram laisse entendre qu'il se situe encore dans un système où c'est Dieu, et seulement Dieu, qui donne l'enfant; comme si l'enfant était un don qui dépendait uniquement d'une volonté extérieure. Et Dieu lui répond : «Celui-là ne sera pas ton héritier, mais seulement quelqu'un qui sortira de tes entrailles, lui t'héritera» (15, 4).

L'expression «de tes entrailles», *miméékha*, retient l'attention de Rabbi Shimshone Raphaël Hirsch, qui donne le commentaire suivant : «*Méa*, les "entrailles", vient de *maha*, qui signifie

2. Il y a ici l'utilisation des deux noms divins : *Adonaye* et *yhvh.*

"s'user", "se détériorer", proche du mot *mah'a*, qui veut dire "effacer", "rayer", "dissoudre", "délayer", mais aussi "s'opposer à", "protester", "se heurter", "rencontrer", et aussi "considérer quelqu'un comme compétent" ; de *maha* vient le mot *ma*, qui signifie "quoi". »

Le mot « entrailles » s'entend ainsi comme lieu du questionnement. Il faut donc retraduire le verset de la manière suivante : « Tu auras un enfant, fruit de ton questionnement. » La question est la source même de la fécondité et l'absence de question est l'origine, une des origines de la stérilité. Le questionnement est une sortie de la perception pré-fabriquée des êtres et des choses. Il produit un retrait, une absence, un vide, un effacement du sens de nos perceptions. La question enlève le sens pré-posé du monde : travail de dé-signification, de dis-jonction et de déliement[3]. Mais la première remise en question qu'opère le questionnement est celle du sujet lui-même. Le sujet sort de sa propre certitude, qui est une des pathologies fondamentales de l'humain.

Le questionnement est vacillement, désistement de significations dans lesquelles l'homme se comprend, dans lesquelles il est pris comme homme du destin. La question rend le monde « problématique » et lui permet ainsi de passer du destin et de la pré-Histoire à l'Histoire.

3. Sur le déliement et le dénouement comme thérapie, en particulier comme accès à la fécondité, cf. livre premier, quatrième partie, chap. V.

CHAPITRE XI

Refuser la passivité

Nous lisons dans le traité talmudique *Chabbat*[1] cette expression souvent citée : «*Ein mazal léIsraël.*» C'est-à-dire, littéralement : «Il n'y a pas d'astres pour Israël.»

«Israël», dans la terminologie biblique, s'applique à tout homme qui, à l'instar du patriarche Jacob, devient Israël à la suite de son combat avec l'ange[2]. Jacob combat; victorieux, il reste cependant boiteux. Le «devenir boiteux» appartient à sa victoire. Mais la lutte n'est jamais terminée. La lutte de Jacob avec l'ange, c'est d'abord cela : surmonter, dans l'existence humaine, l'angélisme d'une histoire écrite dans la facilité. C'est refuser une histoire dont le chemin est écrit à l'avance comme un destin.

«Il n'y a pas d'astres pour Israël» signifie que l'homme n'a pas à se soumettre au destin astrologique, au déterminisme astral ou au déterminisme tout court. Leçon que reçoit déjà Abram, dans le verset 5 du chapitre 15 de la Genèse : «Alors Il le conduisit en dehors et lui dit : "Lève les yeux au ciel et dénombre les étoiles si tu peux les dénombrer." Et Il lui dit : "Telle sera ta postérité."»

Le commentaire de Rachi donne l'interprétation suivante : «Selon le sens littéral, Il le fit sortir de sa tente. Selon le Midrach,

1. 155*a*.
2. Cf. Genèse 32, 25-33.

Il lui dit : "Sors de ton astrologie, sors de ton destin [...]. Je vais changer vos noms pour changer vos destins[3].» Tout se passe comme si Dieu lui avait dit : «Regarde ces étoiles, tu ne peux les compter, tu ne peux avoir prise sur elles, de la même façon, elles n'ont pas prise sur toi.»

L'histoire juive se définit très précisément dans ce «ne pas être destiné». Il y a des ruptures, des cassures, des infléchissements possibles du cours de l'Histoire par l'action des hommes. «Le destin ne précède pas l'Histoire, il la suit[4].» L'homme qui ne s'arrache pas au destin est, selon la terminologie de Jan Patocka, un homme «pré-historique[5]».

La bibliothérapie envisage la fécondité comme le refus d'un enracinement destinal, ce qui permet le passage d'un monde pré-historique à un monde historique. Le monde pré-historique n'est pas repérable dans le temps. Ce n'est pas une période, une époque du monde, mais une attitude face au monde. Le pré-historique, c'est le non-problématique, lorsque l'homme accepte le monde tel qu'il se donne dans un sens donné, modeste mais sûr.

Les caractéristiques de l'homme pré-historique sont les suivantes :

— Il accepte, là où il faudrait demeurer incertain. En paraphrasant Raymond Devos, on peut dire qu'il se demande : «Comment identifier un doute avec certitude?»

— Il semble connaître les réponses avant même que les questions ne soient posées.

Mais l'attitude pré-historique elle-même n'est pas un destin, elle n'est pas définitive; la problématique peut éclater à tout moment.

3. Rachi, sur Genèse 15, 5.

4. E. Lévinas, *Totalité et Infini*, *op. cit.*, p. 204.

5. Nous reprenons ici la dialectique de l'historique et du pré-historique développée par J. Patocka, in *Essais hérétiques sur la philosophie et l'Histoire*, *op. cit.*, p. 27.

Alors l'homme devient historique dans l'attitude de refus d'un laisser-aller et d'un laisser-être. On rencontre ici aussi toute la réflexion fondamentale sur le questionnement comme essence de l'humain.

Le Zohar dit que l'« homme », en hébreu *adam*, possède une valeur numérique de 45, qui s'écrit *ma (mèm-hé)*, mot qui signifie « quoi ? ». L'homme est un *ma*, un « quoi ? », un questionnement dont la sagesse se dit justement *hokhma*, lue *koah-ma*, c'est-à-dire, la « force de "quoi" ». L'homme accomplit sa dignité d'être humain au moment où il renonce à la modestie du sens passivement accepté et ne se contente plus d'un rôle imposé.

L'homme est, par *essance*, un homme révolté. L'homme-*ma* se produit, instant après instant, dans le temps construit par la question. Le *ma* est la pulsion, la pulsation qui cherche et pousse toute chose. Le *ma* est l'inquiet « quoi ? » de l'être qui ne se possède pas. Tout ce qui advient émerge de la question, de cet abîme ouvert par la parole structurante du *ma*.

Le devenir de l'homme se produit dans un ensemble de situations toujours fugitives, qui n'apportent que des réponses inadéquates à la question.

CHAPITRE XII

Pour une métaphysique de la chaussure

Le combat de Jacob avec l'ange fait naître un homme boiteux, qui va commencer à inventer l'Histoire, devenant ainsi le passeur du temps : l'Hébreu.

Israël-Hébreu-boiteux garde aussi en permanence le souvenir de son premier nom, *Jacob*, qui signifie «talon». La boiterie serait due à la mémoire du talon, au talon-mémoire, qui par son poids ne permet jamais une marche facile et légère. L'homme-Israël a le pied gonflé par la mémoire. Son avancée dans l'Histoire ne vise pas seulement l'avenir, mais aussi l'advenue. «Souviens-toi de ton futur», dit Rabbi Nahman de Braslav, formulant à sa façon un enseignement de son arrière-grand-père, le Baal Chem Tov, qui disait : «Le souvenir est le secret de la rédemption[1].»

Jacob reçoit une bénédiction : changer de nom! Jacob *et* Israël. Passage incessant de l'un à l'autre : *Hébreu.* Refus radical d'une fétichisation, d'une identité définitive[2], pour continuer à s'inventer. Identité boiteuse qui lui rappelle sans cesse qu'il faut échapper aux pulsions de classification qui enferment les êtres et les choses dans la prison des noms et des mots.

Identité boiteuse qui maintient l'homme dans le questionne-

1. Sur la nécessité de la mémoire pour construire le futur, cf. plus haut, livre premier, troisième partie, chap. II, 8.
2. Cf. plus haut, livre premier, troisième partie.

ment de l'identité, afin qu'il se souvienne que la réponse ne doit jamais se faire « jugement », afin qu'il se souvienne qu'il n'y a pas de vrais ou de faux hommes : il n'y a que de vrais inquisiteurs[3].

La boiterie présente une philosophie de l'Histoire dont le paradigme est la marche. En fait, l'Hébreu biblique ne connaît pas les mots abstraits, des concepts qui exprimeraient la notion d'Histoire. Nous avons vu que le mot *toldot*, « engendrements », « filiations », est utilisé dans le livre de la Genèse[4] mais qu'il disparaît à partir du livre de l'Exode. C'est la « marche », dans le désert, dans le désir, qui devient la métaphore du déploiement continuellement inventif et créatif de l'Histoire.

Originalité : le Talmud[5] habille cette métaphore, en soulignant que la marche de l'Histoire doit être protégée. Il lui faut des chaussures, au moins une, pour continuer à boiter... Le Talmud consacre ainsi plusieurs chapitres aux modalités de fabrication de la chaussure, dans un contexte sur la perpétuation du nom et de l'Histoire. « Pour une métaphysique de la chaussure » serait le nom que devrait porter le traité talmudique sur la philosophie de l'Histoire !

Les lecteurs sceptiques pourront se demander pourquoi la parole inaugurale que Dieu adresse à Moïse lors de l'épisode du buisson ardent est la suivante : « "Moïse, Moïse !" Et il répondit : "Me voici." Et Dieu reprit : "N'approche pas d'ici ! Ote tes chaussures car l'endroit que tu foules est un sol sacré !" Et Il dit : "Je suis le Dieu de ton père, le Dieu d'Abraham, le Dieu d'Isaac et le Dieu de Jacob"[6]. » Filiations, révélation et chaussures !

Ainsi le Talmud nous apprendra que la chaussure doit être en

3. Nous paraphrasons ici une formule de A. Finkielkraut : « Il n'y a pas de vrais ou de faux Juifs, il n'y a que de vrais inquisiteurs », in *Le Juif imaginaire*, Éd. du Seuil, coll. « Points », 1983.

4. Genèse, 5, 1.

5. Traité *Yebamot*, chap. 12 ; cf. aussi Maimonide, *Hilkhot Halitsa.*

6. Exode 4, 5-6.

cuir (peau), qu'elle doit posséder un talon pour boiter[7] si l'on n'en porte qu'une seule et qu'elle doit se fermer avec des lacets.

Le petit intermède sur la chaussure nous permet d'ouvrir de nouvelles perspectives de recherche[8] sur la philosophie de l'Histoire et d'introduire un autre célèbre boiteux : Œdipe.

7. Certains ethnologues ont constaté l'existence de boiteries rituelles de printemps en rapport avec le décalage des calendriers lunaire et solaire. Le temps qui «cloche» est conjuré par des sautillements à cloche-pied. Remarque importante si l'on sait que «Pâques», *Pessah*, signifie aussi «boiteux». Et les cloches de Pâques? Ne trouvent-elles pas une de leurs origines dans cette métaphysique de la chaussure?

8. Pour approfondir cette métaphysique de la chaussure, il faut comprendre l'articulation entre le rite de la chaussure (cf. Deutéronome 25, 5-10) et l'ensemble des mythes qui y sont associés. Le «talon», *equèv*, renvoit à *Yaakov*-Jacob; le cuir-peau fait référence aux tuniques de peau d'Adam et d'Ève après la transgression (cf. Genèse 3, 21); et le «lacet» est une allusion à un épisode de la vie d'Abraham (cf. Genèse 14, 23). Sur cette philosophie de la chaussure, cf. aussi J. Derrida, *La Vérité en peinture*, Flammarion, 1978, en particulier le chap. «La vérité en pointure», qui expose une discussion (talmudique!) entre Heidegger et Shapiro, concernant le célèbre tableau de Van Gogh qui représente des souliers. Sont-ce des souliers de paysans (Heidegger) ou d'hommes de la ville (Shapiro)? A méditer... Cf. aussi la série de tableaux de R. Magritte intitulée *Le Modèle rouge*, 1935.

CHAPITRE XIII

Deux lectures d'Œdipe

Nous avons parlé de la boiterie de Jacob dans le cadre de nos réflexions sur l'Histoire. Nous avons souligné l'existence d'au moins deux façons de penser l'Histoire : celle de l'homme libre, qui ne doit jamais demander son chemin à quelqu'un qui le connaît car il ne pourrait pas s'égarer[1]; et celle de l'homme enchaîné dans l'illusion d'une Histoire préfabriquée, qu'il accepte passivement comme destin.

Il semble que le mythe d'Œdipe, tel qu'il est rapporté dans *Œdipe roi* de Sophocle, peut se prêter, selon l'éclairage que l'on en donne, à l'une ou à l'autre de ces lectures.

1. Lecture I : le prisonnier du destin

Sans entrer dans la problématique du complexe d'Œdipe et de l'Œdipe au sens psychanalytique, la lecture classique montre un homme qui ne peut échapper à son destin. Œdipe serait l'enchaînement inéluctable de l'homme aux forces de la destinée.

1. Aphorisme de Rabbi Nahman de Braslav.

Au commencement est l'oracle, *mektoub*, un « c'est écrit » définitif du devenir de l'être. Œdipe tuera son père et commettra un inceste avec sa mère. Effrayés par l'annonce de l'oracle, les parents éloignent Œdipe en le plaçant chez des parents adoptifs, à son insu. Jusqu'au jour où, ayant eu vent de la parole de l'oracle, Œdipe s'enfuit de chez ses parents adoptifs pour échapper à la malédiction. Mais, en chemin, il rencontre son père, le vrai, qu'il tue, et arrive chez sa mère, la vraie, qu'il épouse !

* *
*

Dans le cadre de notre démarche bibliothérapeutique, où il s'agit, dans la plupart des cas, de redynamiser des personnes effondrées par le poids du destin, l'utilisation de contes et de courts récits est souvent plus utile qu'un long développement philosophique[2]. Paradoxalement, ce n'est pas en montrant une autre version des choses que se produit la sensibilisation de l'écoute, mais en accentuant le tragique de la situation à remettre en question.

Nous retiendrons ici deux « contes », deux paraboles paradigmatiques. Le premier est un extrait d'une pièce de Jacques Deval, *Ce soir à Samarcande* :

> Il y avait une fois, dans Bagdad, un calife et son vizir [...]. Un jour, le vizir arriva devant le calife, pâle et tremblant : « Pardonne mon épouvante, Lumière des croyants, mais devant le palais une femme m'a heurté dans la foule. Je me suis retourné : et cette femme au teint pâle, aux cheveux sombres, à la gorge voilée par une écharpe rouge était la Mort. En me voyant, elle a fait un geste vers moi [...]. Puisque la Mort me

2. Cf. *id.*, *Liqouté Moharan*, I, 60 : « Je vais vous raconter des histoires et vous vous réveillerez. » Cf. plus haut.

> cherche ici, Seigneur, permets-moi de fuir me cacher loin d'ici, à Samarcande. » Le calife sortit alors de son palais et lui aussi rencontra la Mort : « Pourquoi avoir effrayé mon vizir, qui est jeune et bien portant ? » demanda-t-il. Et la Mort répondit : « Je n'ai pas voulu l'effrayer mais, en le voyant dans Bagdad, j'ai eu un geste de surprise, car je l'attends ce soir à Samarcande. »

La seconde parabole est un *midrach* babylonien. Là, ce sont la poésie et l'opposition entre une vision enchaînée et une vision libérée qui produisent son effet de libération :

> Un roi décida un jour de construire une ville et fit le choix d'un site. Les astrologues approuvèrent l'endroit, à condition qu'un enfant soit emmuré vivant et présenté volontairement par sa mère. Au bout de trois ans, une vieille femme présenta un enfant d'environ dix ans. Au moment d'être emmuré, l'enfant déclara au roi : « Laissez-moi poser aux astrologues trois questions. Si leur réponse est correcte, alors ils auront bien lu les signes, mais, dans le cas contraire, ils doivent avoir erré : "Qu'est-ce qu'il y a de plus léger ? Qu'est-ce qu'il y a de plus doux ? Qu'est-ce qu'il y a de plus dur au monde ?" » Au bout de trois jours, les astrologues donnèrent leur réponse : « Le plus léger, c'est la plume, le plus doux, c'est le miel, et le plus dur qu'il y ait au monde, c'est la pierre. » Le jeune garçon éclata de rire et s'exclama : « N'importe qui pourrait en dire autant... La chose la plus légère au monde, c'est un enfant dans les bras de sa mère, il n'est jamais lourd. Ce qu'il y a de plus doux, c'est le lait de sa mère. Et le plus dur, c'est pour la mère d'apporter elle-même son enfant pour être emmuré vivant. » Les astrologues furent confondus et durent reconnaître qu'ils avaient mal lu les étoiles. Ainsi l'enfant fut épargné[3].

3. Cité par J. Halbronn, in *Le Monde juif et l'astrologie*, Milan, Arché, 1985.

2. Lecture II : Œdipe et ses questions

La deuxième lecture du mythe que nous voulons proposer insiste sur l'épisode du Sphinx et sur le sens de l'énigme. Cette lecture va essayer de montrer qu'au cœur même du récit de Sophocle il est possible de trouver un noyau de pensée qui va dans le sens contraire à cette vision de l'Histoire-destin que nous avons soulignée précédemment.

Le passage qui nous intéresse est celui du Sphinx et se trouve aux vers 391 et suivants. Dans Thèbes sévit le Sphinx. C'est une chimère qui a visage de femme, poitrine, pattes et queue de lion, ailes d'oiseaux, à la fois questionneuse et prophétesse, fauve dévorant ceux qu'il a vaincus et vierge d'une beauté envoûtante, jusqu'à ce que, conformément à la voix des oracles, Œdipe délivre les Thébains en expliquant, en déliant l'énigme.

Que dit l'énigme? Il en existe plusieurs versions[4] et toutes mettent l'accent sur l'opposition d'une identité et d'une différenciation au sein d'une même entité. A la fois un et multiple.

Selon la version d'Apollodore, l'énigme est : «Qu'est-ce qui, ayant une voix, devient à quatre pieds, à deux pieds, à trois pieds?» Il semble que la réponse à cette question ne pose pas de difficultés particulières. Pourquoi, alors, tous ceux qui ont répondu avant Œdipe sont-ils morts, dévorés par le Sphinx? N'ont-ils pas su, eux aussi, formuler la réponse simple, qui est à la portée de tous : «il s'agit de l'homme»?

> Seul l'homme, de toutes les créatures, change la nature de sa mobilité pour endosser trois types différents de démarche,

4. Cf. P. Legendre, *Leçons VII. Le désir politique de Dieu*, Fayard, 1989, p. 170 *sq.*

> quatre, deux et trois pieds. L'homme est un être qui, à la fois, reste toujours le même (il a une seule voix, *phônê*, une seule essence) et devient autre : contrairement à toutes les espèces animales, il connaît trois statuts d'existence différents, trois « âges » : enfant, adulte, vieillard. Il doit les parcourir à la suite, chacun à son temps, parce que chacun implique un statut social particulier, une transformation de sa position et de son rôle dans le groupe. La condition humaine engage un ordre du temps parce que la succession des âges, dans la vie de chaque individu, doit s'articuler dans la suite des générations, la respecter pour s'harmoniser avec elle, sous peine de retourner au chaos[5].

Œdipe *répond* à la question. Pour Lévi-Strauss[6], cette réponse est une faute en soi, parce qu'il est dans la nature des choses qu'une énigme mythique ne comporte pas de réponse. Dans la légende d'Œdipe, la catastrophe se produit parce que quelqu'un a répondu à une question sans réponse. Selon cette interprétation, c'est le fait même de répondre qui est une erreur, indépendamment du contenu de la réponse. On peut se demander alors pourquoi, s'il y a faute, le Sphinx se suicide-t-il? Œdipe, comme tous ses prédécesseurs qui ont répondu, aurait dû être dévoré, puisque répondre est interdit!

Hormis cette incohérence de l'intrigue, Lévi-Strauss avance une idée intéressante : la réponse est une sorte d'inceste symbolique, elle détruit l'écart qu'introduit toute question; elle annule la temporalité des générations portée par le questionnement.

La réponse est un inceste symbolique, au sens étymologique de ce mot. *Incestus* est le contraire de *castus*, « éduqué », c'est-à-dire qui se conforme aux règles et aux rites, mais *castus* a emprunté aussi une partie des sens formés sur le verbe *careo*, « manquer

5. Cf. J.-P. Vernant, *Œdipe*, Complexe, 1986.

6. Cf. C. Lévi-Strauss, *Anthropologie structurale*, Plon, t. I, 1958, p. 227-255, t. II, 1973, p. 31 et 35.

de». D'où le sens «exempt de», «pur de», «chaste». Ainsi l'inceste renvoie-t-il à l'absence de manque, à l'idée de faire corps avec tout, la non-séparation, l'adhérence au tout.

Dans cette analyse, la résolution de l'énigme n'est pas la force d'Œdipe mais sa faiblesse. Déjà et encore une manifestation de la malédiction de l'oracle. Et c'est dans cette continuité qu'il devient lui-même une sorte de monstre, qui est à la fois à deux, trois et quatre pieds : l'homme qui, dans la progression de son âge, ne respecte pas mais brouille et confond l'ordre, social et naturel, des générations, qui devient le frère de ses enfants et le mari de sa mère.

* *
*

Pierre Legendre[7] propose une autre interprétation de la réponse d'Œdipe, qui prend en compte non seulement la structure question-réponse, mais aussi le contenu.

Œdipe aurait formulé la réponse différemment de ses prédécesseurs. Effectivement, la réponse est facile et, sans aucun doute, tous ceux qui ont été dévorés ont répondu : «L'homme.» Mais Œdipe, par une accentuation et une ponctuation syntaxique différentes et originales, sort du piège tendu par le Sphinx. Dans la version d'Apollodore, il ne dit pas : «La réponse à l'énigme, c'est l'homme», mais «L'énigme parlée par le Sphinx est l'homme.» Il oppose ainsi à l'homme comme réponse de l'énigme un homme qui est énigme lui-même. «L'homme est une énigme, l'homme est une question.»

En langage philosophique, «l'homme est une question» peut se traduire par cette formule de Heidegger : «L'essence de l'homme est son ek-sistence.» Être, c'est avoir à être. L'homme n'est pas

7. P. Legendre, *Leçons VII. Le désir politique de Dieu*, *op. cit.*, p. 173.

une simple machine, dont les actions, réduites à de purs mouvements, pourraient être intégralement prévisibles. L'homme n'est pas destin, sauf s'il accepte d'être *pré-historique*, c'est-à-dire d'être en une passivité radicale.

L'« homme-question » se situe dans un rapport au monde qui ne consiste plus en une réponse toute faite, admise d'avance, mais en un questionnement. L'homme-question est *historique*. Il suit le monde comme un texte, à la fois lumineux et énigmatique, source en même temps de révélation et de mystère, visible et invisible, ouvert à l'infini des lectures et des interprétations.

L'homme-question est l'homme qui a compris que la vie consiste à transformer le destin en Histoire, puisant dans la liberté d'inventer l'invention de la liberté...

CHAPITRE XIV

Quand le *A a-oie*

> La vraie question n'attend pas la réponse. Et, s'il y a réponse, celle-ci n'apaise pas la question et même, si elle y met fin, elle ne met pas fin à l'attente, qui est la question de la question [...]. Toute réponse doit reprendre en elle l'essence de la question, qui n'est pas éteinte par ce qui y répond...
>
> Maurice Blanchot, *L'Entretien infini*[1].

La stérilité, d'origine psychogène, trouve sa source dans un dysfonctionnement de la temporalité — chronopathologique —, en particulier dans l'impossibilité de construire et d'inventer, d'anticiper le futur. Stérilité, parce que n'ayant pas encore accédé à une compréhension de l'Histoire comme possibilité de nouveau, parce que encore trop enfermée, enserrée dans une image immobile du temps comme destin.

Le texte de la Genèse[2] concernant Abram nous a appris qu'un des chemins qui mènent à la fécondité est le questionnement : « C'est l'enfant fruit de ton questionnement, celui-là seul sera ton héritier. »

Pour la pensée hébraïque, le questionnement non seulement ouvre sur le futur, mais encore est l'essence du temps lui-même.

1. *Op. cit.*, p. 14 et 16.
2. Genèse, 15, 5. Cf. plus haut, chap. X.

Il n'y a pas de temps sans question. C'est en maintenant la force de la question que l'instant s'ajoute à l'instant, que le temps se diachronise et inscrit l'être dans une transcendance créatrice.

Nous avons trouvé un passage biblique qui va nous aider à formuler cette articulation du temps et de la question, de l'Histoire et de la fécondité. Il s'agit de l'épisode de la manne, «pain du ciel», dont le chapitre 16 du livre de l'Exode évoque l'apparition. Citons-en quelques versets clefs : «Alors Dieu dit à Moïse : "Voici que moi, je vais faire pleuvoir des cieux du pain pour vous : le peuple sortira et en ramassera chaque jour ce qu'il faut pour le jour, afin que je l'éprouve pour savoir s'il marchera selon ma loi ou non!"» Un peu plus loin, aux versets 13, 14 et 15, il est dit : «Et le matin, il y eut une couche de rosée autour du camp. La couche de rosée s'éleva, et voici qu'à la surface du désert il y eut une mince croûte, mince comme le givre sur la terre. Les fils d'Israël la virent et se dirent l'un à l'autre : "Man-hou?" [qu'est-ce?], car ils ne savaient pas ce que c'était...» Et plus loin encore, verset 31 : «La maison d'Israël l'appela du nom de *manne*. C'était comme une graine de coriandre blanche, et elle avait le goût d'une galette de miel.»

Ainsi le mot «manne» ne désigne pas le «pain du ciel» mais l'attitude interrogative devant cet objet extra-ordinaire. La «manne» signifie étymologiquement : «Qu'est-ce que c'est?» Pendant quarante ans, les Hébreux ont mangé du «qu'est-ce que c'est?» dans le désert, lieu intermédiaire entre l'esclavage d'Égypte et la terre de la promesse. Expérience fondatrice, dans cet espace entre deux terres où s'est forgé l'apprentissage de la liberté.

Nous assistons dans cet épisode à un événement rare dans l'Histoire, une sorte de patience, un non-empressement à enfermer l'objet inconnu dans un mot ou dans une catégorie qui ferait taire son étrange extraterritorialité ! La manne comme question est surgissement de la nouveauté absolue, du *hidouch*. Il y a là une « philosophie de la caresse[3] », opposée à une « philosophie du concept », qui signifie que tout ne se donne pas, ne se livre pas à la pensée, à la saisie conceptuelle.

Tout ne se réduit pas à la fonction la plus technicienne, à commencer par la technicité du langage, qui nous sert à avoir prise sur le monde. La manne est un objet du monde qui reste en « état de question », opposé à l'« état d'arrestation » qu'inflige une pensée qui s'entend comme l'activité d'une subjectivité conquérante, s'emparant du monde par « coups de main », ne laissant aucune chance au libre épanouissement des choses par elles-mêmes. Mais lorsque la question devient possible, c'est la fécondité même du nouveau qui éclôt dans la fraîcheur d'un monde renouvelé, création du temps comme émergence de la nouveauté et de l'événement.

Miracle ici de la langue hébraïque, qui construit le temps à partir de la capacité du questionnement, puisque l'expression : « voici la *manne* », c'est-à-dire « voici le "qu'est-ce que c'est ?" », *zé manne*, dit très précisément le mot « temps » : *zémanne !* la forme verbale dérivée de *zémanne* est au factitif[4] *léhazminne*, qui veut dire « produire du temps », « fabriquer du temps » et aussi « inviter quelqu'un ». Invitation de l'autre homme à venir prendre place à mes côtés, retrait de soi-même en soi-même,

3. Le concept ou plutôt l'anticoncept de la « caresse » est introduit en philosophie par E. Lévinas dès 1947 ; cf. aussi *Le Temps et l'Autre*, Fata Morgana, 1972, p. 82 *sq.*, et *Totalité et Infini*, *op. cit.*, p. 234 *sq.* ; cf. également M.-A. Ouaknin, « Le livre de la caresse », in *Lire aux éclats*, *op. cit.*, p. 257 *sq.*, et avant-propos, p. 17 *sq.*

4. Le factitif est une forme verbale hébraïque. Il correspond au « faire faire » : « descendre/faire descendre », par exemple.

capacité matricielle qui rend possibles la fécondité et l'aventure de l'enfant.

L'enfant est l'invité du temps et de la question. La question pose l'« exister » comme temps, au lieu de le figer dans la permanence du stable. L'exister se libère alors de l'enfermement du même, qui coïncide avec le même, et s'inaugure alors la transcendance de l'enfant.

Comme nous l'avons vu, le Zohar[5] fait remarquer que la valeur numérique du mot *adam* (« homme ») est 45, qui est aussi celle du mot *ma* (« quoi ? »). Miniature fantastique de l'expression : « L'homme est une question. » Mais le Zohar ajoute dans un audacieux commentaire que le nom-tétragramme de Dieu, *yhvh*, se déploie en une écriture pleine, dont la valeur numérique est aussi 45 ; ce nom s'appelle justement le *chèm ma*, c'est-à-dire le « nom-quoi ? ».

Précisons cette idée. En hébreu, les lettres sont des consonnes sans voyelles, qui ont une forme graphique composée d'une seule lettre et un nom composé de plusieurs lettres ; exemple : *aleph* s'écrit אָ mais se prononce en s'écrivant *aleph-lamèd-phé*. Pour exemple, en français, la lettre *h* peut s'écrire « hache » ou la lettre *l* peut s'écrire « aile », *g* donne « j'ai » et *m* offre « aime ». L'inconscient, l'humour et la poésie osent ces jeux de rapprochement homophonique, qui ouvrent de riches et nouveaux horizons.

Le Talmud et le Midrach travaillent de façon essentielle avec cette méthode. Ce déploiement de la lettre est une manière de réintroduire le mouvement et la verbalité dans le langage, de réveiller le dire au sein du dit[6], d'entendre à nouveau l'*essance* des êtres, c'est-à-dire la vie :

5. Cf. par exemple *Tiqouné Zohar*, introduction, p. 93, f° 7*b*, éd. Hassoulam.
6. Le *dire* et le *dit* sont deux formes clefs de la pensée de E. Lévinas ; cf. *Autrement qu'être*, *op. cit.*, livre entièrement consacré à la dialectique du *dire* et du *dit*, du *lire* et du *dé-lire* ou *dé-dire* (cf. plus haut).

> «A est A» ne signifie pas seulement l'inhérence de A à lui-même ou le fait que A possède tous les caractères de A. «A est A» s'entend aussi comme «le son résonne» ou comme «le rouge rougeoie». «A est A» se laisse entendre comme «A a-oie»[7].

Le déploiement linguistique de la méthodologie cabaliste produit — à l'instar de la recherche de formes nouvelles dont vit tout art — l'*essance* de la temporalité, dans laquelle résonnent la poésie et le chant.

Le déploiement, ouverture du langage au langage, «tient en éveil partout les verbes, sur le point de retomber en substantifs [...]. L'architecture fait chanter les édifices. La poésie est productrice du chant — de résonance et de sonorité qui sont la verbalité du verbe ou l'*essence*[8]».

Reprenons. Le Tétragramme, *yhvh*, se déploie de la façon suivante :

yod	*yod-vav-dalèt*	10 lettres déployées
hé	*hé-aleph*	
vav	*vav-aleph-vav*	
hé	*hé-aleph*	

7. *Ibid.*, p. 49-50.

8. *Ibid.*, p. 52. Il faut lire «essence» comme *essance*; cf. n. préliminaire d'*Autrement qu'être*. Nous avons vu plus haut comment l'herméneutique possède cette même fonction de donner aux dits des textes cette dimension d'un dire verbal et diachronique; cf. livre premier, cinquième partie. Sur l'exégèse de l'œuvre d'art, cf. E. Lévinas, *ibid.*, p. 53.

La valeur numérique de ce nom est :

10 + 6 + 4 =	20
5 + 1 =	6
6 + 1 + 6 =	13
5 + 1 =	6
Total	45

Ce nom se compose de dix lettres, avec une valeur numérique de 45, en hébreu *mèm-hé* ou *ma*, d'où l'expression *chèm ma*[9].

Le fait que le nom-Tétragramme déployé ait une valeur numérique de 45, qui signifie « quoi ? », enseigne que le nom divin en tant que signe du déploiement du temps est fracture-questionnement de l'être, que l'être ne peut pas, ne doit pas s'échouer dans une conscience de soi, dans une identité de l'identique, mais que l'être de l'homme est une « identité en diastase », dans une continuelle dé-signification, dans un voyage infini. Le « nom-question » défait l'être et l'ouvre à l'*autrement qu'être* et à l'en train d'être de l'être.

Le nom-question est « un mot extra-ordinaire, le seul qui n'éteigne ni n'absorbe son dire, mais qui ne peut rester simple mot[10] ».

C'est « un bouleversant événement sémantique[11] », « gloire de l'Infini s'enfermant dans un mot, s'y faisant être, mais déjà défaisant sa démesure et se dédisant sans s'évanouir dans le néant[12] ».

La fécondité de l'être dépend ontologiquement de la question comme désistement du Soi et ouverture à un autre que soi, dont le paradigme est l'enfant[13]. Mais le premier enfant, « l'enfant

9. Il existe d'autres déploiements du nom divin ; cf. M.-A. Ouaknin, *Concerto pour quatre consonnes sans voyelles, op. cit.*, p. 111 *sq.*

10. E. Lévinas, *Autrement qu'être, op. cit.*, p. 193.

11. *Ibid.*

12. *Ibid.*

13. A propos de l'enfant, cf. *id.*, *Totalité et Infini, op. cit.*, p. 251 *sq.*

d'avant l'enfant», est le Soi-même devenant autre, l'étirement de son propre être qui se fait temps, «temporalité qui est l'écart de l'identique à l'égard de lui-même[14]», «défaisant cette coïncidence de soi avec soi où le "même" étouffe sous lui-même, comme sous un éteignoir[15]».

Parler question, c'est parler temps!

14. *Id.*, *Autrement qu'être*, *op. cit.*, p. 38.
15. *Ibid.*, p. 41.

CHAPITRE XV

Le domestique de Kafka

La passion pour cette idée de la force du questionnement — fondement de la fécondité —, nous ne résistons pas à la poursuivre encore, le temps d'un chapitre, dans lequel nous voulons faire partager la joie que nous avons eue à lire un court texte de Kafka, intitulé « L'examen[1] », que nous avons rebaptisé « Le domestique de Kafka » :

> Je suis domestique, mais il n'y a pas de travail pour moi. Je suis timide et je ne me pousse pas en avant, je n'ose même pas me mettre sur le même rang que les autres, mais ce n'est là qu'une des causes de mon manque de travail ; il est même possible que cela n'ait pas le moindre rapport avec mon manque de travail. Ce qui importe, en tout cas, c'est qu'on ne fait pas appel à moi pour le service ; d'autres sont appelés, qui n'ont pas fait plus que moi acte de candidature ; peut-être même n'ont-ils pas eu le moindre désir d'être appelés, alors que j'éprouve quelquefois très vivement ce désir.
>
> Je reste donc couché sur mon bat-flanc, dans le dortoir des domestiques, je regarde les poutres du plafond, je m'endors, je me réveille, je m'endors à nouveau. Je vais quelquefois à l'auberge voisine, où l'on vend de la bière aigre ; il m'est arrivé, par dégoût, de jeter le contenu de mon verre ; mais ensuite je me remets à boire. J'aime bien m'asseoir là, parce que, à travers la petite fenêtre fermée, je peux regarder, sans être décou-

1. Cf. F. Kafka, *Œuvres complètes*, *op. cit.*, t. II, p. 587-588.

> vert, les fenêtres de notre maison. On ne voit pas grand-chose; je crois que seules donnent du côté de la rue les fenêtres du couloir, et ce ne sont même pas les couloirs qui mènent aux appartement des maîtres. Il est d'ailleurs possible que je me trompe; quelqu'un l'a affirmé, une fois, sans que je lui aie rien demandé, et l'impression générale de cette façade le confirme. On ouvre rarement les fenêtres et, quand cela se produit, c'est un domestique qui le fait; il reste quelquefois appuyé au garde-fou pour regarder un petit moment la rue. Il s'agit bien des couloirs, où il ne risque pas d'être surpris. D'ailleurs, je ne connais pas ces domestiques; les domestiques qui sont occupés là-haut en permanence dorment ailleurs, pas dans notre dortoir.
>
> Un jour que j'allais à mon cabaret, un client était déjà installé à mon poste d'observation. Je n'osais pas regarder de trop près et, dès le pas de la porte, je m'apprêtais à faire demi-tour et à m'en aller. Mais le client me fit signe de le rejoindre et il apparut que c'était un domestique, que j'avais vu une fois quelque part, sans lui avoir jamais adressé la parole jusqu'à présent. «Pourquoi veux-tu t'en aller? Assieds-toi et bois! C'est moi qui paie.» Je m'assis donc. Il me posa quelques questions, auxquelles je ne pus répondre; je ne comprenais même pas les questions. Je lui dis donc : «Tu regrettes peut-être de m'avoir invité; je vais m'en aller», et je m'apprêtais à me lever. Mais il tendit la main par-dessus la table et me fit rasseoir. «Reste, dit-il, ce n'était qu'un examen. Celui qui ne répond pas aux questions est reçu à l'examen.»

Petit commentaire : selon une topologie que l'on retrouve à la fois chez Kafka et chez un des grands maîtres de la même ville, le Maharal de Prague, l'univers se subdivise schématiquement en trois mondes : le monde d'en bas, le monde d'en haut et le monde intermédiaire[2]. Ou, en d'autres termes, théologiques, il y a les hommes, Dieu et l'entre-deux, ce qui devient chez Kafka : le village, le château et l'auberge, le café ou le cabaret[3].

2. Cf. A. Néher, *Le Puits de l'exil*, *op. cit.*

3. Cf. M. Robert, *L'Ancien et le Nouveau*, Payot, 1967, et M. Blanchot, *De Kafka à Kafka*, Gallimard, coll. «Idées», 1981.

« Le domestique de Kafka », c'est la rencontre du *ma* de l'homme et du *ma* de Dieu, qui, lorsqu'ils se conjuguent l'un avec l'autre, produisent très précisément la *manne*[4] : le « qu'est-ce que c'est ? ». Contrairement à une théologie positive où se dit être possible la rencontre de l'humain et du divin, l'entre-deux comme « manne-question » invite à penser le dialogue et l'espace dialogique à partir de la structure de la question et du vide.

Entre Dieu et l'homme et entre l'homme et l'homme il y a « un néant plus essentiel que le néant même, le vide de l'entre-deux, un intervalle qui toujours se creuse et en creusant se gonfle, le rien comme œuvre et mouvement[5] ». Nous retrouvons ici toute la théorie du *Tsimtsoum* « Retrait » de Rabbi Isaac Louria, qui pense la Création comme retrait du divin pour laisser la place à la créature humaine.

Le *Tsimtsoum* inaugure par le vide et l'intervalle qu'il fait naître une socialité qui n'est pas fusion, mais « religion », au sens que Lévinas donne à ce terme, une « relation sans relation », intervalle qui se maintient par la force et la tension d'un désir, qui ne vise pas à la satisfaction : désir métaphysique ou transcendance.

Le *Tsimtsoum* produit un espace vide qui construit « l'écart et la séparation comme l'origine de toute valeur positive[6] ». Le monde de l'entre-deux, celui du cabaret, est le lieu de la question, qui est la forme linguistique de l'ouverture à la structure du vide. Questionner, c'est faire le *Tsimtsoum* au sein d'un sens déjà là, vider les mots et les objets de leurs cadavres sémantiques, pour faire de la place à un nouveau souffle et maintenir le souffle et la fraîcheur de la question.

Le *Tsimtsoum* organise une socialité fondée sur le vide, où « la

4. En effet, par le jeu des valeurs numériques, *ma* + *ma* = 45 + 45 = 90 = *manne (mèm-noun* : 40 + 50 = 90).
5. M. Blanchot, *L'Entretien Infini*, *op. cit.*, p. 8.
6. *Ibid.*

relation avec l'autre qui est autrui et une relation transcendante, ce qui veut dire qu'il y a une distance infinie et en un sens infranchissable entre moi et l'autre, lequel appartient à l'autre rive, n'a pas avec moi de patrie commune et ne peut en aucune façon prendre rang dans un même concept ou même ensemble, constituer un tout ou faire membre avec l'individu que je suis[7] ».

Pour Kafka, ici complètement en phase avec la pensée talmudique, seul « celui qui ne répond pas aux questions est reçu à l'examen ».

L'homme est une question, *adam ma*, mais ce n'est pas un problème d'ignorance. Même l'homme sachant doit rester *homme-quoi?* — c'est-à-dire maintenir cette structure de la question qui est celle du vide :

> La question est mouvement. Dans la simple structure grammaticale de l'interrogation, nous sentons déjà cette ouverture de la parole interrogeante. Il y a demande d'autre chose. Incomplète, la parole qui questionne affirme qu'elle n'est qu'une partie. La question est donc essentiellement partielle, elle est le lieu où la parole se donne toujours inachevée [...]. La question, si elle est parole inachevée, prend appui sur l'inachèvement. Elle n'est pas incomplète en tant que question. Elle est au contraire la parole que le fait de se déclarer incomplète accomplit. La question replace dans le vide l'affirmation pleine, elle l'enrichit de ce *vide* préalable. Par la question, nous nous donnons la chose et nous nous donnons le *vide*, qui nous permet de ne pas l'avoir encore ou de l'avoir comme désir de la pensée[8].

Il y a un rapport entre la socialité du *Tsimtsoum*, l'éthique du dialogue transcendant et la forme de la question. L'échange du dialogue dans un « face-à-face » ne vise pas à l'affirmation d'une vérité unitaire. La parole, comme question, n'est pas unificatrice.

7. *Ibid.*, chap. « La pensée et l'exigence de la discontinuité ».
8. *Ibid.*, p. 13-14. C'est nous qui soulignons.

Au contraire, fondamentalement, elle cherche la séparation, la fissure et l'intervalle. Comme le dit encore admirablement Maurice Blanchot :

> La parole introduit dans le champ des rapports une distorsion empêchant toute communication droite et tout rapport d'unité. Le rôle de la parole est ici non pas de réduire, mais de porter l'intervalle; parole non unifiante, qui accepte de ne plus être un passage ou un pont, sort ainsi de la *parole pontifiante*, tout en restant capable de franchir les deux rives que sépare l'abîme, sans le combler et sans les réunir (sans références à l'unité)[9].

La question est refus de la parole pontifiante[10], elle est *différance*, processus d'espacement et de temporalisation. Le domestique de Kafka, c'est l'homme-quoi? en qui se produit une mise en question de la conscience — et pas seulement une conscience de la mise en question. Il fait ainsi l'expérience, tout comme Abraham, de la perte de la souveraine coïncidence avec soi, de la perte du repos et de la complaisance de soi. Il faut cependant apporter une précision : l'interrogativité fondamentale ne signifie pas qu'il n'y ait pas de réponses. Il peut y en avoir, mais il faut dès lors faire une distinction entre deux catégories de réponses. Répondre veut dire se situer dans une structure dynamique entre la question et la réponse. La réponse juste renvoie dans sa formulation même à la question qui la traverse, qui l'anime : réponse vivante.

Là où l'homme-quoi? ne peut s'engager, c'est dans cette catégorie de réponses qui ne se réfèrent qu'à des questions résolues. Dans cette nouvelle modalité, la réponse veut pouvoir se justifier par elle-même, systématiquement, non pas comme réponse, mais

9. *Ibid.* C'est nous qui soulignons.
10. Sur le pont, cf. aussi F. Kafka, «Le pont» in *Œuvres complètes, op. cit.*, t. II, p. 451.

comme jugement. Le jugement, c'est la réponse dont on évacue tout ce qui la constitue comme réponse, c'est-à-dire toujours et encore son rapport à la question.

Un jugement est une réponse orpheline de sa question. A propos de la manne, dont nous avons parlé dans le chapitre précédent, le texte biblique dit aussi : «Moïse leur dit : "N'en laissez pas pour le lendemain matin." Mais ils n'écoutèrent pas Moïse, des hommes en laissèrent jusqu'au matin et elle fut infectée par des vers et pourrit. Moïse s'énerva contre eux. Ils en récoltaient chaque matin, chacun selon ses besoins, [puis] le soleil chauffait et elle fondait[11].»

La manne, la question, ne se conserve pas. L'étonnement devant le monde ne peut être acquis une fois pour toutes[12]. Il faut à chaque fois recommencer le difficile travail de retrait, non seulement par rapport au savoir, mais aussi par rapport à la question. Une question qui est devenue une question habituelle n'est plus questionnante. Le questionnement ne doit pas devenir un catalogue ou un musée de questions et de réponses posées, déposées comme par obligation.

11. Exode 16, 13-21.

12. Sur la dialectique de la question et de la réponse, on consultera avec intérêt M. Meyer, *De la problématologie*, Mardaga, 1986, p. 17 *sq.*

CHAPITRE XVI

Réponse et violence

Nous venons de voir l'importance fondatrice du questionnement comme fracture de la totalité, produisant le « déphasage de l'instant[1] » — la temporalité du temps — et l'« étonnante diastase de l'identité[2] », devenant ainsi identité en mouvement : Histoire[3] et existence. Nous avons aussi donné quelques éléments de réflexion sur la question, à partir des termes hébraïques qui la formulent : le *ma* et la *manne, zémanne, lehazmine*...

Il est important de s'arrêter aussi sur le mot « réponse », dans sa formulation hébraïque, pour voir si celle-ci n'ouvre pas des chemins de pensées intéressants.

En hébreu, « réponse » peut se dire *techouva* ou *aniya*. C'est surtout le mot *techouva* qui est utilisé, bien que celui-ci signifie aussi « retour », dans le sens de « retour à Dieu » ou « retour à la tradition » : sens moral de « repentir ». Le verbe *chouv* au factitif, *lehachiv*, signifie « répondre », « donner une réponse ». Mais, étymologiquement, c'est le verbe *laanot*, de la racine *ana (ayin-noun-hé)*, qui est « répondre ». De façon tout à fait intéressante, ce verbe

1. E. Lévinas, *Autrement qu'être, op. cit.*, p. 36.
2. *Ibid.*
3. A chaque fois que nous utilisons le terme « Histoire », c'est dans une opposition au « destin » ; l'Histoire est l'inattendu d'un déploiement historique, possibilité d'émergence du nouveau et de l'événement. Sur l'identité en mouvement, cf. livre premier, troisième partie, chap. Ier.

signifie aussi «souffrir», «être malheureux», «opprimer», «faire souffrir». Et le mot *aniya*, «réponse», veut aussi dire «pauvreté»[4].

Il y a de la pauvreté, de la violence et de la souffrance dans la réponse. Violence faite au mouvement même de l'Histoire, au mouvement inventif et créatif de l'être, souffrance de «l'état d'arrestation» de l'en train de l'être, de l'*essance.* Pauvreté de celui qui possède ce qu'il désirait, inversion du désir en besoin satisfait, retournement de la transcendance en immanence, alourdissement de l'identité, renforcée par le poids de la certitude d'un être replié sur lui-même dans sa vérité.

Un commentaire de cette violence de la réponse est formulé par le texte biblique lui-même dans les «dix paroles». Il s'agit de l'interdiction formulée classiquement par : «Tu ne porteras pas de faux témoignage» — en hébreu : *«Lo taané beréakha èd chaquèr». Lo taané* signifie littéralement : «tu ne répondras pas», ou encore : «tu ne feras pas souffrir», ou : «tu ne violeras pas».

Cela nous enseigne qu'il ne faut pas être une réponse en l'autre, répondre à sa place, car c'est cela précisément qui est un faux témoignage. Ne pas prendre place dans la parole de l'autre, à sa place ; ne pas voler la parole, ne pas lui imposer une réponse à son désir. N'envahis pas avec ta parole l'histoire d'un autre, «ce serait lui confisquer sa part d'être, sa part à la vérité de ce qui arrive[5]».

Répondre à la place de l'autre, c'est lui enlever sa propre responsabilité et sa liberté de construire sa propre histoire.

4. M. Cohn, *Dictionnaire hébreu-français*, Larousse, 1976, p. 513-514.
5. D. Sibony, *Les Trois Monothéismes, op. cit.*, p. 338-339. Sibony développe le rapport entre réponse et témoignage de façon un peu différente.

CHAPITRE XVII

La contraction créatrice de l'infini

> Aussi haut qu'on puisse remonter, la valeur gastronomique prime la valeur alimentaire et c'est dans la joie, et non dans la peine, que l'homme a trouvé son esprit. La conquête du superflu donne une excitation plus spirituelle que la conquête du nécessaire. L'homme est une création du désir, non pas une création du besoin.
>
> Gaston Bachelard, *Psychanalyse du feu*[1].

Nous avons dit plus haut (livre deuxième, chapitre VI) que le désir est le fondement de l'humain : approfondissons!

Le désir comme essence de l'homme ne veut pas dire une pulsivité de l'être-homme conçue selon le principe de la nécessité mécanique, de l'urgence de vie, urgence simplement vitale. Le désir dont nous parlons est humain, au-delà d'une quintessence de mécanismes psychobiologiques, au-delà de l'ensemble des forces et des puissances par lesquelles l'homme est dominé et auxquelles il est livré.

Désirer, c'est *ek-sister*, vouloir porter son être au-delà de soi; le désir est la transcendance, la transcendance même de l'être. Désir métaphysique au-delà de la simple pulsion d'existence ou de

1. Gallimard, 1949, p. 34; cité par D. Vasse, *Le Temps du désir*, Éd. du Seuil, 1969, p. 11.

vie — ni appétit ni besoin[2]. Le désir comme essence de l'homme n'est pas la marque d'un homme indigent, incomplet, déchu de sa grandeur passée. Il ne coïncide pas avec la conscience de ce qui a été perdu : ni nostalgie ni mal de retour. Le désir métaphysique est un « désir qu'on ne saurait satisfaire[3] ».

Ainsi l'homme-désir ne peut jamais construire une totalité dans la réconciliation avec l'objet ou l'être de son désir. « Désir sans satisfaction, qui, précisément, entend l'éloignement, l'altérité et l'extériorité de l'Autre[4]. » Sans altérité absolue de l'objet du désir, que Lévinas nomme l'Autre, il n'y a pas de désir et, de fait, se produit une défaillance de l'homme lui-même. L'altérité transcendante de l'Autre, qui ne peut être appropriée par le Même, est l'irruption de l'infini dans le fini, le fondement de l'humain comme transcendance.

Dès lors, l'humanité de l'homme réside dans le respect de l'infini, le respect de l'altérité d'autrui ; respect et non pas connaissance, car cette dernière, par ses modalités d'une conscience-araignée, invertirait la transcendance en immanence.

L'homme comme désir n'est possible qu'à partir de la transcendance conçue comme séparation et résistance à l'idée d'une synthèse : « Le transcendant, c'est ce qui ne saurait être englobé[5]. » Le désir ne marque pas la satisfaction et le comblement de cette séparation mais, au contraire, il est ce qui maintient la distance et la différence entre les êtres. « La relation ne relie pas des termes qui se complètent, mais des termes qui se suffisent. Cette relation est Désir[6]. »

2. Sur cette définition du désir métaphysique et la différence avec le besoin, cf. E. Lévinas, *Totalité et Infini*, *op. cit.*, p. 3 *sq.*

3. *Ibid.*

4. *Ibid.*, p. 4.

5. *Ibid.*, p. 269.

6. *Ibid.*, p. 77.

Le fait que chaque être soit séparé et auto-nome lui vient de sa «créaturialité», c'est-à-dire du fait d'être créature. Considérer chaque être humain comme créature, c'est le faire naître à partir du néant et, de ce fait, «le poser en dehors de tout système, c'est-à-dire là où sa liberté est possible[7]». Cependant, le néant de la création *ex nihilo* est un néant produit volontairement par le retrait d'une totalité — totalité divine ou totalité du Moi.

Pour la pensée cabaliste, la créaturialité est conséquence d'un retrait préalable, qui se nomme *Tsimtsoum* et qui signifie littéralement «Contraction». Ainsi l'homme du désir métaphysique devient créature et offre la créaturialité à autrui, en se retirant, dans la limitation et le renoncement à être tout l'être.

Le désir métaphysique se construit! «L'infini se produit en renonçant à l'envahissement d'une totalité dans une contraction laissant place à un être séparé[8].» Lévinas décrit ici mot pour mot la théorie lourianique du *Tsimtsoum*, que nous citons dans la formule synthétique de Rabbi Nahman de Braslav :

> Lorsque le Nom, béni soit-Il, voulut créer le monde, il n'y avait pas de place pour le créer car le tout était infini. De ce fait Il contracta *[tsimtsèm]* la «lumière» sur les côtés et par l'intermédiaire de cette contraction *[tsimtsoum]* se forma un «espace vide» *[ḥallal hapanouye]*. Et, à l'intérieur de cet «espace vide», sont venus à l'existence les jours [le temps] et les mesures [l'espace] qui constituent le cadre essentiel de la création du monde.

Quand Rabbi Nahman insiste sur l'espace vide, il veut signifier «vide de Dieu» : le *Tsimtsoum* est ainsi la création d'un espace athéologique, qui seul peut laisser un espace de vie pour l'homme.

7. *Ibid.*, p. 78.
8. *Ibid.*, p. 77.

La Création à partir de l'espace vide rend possible l'altérité à partir de la séparation. Séparation, distanciation, différenciation, à partir desquelles aucune fusion ne sera possible. Seuls des ponts pourront être jetés pour essayer de franchir l'abîme, sans d'ailleurs jamais y parvenir. Le *Tsimtsoum* produit un espace vide qui «construit l'écart et la séparation comme l'origine de toute valeur positive» (Blanchot).

Le *Tsimtsoum* n'est pas seulement un paradigme pour décrire la création du monde; il est aussi le modèle des relations interhumaines qui construisent une socialité dans laquelle la transcendance joue un rôle fondateur. Version existentielle et éthique du *Tsimtsoum*, que Lévinas traduit de la manière suivante :

> Ainsi, en dessinant des relations qui se frayent une voie au-dehors de l'être, un infini, qui ne se ferme pas circulairement sur lui-même, mais qui se retire de l'étendue ontologique pour laisser une place à un être séparé, existe divinement. Il inaugure au-dessus de la totalité une société. Les rapports qui s'établissent entre l'être séparé et l'infini rachètent ce qu'il y avait de diminution dans la *contraction créatrice* de l'infini. L'homme rachète la Création. La société avec Dieu n'est pas une addition avec Dieu, ni un évanouissement de l'*intervalle* qui sépare Dieu de la créature. Par opposition à la totalisation, nous l'avons appelée religion. La limitation de l'infini créateur et la multiplicité sont incompatibles avec la perfection de l'infini. Elles articulent le sens de cette perfection[9].

L'homme est désir. Cela signifie qu'exister va consister à produire un ensemble de stratégies visant à maintenir ce désir métaphysique, à maintenir une «distance infinie et en un sens infranchissable entre moi et l'Autre, lequel appartient à l'autre rive» et qui «n'a pas avec moi de patrie commune et ne peut en aucune façon prendre rang dans un même concept, ou même

9. *Ibid.*, p. 78. C'est nous qui soulignons.

ensemble, constituer un tout ou faire membre avec l'individu que je suis». Paradoxe d'une relation sans relation.

Nous appelons «différentialité interne positive» un écart différentiel interne, la modalité d'être du sujet qui «prend la forme d'un déphasage insolite — d'un desserrage ou d'une desserre — de l'identité : le même empêché de coïncider avec lui-même, dépareillé, arraché à son repos, entre sommeil et insomnie, halètements, frémissements[10]». Il y a une modalité de l'être qui inclut à la fois la différentialité externe et interne, celle du *Tsimtsoum* ou de la maternité, gestation de l'Autre dans le même.

Le processus de sortie de la stérilité est conséquent de l'intégration du *Tsimtsoum* dans le langage, dans les noms et dans les corps. Introduction de la séparation créatrice du *Tsimtsoum* ouvrant à la fécondité.

10. *Id., Autrement qu'être, op. cit.*, p. 86.

CHAPITRE XVIII

1 + 1 = un plus un

Il nous semble que les idées sur le désir développées dans le chapitre précédent ont une proximité questionnante avec l'aphorisme souvent cité de Jacques Lacan : «Il n'y a pas de rapport sexuel[1]... »

En des termes différents, Lévinas et Lacan soulignent l'impossibilité et le danger pour deux êtres de constituer une totalité fusionnelle, qui abolirait la «distance infinie et infranchissable» qui les unit en les séparant. Paradoxe d'une relation sans relation, que Lévinas nomme religion comme nous l'avons souligné[2]. Les formules synthétiques masquent souvent la subtilité d'un raisonnement et d'une démonstration, mais la phrase de Lacan est suffisamment énigmatique et contraire aux préjugés de l'expérience pour que la force de l'énigme maintienne en éveil le mouvement d'une pensée en voyage.

En fait, la formule de Lacan est plus précise : «Il n'y a pas de rapport sexuel, sous-entendu : formulable dans la structure.» Commentaire de Juan-David Nasio :

> Quand l'analyse propose comme axiome que la relation sexuelle n'existe pas, cela ne veut pas dire que nous ignorons

1. Cette formule est répétée à plusieurs reprises; cf. par exemple «Radiophonie», in *Scilicet*, Éd. du Seuil, n° 2-3, 1970, p. 65.
2. E. Lévinas, *Totalité et Infini*, *op. cit.*, p. 10.

> la rencontre d'amour entre un homme et une femme [...]. Non. Le dicton lacanien énonce le non-rapport pour s'opposer à une certaine idée qui voudrait traduire le rapport sexuel comme le moment culminant où deux corps ne font qu'un seul. C'est contre cela que Lacan se soulève : que le rapport sexuel entre un homme et une femme forme un seul être[3].

Entre l'homme et la femme il n'y a donc aucune complémentarité. En termes lévinassiens, on peut dire « qu'à l'idée de totalité où la philosophie ontologique réunit — ou comprend — véritablement le multiple, il s'agit de substituer l'idée d'une séparation résistant à la synthèse[4] ». Les conséquences sur le plan philosophique sont fondamentales : s'inaugure ici une philosophie qui ne sera pas fondée sur la suppression de la multiplicité des visages, par la saisie, la vision, le concept ou l'idée...

« Il n'y a pas de rapport sexuel » est une critique de la pensée systématisante, qui est conquête brutale des êtres dans l'Être. Critique à la fois de l'« idée » chez Platon et du « concept » chez Hegel. Il y a pour Lévinas, et peut-être aussi pour Lacan, « un surplus de Bien sur l'être, de la multiplicité sur l'Un[5] ».

La relation paradoxale sans relation et l'impossibilité d'énoncer le rapport sexuel visent à « que ne soit pas reconstitué, comme dans le mythe du *Banquet*, le tout de l'être parfait, dont parle Aristophane : ni en se replongeant dans le tout en abdiquant dans l'intemporel, ni en conquérant le tout par l'Histoire. L'ouverture qu'ouvre la séparation est absolument nouvelle par rapport à la béatitude de l'Un et à sa fameuse liberté, qui consiste à nier ou à absorber l'Autre pour ne rien rencontrer[6] ».

3. J.-D. Nasio, *Cinq Leçons sur la théorie de Jacques Lacan*, Rivages, 1992, p. 188.
4. E. Lévinas, *Totalité et Infini*, *op. cit.*, p. 269.
5. *Ibid.*, p. 268.
6. *Ibid.* Il est intéressant de noter que Nasio, commentant Lacan, fait la même référence au *Banquet* de Platon (*Cinq Leçons sur la théorie de Jacques Lacan*, *op. cit.*, p. 188).

Certes, il y a une différence épistémologique entre Lacan et Lévinas. La philosophie n'est pas la psychanalyse. Mais les enjeux sont proches. Quand Lacan dit : «Il n'y a pas de rapport...», il ajoute : «formulable dans la structure». Qu'est-ce à dire? Si nous mettons entre parenthèses la complexité terminologique chez Lacan et que nous acceptions à titre provisoire le terme «jouissance», dont on esquisse le sens par la métaphore de l'énergie[7], «non formulable dans la structure» signifie que le rapport «est impossible à conceptualiser formellement par la théorie, impossible à écrire avec des signes et des lettres qui diraient de quelle nature serait la jouissance [...]. En un mot la jouissance est dans l'inconscient et dans la théorie un lieu vide de signifiant[8]».

Il existe ainsi des modalités d'être réfractaires à leur traduction, dans le conscient et l'inconscient, que ce soit dans l'écriture ou en parole. Insistons à l'aide de quelques remarques bibliques.

1) Il est écrit dans la Genèse : «De ce fait l'homme quittera son père et sa mère, et il s'accolera à sa femme, et ils seront une seule chair[9].» L'unité charnelle est précisée ici, pour exclure l'unité des âmes ou même l'unité des mots et de la réalité.

2) Le verbe «copuler», en hébreu *chagal*, n'apparaît que quatre fois dans toute la Bible[10] et est à chaque fois interdit à la lecture, tout comme le Tétragramme; il est remplacé par un autre verbe, *chakhov*, qui signifie «coucher», «être allongé».

7. «La jouissance est l'énergie de l'inconscient lorsque l'inconscient travaille, c'est-à-dire lorsque l'inconscient est actif — et il l'est constamment —, en assurant la répétition et en extériorisant sans cesse des productions psychiques, tel le symptôme ou tout autre événement signifiant.» Et : «Le travail de l'inconscient implique jouissance; et la jouissance est l'énergie qui se dégage quand l'inconscient travaille» (*ibid.*, p. 45).

8. *Ibid.*, p. 40.

9. Genèse, 2, 24.

10. Deutéronome 28, 30; Isaïe 13, 16; Zacharie 14, 2; Jérémie 3, 2. Ce processus de substitution d'un mot par un autre se nomme un *queré-ktiv* («Lis à la place de ce qui est écrit!»).

Il ne s'agit pas, comme on pourrait le croire, d'un euphémisme par pudibonderie ! Le remplacement du verbe *chagal* ou *chakhov* relève précisément de l'impossibilité de dire, de formuler le rapport sexuel. La jouissance, l'énergie de l'inconscient, tout comme la relation entre deux êtres totalement différents, ne peut pas venir s'échouer et se coaguler dans un dit qui, par sa fixité, atténuerait, voire annulerait la dimension temporalisatrice de la jouissance. Il y a un dire[11] de la jouissance qui est aussi une jouissance de dire qui ne se *dit* pas.

Mais cette interdiction produit justement une inter-diction, la naissance de la parole même comme signe transcendant de la relation entre deux personnes.

Notons justement que le mot de substitution *chakhov (chin-kaf-bèt)* peut se dire *ché-kv*, c'est-à-dire « qui est en relation avec *[ché]* les vingt-deux *[kv]* lettres de l'alphabet », avec la parole potentielle : non pas parole dite mais à dire : dire infinitif...

L'impossibilité de dire le rapport sexuel produit le mouvement métaphorique du langage. Le langage naît chez l'être humain à partir du retrait, de l'indicibilité du rapport sexuel, c'est-à-dire de l'impossible rassemblement du multiple dans l'UN.

11. « Dit » et « dire », ici au sens de Lévinas ; cf. notre chap. XIV, n. 7. Chez Lacan le « dire » et le « dit » ont un sens inverse de celui de Lévinas ; cf. J.-D. Nasio, *Cinq Leçons sur la théorie de Jacques Lacan, op. cit.*, p. 81.

Bibliographie

Abécassis, Armand, *La Lumière dans la pensée juive*, Berg International, 1988.

–, « Le Midrash entre *mythos* et *logos* », in *Pensée juive et Philosophie*, PUF, 1988.

–, *La Pensée juive*, LGF, coll. « Le livre de poche », 1987, 2 vol.

–, *Le Temps du partage*, Albin Michel, 1993.

–, et Eisenberg, Josy, *A Bible ouverte*, Albin Michel : t. I, 1978 ; t. II : *Et Dieu créa Ève*, 1979 ; t. III : *Moi, le gardien de mon frère ?*, 1980 ; t. IV : *Jacob, Rachel, Léa et les autres*, 1982.

Aboulafia, Abraham, *L'Épître des sept voies*, Éd. de l'Éclat, 1985.

Abraham, Nicolas, *L'Écorce et le Noyau*, Aubier-Flammarion, 1978.

–, *Jonas*, Aubier-Flammarion, 1981.

–, *Rythmes*, Flammarion, 1985.

–, *Le Verbier de l'homme aux loups*, Aubier-Flammarion, 1976.

Amado Levy-Valensi, Eliane, *La Communication*, PUF, 1967.

–, *Le Dialogue psychanalytique*, PUF, 1963.

–, *Le Moïse de Freud ou la référence occultée*, Éd. du Rocher, 1984.

–, *Les Niveaux de l'être. La connaissance et le mal*, PUF, 1963.

–, *La Racine et la Source*, Zikarone, 1968.

–, *Le Temps dans la vie morale*, Vrin 1968.

–, *Le Temps dans la vie psychologique*, Flammarion, 1965.

Anzieu, Didier, *L'Auto-Analyse de Freud et la découverte de la psychanalyse*, PUF, 1975, 2 vol.

–, *Beckett et la Psychanalyse*, Mentha, 1992.

–, *Contes à rebours*, Christian Bourgois, 1975.

–, « Le corps et le code dans les contes de Borges », in *Nouvelle Revue de psychanalyse*, n° 3, 1971, p. 177-210.

–, *Le Moi-Peau*, Dunod, 1985.
Arendt, Hannah, *La Condition de l'homme moderne*, Calmann-Lévy, 1961.
Aristote, *La Poétique*, M. Magnien (éd. et trad.), LGF, coll. «Le Livre de Poche classique», 1991 ; J. Hardy (éd. et trad.), Les Belles Lettres, 1979.
Artaud, Antonin, *Œuvres complètes*, Gallimard, 1976, 24 vol.
Atlan, Henri, *A tort et à raison*, Paris, Éd. du Seuil, 1986.
–, «Créativité biologique et auto-création du sens», in *Création et Créativité*, Castella, 1986.
–, *Entre le cristal et la fumée*, Éd. du Seuil, 1979.
–, «Niveaux de signification et athéisme de l'écriture», in *La Bible au présent*, Gallimard, coll. «Idées», 1982.
–, *Tout, non, peut-être. Éducation et vérité*. Éd. du Seuil, 1991.
Aulagnier, Piera, *L'Apprenti historien et le maître sorcier. Du discours identifiant au discours délirant*, PUF, 1984.
–, *La Violence de l'interprétation. Du pictogramme à l'énoncé*, PUF, 1975.
Austin, Jean-Louis, *Quand dire, c'est faire*, Éd. du Seuil, 1970.

Bachelard, Gaston, *La Philosophie du non*, PUF, 1940.
–, *La Poétique de l'espace*, PUF, 1975.
Balmary, Marie, *La Divine Origine. Dieu n'a pas créé l'homme*, Grasset, 1993.
–, *L'Homme aux statues*, Grasset, 1979.
–, *Le Sacrifice interdit*, Grasset, 1986.
Banon, David, *La Lecture infinie*, Éd. du Seuil, 1987.
Barrucand, Dominique, *La Catharsis dans le théâtre. La psychanalyse et la psychothérapie de groupe*, Épi, 1970.
Barthes, Roland, *Le Degré zéro de l'écriture*, Éd. du Seuil, coll. «Points Essais», 1972.
–, *L'Empire des signes*, Skira, 1970.
–, *Le Grain de la voix*, Éd. du Seuil, 1981.
–, «Introduction à l'analyse structurale du récit», in *Communications*, Éd. du Seuil, n° 8, 1988.
–, *Le Plaisir du texte*, Éd. du Seuil, coll. «Points Essais», 1973.
Baudrillard, Jean, *L'Échange symbolique et la mort*, Gallimard, 1976.

Beckett, Samuel, *En attendant Godot*, Éd. de Minuit, 1952.
Berdiaeff, Nicolas, *Cinq Méditations sur l'existence*, Aubier-Montaigne, 1936.
Bergson, Henri, *La Pensée et le Mouvant*, PUF, 91e éd., 1975.
Berta, Mario, *Perspectives symboliques en psychothérapie. L'épreuve d'anticipation*, ESF, 1983.
–, et Sutter, Jean, *L'Anticipation et ses applications cliniques*, PUF, 1991.
Bettelheim, Bruno, *La Forteresse vide. L'autisme et la naissance du soi*, Gallimard, 1969.
–, *La Lecture et l'Enfant* (en coll. avec K. Zelden), Robert Laffont, 1983.
–, *Psychanalyse des contes de fées*, Robert Laffont, 1975.
Binsvanger, Ludwig, *Analyse existentielle et Psychanalyse freudienne*, Gallimard, 1970.
–, *Le Cas S. Urban*, Gérard Montfort, 1988.
–, *Mélancolie et Manie*, PUF, 1987.
Birman, Claude, Mopsik, Charles, Zacklad, Jean, *Caïn et Abel*, Grasset, 1980.
Blanchot, Maurice, *L'Amitié*, Gallimard, 1971.
–, *La Communauté inavouable*, Éd. de Minuit, 1983.
–, *De Kafka à Kafka*, Gallimard, coll. « Idées », 1981.
–, *Le Dernier à parler*, Fata Morgana, 1984.
–, *L'Écriture du désastre*, Gallimard, 1980.
–, *L'Entretien infini*, Gallimard, 1969.
–, *L'Espace littéraire*, Gallimard, 1955.
–, *Le Livre à venir*, Gallimard, coll. « Idées », 1986.
–, *Le Pas au-delà*, Gallimard, 1973.
–, « Une voix venue d'ailleurs. Sur les poèmes de Louis-René des Forêts », in *Ulysse fin de siècle*, Dijon, 1992.
Bloom, Harold, *Kabbalah and Criticism*, New York, Sendbury Press, 1975.
Bochurberg, Claude, *A l'écoute infinie de la nuit* (en coll. avec J. Baldran), L'Harmattan, 1990.
–, *Jeux de mains, jeux de vie* (en coll. avec E. Morin), Éd. du Seuil, 1983.
–, *Mémoire et Vigilance*, Le Liséré bleu, 1985.
–, *La Relation inachevée. Une approche phénoménologique de la relation*, L'Harmattan, 1991.

–, *Une approche ostéopathique de l'angoisse*, Maloine, 1988.
–, *La Vieille Femme qui passait*, Bibliophane, 1991.
Borch-Jacobsen, Mikkel, *Le Lien affectif*, Aubier, 1991.
Brézis, David, *Temps et Présence. Essai sur la conceptualité kierkegaardienne*, Vrin, 1991.
Brun, Jean, *Les Vagabonds de l'Occident*, PUF, 1976.
Buber, Martin, *Le Chemin de l'homme d'après la doctrine hassidique*, Éd. du Rocher, 1989.
–, *Je et tu*, Aubier, 1957.
–, *Récits hassidiques*, Éd. du Rocher, 1978.
–, *Une terre et deux peuples*, Lieu commun, 1985.
–, *La Vie en dialogue*, Aubier, 1964.

Castoriadis, Cornélius, *Les Carrefours du labyrinthe*, Éd. du Seuil, 1978.
–, *Domaines de l'homme*, Éd. du Seuil, 1986.
–, *L'Institution imaginaire de la société*, Éd. du Seuil, 1975.
Certeau, Michel de, *L'Écriture de l'Histoire*, Gallimard, 1975.
Cervantes, Miguel de, *Don Quichotte de la Manche*, M. Bardon (éd.), Garnier, coll. « Classiques », 1989.
Chalier, Catherine, *L'Alliance avec la nature*, Éd. du Cerf, 1989.
–, *Figures du féminin. Lecture d'Emmanuel Lévinas*, La Nuit surveillée, 1982.
–, *L'Histoire promise*, Éd. du Cerf, 1992.
–, *Judaïsme et Altérité*, Verdier, 1982.
–, *La Persévérance du mal*, Éd. du Cerf, 1987.
Chertok, Léon, *Le Cœur et la Raison. L'hypnose en question, de Lavoisier à Lacan* (en coll. avec I. Stengers), Payot, 1989.
–, *L'Hypnose*, Payot, 1965.
Chtcharanski, Anatoli et Avital, *Un aussi long voyage*, Lieu commun, 1986.
Cohen, Adir, *Récit de l'âme. La bibliothérapie pratique*, Tel-Aviv, 1990, 2 vol., avec une importante bibliographie en langue anglaise à la fin du t. I.
Collin, Françoise, *Maurice Blanchot et la question de l'écriture*, Gallimard.

Deleuze, Gilles, *Critique et Clinique*, Éd. de Minuit, 1993.
–, *Proust et les signes*, PUF, 6e éd., 1964.

Delhomme, Jeanne, *La Pensée interrogative*, PUF, 1954.
–, *La Pensée et le Réel*, PUF, 1967.
–, *Vie et conscience de la vie. Essai sur Bergson*, PUF, 1954.
Derczanski, Alexandre, « Itinéraire de Gerschom Scholem », in *Recherches de science religieuse*, t. 64, 1976, p. 271-284.
–, « Le judaïsme face à la modernité. L'imaginaire ou la norme : *Halakha ou Haggada* », in *Recherches de science religieuse*, t. 63, 1975, p. 185-196.
–, « Langue et religion : le yiddich. Note pour une théologie de la langue », in *Recherches de science religieuse*, t. 66, 1978, p. 617-622.
–, « La Révolution française : matrice du judaïsme moderne ? » in *Archives de sciences sociales et religieuses*, t. 66, 1988, p. 113-124.
Derrida, Jacques, *La Carte postale*, Aubier-Flammarion, 1980.
–, « Circonfession », in *Jacques Derrida* (en coll.), Éd. du Seuil, 1991.
–, *De la grammatologie*, Éd. de Minuit, 1967.
–, *De l'esprit. Heidegger et la question*, Galilée, 1987.
–, *La Dissémination*, Éd. du Seuil, 1972.
–, *L'Écriture et la Différence*, Éd. du Seuil, coll. « Points », 1979.
–, *L'Éthique du don : Jacques Derrida et la pensée du don. Colloque de Royaumont, décembre 1990*, Métailié, 1992.
–, *Feu la cendre*, Éd. des Femmes, 1987.
–, *Glas*, Galilée, 1974.
–, *Marges. De la philosophie*, Éd. de Minuit, 1972.
–, *L'Origine de la géométrie de Husserl* (intro. et trad.), PUF, 1962.
–, *Points de suspension. Entretiens*, Galilée, 1992.
–, *Psyché, invention de l'autre*, Galilée, 1987.
–, *Ulysse gramophone. Deux mots pour Joyce*, Galilée, 1987.
–, *La Vérité en peinture*, Flammarion, 1978.
–, *La Voix et le Phénomène*, PUF, 1967.
Draï, Raphaël, *La Communication prophétique*, Fayard, t. I : *Le Dieu caché et sa révélation*, 1990, t. II : *La Conscience des prophètes*, 1993.
–, *Œil pour Œil. Le mythe de la loi du talion*, J. Clims, 1986.
–, *Le Pouvoir et la Parole*, Payot, 1981.
–, *La Sortie d'Égypte. L'invention de la liberté*, Fayard, 1986.
–, *La Traversée du désert. L'invention de la responsabilité*, Fayard, 1989.
Drewermann, Eugen, *La Boule de cristal. Lecture psychanalytique d'un conte généalogique*, Éd. de Minuit, 1985.

–, *L'essentiel est invisible. Une lecture psychanalytique du « Petit Prince »*, Éd. du Cerf, 1992.
–, *La Parole qui guérit*, Éd. du Cerf, 1991.
Dolto, Françoise, *L'Image inconsciente du corps*, Éd. du Seuil, 1980.
–, *Séminaire de psychanalyse d'enfants*, Éd. du Seuil, t. I, 1982.
–, *Tout est langage*, Vertige-Carrère, 1987.
Dumas, Didier, *L'Ange et le Fantôme. Introduction à la clinique de l'impensé généalogique*, Éd. de Minuit, 1985.

Eco, Umberto, *Lector in fabula*, Grasset, 1985.
–, *Les Limites de l'interprétation*, Grasset, 1991.
–, *Le Nom de la rose*, Grasset, 1983.
–, *L'Œuvre ouverte*, Éd. du Seuil, coll. « Points Essais », 1979.
–, *Sémiotique et philosophie du langage*, PUF, 1988.
–, *La Structure absente*, Mercure de France, 1973.
Eisenberg, Josy, *Le Chandelier d'or* (en coll. avec A. Steinsaltz), Verdier, 1988.
–, *Job ou Dieu dans la tempête* (en coll. avec E. Wiesel), Fayard-Verdier, 1986.
–, *Une histoire du peuple juif*, Fayard, 1974.
–, *Un messie nommé Joseph* (en coll. avec B. Gross), Albin Michel, 1983.
–, et Abécassis, Armand, *A Bible ouverte*, Albin Michel : t. I, 1978 ; t. II : *Et Dieu créa Ève*, 1979 ; t. III : *Moi, le gardien de mon frère ?*, 1980 ; t. IV : *Jacob, Rachel, Léa et les autres*, 1982.
Eliacheff, Caroline, *A corps et à cris. Être psychanalyste avec les tout-petits*, Odile Jacob, 1993.

Fédida, Pierre, *L'Absence*, Gallimard, 1978.
–, « Le conte et la zone d'endormissement », in *Corps du vide et espace de séance*, Éd. universitaires, 1977.
–, *Crise et Contre-transfert*, PUF, 1992.
–, *Phénoménologie, psychiatrie, psychanalyse*, Écho-Centurion, 1986 (collectif).
–, *Psychiatrie et Existence* (en coll. avec J. Schotte), Millon, 1990.
Feldenkreis, Moshé, *Le Cas Doris*, Hachette, 1978.
–, *La Conscience du corps*, Robert Laffont, 1971 (repris sous le titre *La Santé en douze leçons*, Marabout, 1972).

Ferry, Luc, *Heidegger et les Modernes*, Grasset, 1988.
—, *Le Nouvel Ordre écologique. L'arbre, l'animal et l'homme*, Grasset, 1992.
—, *La Pensée 68*, Gallimard, 1985.
—, *Philosophie politique*, t. II : *Le Système des philosophies de l'Histoire*, PUF, 1984.
—, *68-86. Itinéraire de l'individu*, Gallimard, 1987.
—, *Systèmes et Critique*, Bruxelles, Ousia, 1985.
—, et Renaut, Alain, *Philosophie politique*, PUF, t. III, 1985.
Finas, Lucette, *Écart. Essai sur Jacques Derrida* (en coll.), Fayard, 1973.
Fink, Eugen, *De la phénoménologie*, Éd. de Minuit, 1974.
—, *Le Jeu comme symbole du monde*, Éd. de Minuit, 1966.
—, *La Philosophie de Nietzsche*, Éd. de Minuit, 1965.
Finkielkraut, Alain, *Le Juif imaginaire*, Éd. du Seuil, coll. « Points », 1983.
—, *La Sagesse de l'amour*, Gallimard, 1985.
Foucault, Michel, *L'Archéologie du savoir*, Gallimard, 1969.
—, *Histoire de la folie à l'âge classique*, Gallimard, 1961.
—, *Histoire de la sexualité*, t. 2 : *L'Usage des plaisirs*, Gallimard, 1984.
—, *Les Mots et les Choses*, Gallimard, 1966.
Forêts (des), Louis-René, *Poèmes de Samuel Wood*, Fata Morgana, 1986.
Freud, Sigmund, *Freud présenté par lui-même*, Gallimard, 1984.
—, *L'Homme Moïse et la religion monothéiste*, Gallimard, 1986.
—, *L'Interprétation des rêves*, PUF, 1967.
—, *Le Mot d'esprit et sa relation à l'inconscient*, Gallimard, 1988.
—, *Résultats, idées, problèmes*, PUF, 1984.
Fromm, Erich, *Bouddhisme zen et psychanalyse*, PUF, coll. « Quadrige », 1981.
Frye, Northrop, *Le Grand Code*, t. I : *La Bible et la Littérature*, Éd. du Seuil, 1984.

Gadamer, Hans-Georg, *L'Art de comprendre*, Aubier, 1982.
—, *Qui suis-je et qui es-tu ?*, Arles, Actes Sud, 1987.
—, *Vérité et Méthode*, Éd. du Seuil, 1976.
Gatti, Armand, *Le Chant d'amour des alphabets d'Auschwitz*, Verdier, 1992.
Gellie, W. B., *Philosophy and the Historical Understanding*, New York, Schoken Books, 1964.
Glucksmann, André, *Les Maîtres penseurs*, Grasset, 1977.

Grandguillaume, Gilbert, «*Les Mille et Une Nuits.* Un mythe en travail» (en coll. avec F. Villa), «Mythes et récits d'origine», in *Peuples méditerranéens*, n° 56-57, 1991.
–, «*Les Mille et Une Nuits*. La parole délivrée par les contes symbolisés», in *Psychanalyse*, n° 33, 1989.
Green, Arthur, *The Tormented Master* : «A Life of Rabbi Nahman of Braslav», University of Alabama, 1979.
Greisch, Jean, *L'Age herméneutique de la raison*, Éd. du Cerf, 1985.
–, «Empêtrement et intrigue. Une phénoménologie pure de la narrativité *est*-elle concevable?», postface à W. Schapp, *L'Homme empêtré dans des histoires*, Éd. du Cerf, 1992.
–, *Herméneutique et Grammatologie*, CNRS, 1977.
–, *La Parole heureuse*, Beauchesne, 1987.
Grimm, Jacob et Wilhelm, *Contes*, Garnier-Flammarion, 1986, 2 vol.
Grondin, Jean, *L'Universalité herméneutique*, PUF, 1993.
Guérin, Charles, «Une fonction du conte : un conteneur potentiel», in *Contes et Divans*, Dunod, 1989, p. 81-133.
Gunn, D., *Analyse et Fiction. Aux frontières de la littérature et de la psychanalyse*, Denoël, 1990.

Habermas, Jürgen, *Le Discours philosophique de la modernité*, Gallimard, 1988.
Haddad, Gérard, *Les Biblioclastes*, Grasset, 1991.
–, *L'Enfant illégitime*, Hachette, 1980.
–, *Manger le livre*, Grasset, 1984.
Halbronn, Jacques, *Le Monde juif et l'astrologie*, Milan, Arché, 1985.
Halter, Marek, *La Mémoire inquiète. Il y a cinquante ans : le ghetto de Varsovie*, Robert Laffont, 1993.
Hassoun, Jacques, *L'Exil de la langue*, Point Hors-ligne, 1993.
Hayoun, Maurice-Ruben, *Maïmonide*, PUF, 1987.
Hegel, Georg Wilhelm Friedrich, *La Phénoménologie de l'esprit*, Aubier, 1941.
–, *Précis de l'«Encyclopédie»*, Vrin, 1978.
Heidegger, Martin, *Acheminement vers la Parole*, Gallimard, 1976.
–, *Chemins qui ne mènent nulle part*, Gallimard, coll. «Idées», 1962.
–, *Essais et Conférences*, Gallimard, 1954.

–, *L'Être et le Temps*, Gallimard, 1964.
–, *Qu'appelle-t-on penser?*, PUF, 1959.
–, *Nietzsche*, Gallimard, 1971.
–, *La «Phénoménologie de l'esprit» de Hegel. Introduction à la métaphysique*, Gallimard, coll. «Tel», 1967.
Henry, Michel, *La Barbarie*, Grasset, 1987.
–, *L'Essence de la manifestation*, PUF, 1963, 2 vol.
–, *Généalogie de la psychanalyse*, PUF, 1985.
–, *Voir l'invisible*, François Bourin, 1988.
Héraclite, *Fragments*, M. Conche (éd.), PUF, 1986.
Hermann, Imre, *L'Instinct filial*, G. Kassai (trad.), Denoël, 1972.
Heschel, Abraham Yoshua, *Les Bâtisseurs du temps*, Éd. de Minuit, 1969.
–, *Dieu en quête de l'homme*, Éd. du Seuil, 1968.
–, *Theology of Ancient Judaism*, New York, Sconcino Press, 2 vol., 1962.
–, *Tora min Hachamayim...*, New York, Sconcino, 1965.
–, *Le Tourment de la vérité*, Éd. du Cerf, 1976.
Hochmann, Jacques, «"Raconte-moi encore une histoire". Le moment du conte dans une relation thérapeutique avec l'enfant», in *Contes et Divans*, Dunod, 1989, p. 57-80.
Holland, Normann, *The Dynamics of Literary Response*, New York, Norton, Oxford UP, 1968.
Huizinga, Johan, *Homo ludens. Essai sur la fonction sociale du jeu*, Gallimard, 1976.
Husserl, Edmund, *Idées directrices pour une phénoménologie*, Gallimard, 1969.
–, *Méditations cartésiennes*, Vrin, 1953.
–, *L'Origine de la géométrie*, PUF, 1962.

Iser, Wolfgang, *L'Acte de lecture. Théorie de l'effet esthétique*, Mardaga, 1985.

Jabès, Edmond, *Aely*, Gallimard, 1972.
–, *Cahiers Obsidiane*, consacrés à Edmond Jabès, n° 5, 1982.
–, *Ça suit son cours*, Fata Morgana, 1975.
–, *Dans la double dépendance du dit*, Fata Morgana, 1984.
–, *Du désert au livre*, entretiens avec Marcel Cohen, Belfond, 1981.
–, *El ou le dernier livre*, Gallimard, 1973.

—, *Elya*, Gallimard, 1972.
—, *L'Ineffaçable, l'inaperçu*, Gallimard, 1980.
—, *Je bâtis ma demeure*, Gallimard, 1975.
—, *Le Livre des questions*, Gallimard, 1963.
—, *Le Livre des ressemblances*, Gallimard, 1976.
—, *Le Livre de Yukel*, Gallimard, 1964.
—, *Le Livre du dialogue*, Gallimard, 1984.
—, *Le Livre du partage*, Gallimard, 1987.
—, *Le Livre lu, en Israël*, Point Hors-ligne, 1987.
—, *La Mémoire et la Main*, Fata Morgana, 1985.
—, *Le Parcours*, Gallimard, 1985.
—, *Le Petit Livre de la subversion hors de soupçon*, Gallimard, 1982.
—, *Récit*, Fata Morgana, 1981.
—, *Le Retour au livre*, Gallimard, 1965.
—, *Le Soupçon le désert*, Gallimard, 1978.
—, *Yaël*, Gallimard, 1967.
Jacques, Francis, *Dialogiques. Recherches sur le dialogue*, PUF, 1979.
Jankélévitch, Vladimir, *Quelque part dans l'inachevé*, Gallimard, 1978.
Jaspers, Karl, *Nietzsche. Introduction à sa philosophie*, Gallimard, coll. «Tel», 1979.
Jauss, Hans Robert, *Pour une esthétique de la réception*, Gallimard, 1978.
—, *Pour une herméneutique littéraire*, Gallimard, 1988.
Juranville, Alain, *Lacan et la Philosophie*, PUF, 1984.

Kaës, René, «L'étoffe du conte», in *Contes et Divans*, Dunod, 1989, p. 1-22.
—, «Le conte et le groupe», in *ibid.*, p. 171-212.
Kafka, Franz, *Œuvres complètes*, Gallimard, coll. «Bibliothèque de la Pléiade», 1976-1989, 4 vol.
Kaufmann, Pierre, *L'Expérience émotionnelle de l'espace*, Vrin, 1969.
Kimura Bin, *Écrits de psychopathologie phénoménologique*, PUF, 1992.
Kojève, Alexandre, *Introduction à la lecture de Hegel*, Gallimard, 1947.
Kristeva, Julia, *Étrangers à nous-mêmes*, Fayard, 1988.
—, *Histoires d'amour*, Denoël, 1983.
—, *Les Nouvelles Maladies de l'âme*, Fayard, 1993.
—, *Révolution du langage poétique*, Éd. du Seuil, 1973.
—, *Sémiotiké*, Éd. du Seuil, coll. «Points», 1978.
Kundera, Milan, *L'Art du roman*, Gallimard, 1986.

Lacan, Jacques, *Écrits*, Éd. du Seuil, 1966.
–, *L'Éthique de la psychanalyse*, Éd. du Seuil, 1986.
La Genardière (de), Claude, *Encore un conte? «Le Petit Chaperon rouge» à l'usage des adultes*, PUN.
Laporte, Roger, *Digraphe*, Flammarion, n°s 18-19, 1979.
–, *Fugue*, Gallimard, 1970.
–, *Fugue, supplément*, Gallimard, 1973.
–, *Fugue 3*, Flammarion, 1974.
–, *La Veille*, Gallimard, 1963.
–, *Quinze Variations sur un thème biographique*, Flammarion, 1975.
–, *Une voix de fin silence*, Gallimard, 1966.
–, *Pourquoi?*, Gallimard, 1967.
Laruelle, François, «Projet d'une philosophie du Livre», in *Cahiers Obsidiane*, n° 5, 1982.
Le Clézio, Jean-Marie Gustave, *Haï*, Flammarion, coll. «Champs», 1971.
Ledoux, Michel-Henri, *Introduction à l'œuvre de Françoise Dolto*, Rivages, 1990.
Legendre, Pierre, *L'Amour du censeur*, Éd. du Seuil, 1974.
–, *Les Enfants du texte. Étude sur la fonction parentale des États*, Fayard, 1992.
–, *Jouir du pouvoir*, Éd. de Minuit, 1976.
–, *Leçons II. L'empire de la vérité*, Fayard, 1983.
–, *Leçons IV. L'inestimable objet de la transmission*, Fayard, 1985.
–, *Leçons IV (suite). Filiation. Fondement généalogique de la psychanalyse*, Fayard, 1990.
–, *Leçons VII. Le désir politique de Dieu*, Fayard, 1989.
–, *La Passion d'être autre. Étude pour la danse*, Éd. du Seuil, 1978.
Lekeuche, Philippe, «Le test de Szondi comme outil psychothérapeutique dans des cas de toxicomanie», in *Psychiatrie et Existence*, Jérôme Millon, 1991.
Leloup, Jean-Yves, *Prendre soin de l'être. Philon et les thérapeutes d'Alexandrie*, Albin Michel, 1993.
Lévesque, Claude, *L'Étrangeté du texte. Essai sur Nietzsche, Freud, Blanchot et Derrida*, UGE, coll. «10-18», 1978.
Lévinas, Emmanuel, *A l'heure des nations*, Éd. de Minuit, 1988.
–, *L'Au-Delà du verset*, Éd. de Minuit, 1982.
–, *Autrement qu'être ou au-delà de l'essence*, La Haye, Nijhoff, 1974.

–, *Cahiers Emmanuel Lévinas*, Verdier, 1984.
–, *De Dieu qui vient à l'idée*, Vrin, 1982.
–, *De l'évasion*, Fata Morgana, 1982.
–, *De l'existence à l'existant*, Vrin, 1947.
–, *Difficile Liberté*, Albin Michel, 1963.
–, *Du sacré au saint*, Éd. de Minuit, 1977.
–, *En découvrant l'existence avec Husserl et Heidegger*, Vrin, 1974.
–, *Entre nous. Essais sur le penser-à-l'autre*, Grasset, 1991.
–, *Éthique et Infini*, Fayard, 1982.
–, *Hors sujet*, Fata Morgana, 1987.
–, *L'Humanisme de l'autre homme*, Fata Morgana, 1972; LGF, «Le Livre de Poche-Biblio essais», 1990.
–, *Noms propres*, Fata Morgana, 1975.
–, *Quatre Lectures talmudiques*, Éd. de Minuit, 1968.
–, *Recueil des colloques des intellectuels juifs de France*, PUF et Gallimard, coll. «Idées».
–, *Sur Maurice Blanchot*, Fata Morgana, 1975.
–, *Le Temps et l'Autre*, Fata Morgana, 1979.
–, *Totalité et Infini. Essai sur l'extériorité*, La Haye, Nijhoff, 1961.
–, *Transcendance et Intelligibilité*, Labor et Fides, 1982.
Lévi-Strauss, Claude, *Anthropologie structurale*, Plon, 1958 et 1973, 2 vol.
Lévy, Bernard-Henri, *Éloge des intellectuels*, Grasset.
–, *Le Testament de Dieu*, Grasset, 1979.
Lindon, Jérôme, *Jonas*, Éd. de Minuit, 1955.
Lipovetsky, Gilles, *L'Empire de l'éphémère*, Gallimard, 1987.
–, *L'Ère du vide*, Gallimard, 1983.
Lyotard, Jean-François, *Au juste* (en coll. avec J.-L. Thébaud), Christian Bourgois, 1979.
–, *La Condition post-moderne*, Éd. de Minuit, 1979.
–, *Le Différend*, Éd. de Minuit, 1983.
–, *Figure forclose. L'écrit du temps*, Éd. de Minuit, 1984.

Maggiori, Robert, *De la convivance*, Fayard, 1985.
Mc Luhan, Marshall, *La Galaxie Gutenberg. La genèse de l'homme typographique*, Gallimard, 1977.
Maïmonide, *Le Guide des égarés*, Paris, Maisonneuve, 1959, 3 vol.

Maldiney, Henri, *Arts et Existence*, Klincksieck, 1985.
–, *L'Espace du livre*, Crest, La Sétérée, 1990.
–, *In media vita*, Seyssel, Comp'Act, 1988.
–, *Les Legs des choses dans l'œuvre de Francis Ponge*, Lausanne, L'Age d'homme, 1974.
–, *Penser l'homme et la folie. A la lumière de l'analyse existentielle et de l'analyse du destin*, Jérôme Millon, 1991.
–, *Regard, parole, espace*, Lausanne, L'Age d'homme, 1973.
Malka, Salomon, *Lire Lévinas*, Éd. du Cerf, 1984.
Malka, Victor, *Le Judaïsme hier-demain* (en coll.) Buchet-Chastel, 1977.
–, et Néher, André, *Le Dur Bonheur d'être juif*, Le Centurion, 1978.
Mallarmé, Stéphane, *Le «Livre» de Mallarmé*, J. Scherer (éd.), Gallimard, 1957.
Mandel, Arnold, *Le Messie est en retard*, Desclée de Brouwer, 1988.
–, *La Voie du hassidisme*, Calmann-Lévy, 1963.
–, *Un apprentissage hassidique*, Mazarine.
Mandelkern, Solomon, *Veteris Testamenti concordantiae hebraicae adque chaldaicae*, Leipzig, 1896.
Marcuse, Herbert, *L'Homme unidimensionnel*, Éd. de Minuit, 1968.
–, *Vers la libération*, Éd. de Minuit, 1969.
Marion, Jean-Luc, *Dieu sans l'être*, Fayard, 1982.
–, *L'Idole et la Distance*, Grasset, 1977.
Merleau-Ponty, Maurice, *Phénoménologie de la perception*, Gallimard, 1945.
–, *Signes*, Gallimard, 1960.
–, *Le Visible et l'Invisible*, Gallimard, 1964.
Meschonnic, Henri, *Les Cinq Rouleaux*, Gallimard, 1970.
–, *Critique du rythme*, Verdier 1983.
–, *Jona et le signifiant errant*, Gallimard, 1981.
–, *Modernité, modernité*, Verdier, 1988.
Mesguich, Daniel, *L'Éternel éphémère*, Éd. du Seuil, 1991.
Meyer, Michel, *De la problématologie*, Mardaga, 1986.
Minkovski, Eugène, *Le Temps vécu*, Monfait, 1988.
Mongin, Olivier, «Face à l'éclipse du récit», in *Esprit*, août-septembre 1986.

Mopsik, Charles, *La Cabale*, J. Grancher, 1988.
–, *Lettre sur la sainteté. Le secret de la relation entre l'homme et la femme dans la Cabale*, étude préliminaire, trad. et annotations, Verdier, 1986.
–, *Le Zohar*, intro., trad. et annotations, Verdier, t. I, 1981, t. II, 1984.
Moses, Stéphane, *Système et Révélation. La philosophie de Franz Rosenzweig*, Éd. du Seuil, 1982.
–, *L'Ange de l'Histoire. Rosenzweig, Benjamin et Scholem*, Éd. du Seuil, 1992.

Naouri, Aldo, *L'Enfant bien portant*, Éd. du Seuil, 1993.
–, *L'Enfant porté*, Éd. du Seuil, 1982.
–, «La bouche de l'enfant», in *Psychosomatique*, n° 15, 1988.
–, *Parier sur l'enfant*, Éd. du Seuil, 1988.
–, *Une place pour le père*, Éd. du Seuil, 1985.
Nasio, Juan-David, *Cinq Leçons sur la théorie de Jacques Lacan*, Rivages, 1992.
Néher, André, *Amos. Contribution à l'étude du prophétisme*, Vrin, 1980.
–, *L'Essence du prophétisme*, PUF, 1951.
–, *Étincelles* (en coll. avec A. Epstein et E. Sebban), Albin Michel, 1970.
–, *L'Exil de la parole. Du silence biblique au silence d'Auschwitz*, Éd. du Seuil, 1980.
–, *L'Existence juive. Solitude et affrontements*, Éd. du Seuil, 1985.
–, *Notes sur Qohélét, l'Ecclésiaste*, Éd. de Minuit, 1951.
–, *Le Puits de l'exil. La théologie dialectique du Maharal de Prague*, Albin Michel, 1966.
–, et Néher, Renée, *Histoire biblique du peuple d'Israël*, Maisonneuve, 1982.
Nietzsche, Friedrich, *Fragments posthumes*, Gallimard, 1977.

Ouaknin, Jacques, *Être juif de génération en génération*, Bibliophane, 1989.
–, *Être juif. Au fil des semaines*, Marseille, 1993.
Ouaknin, Marc-Alain, *Concerto pour quatre consonnes sans voyelles. Au-delà du principe d'identité*, Balland, coll. «Métaφora», 1991.
–, *Le Grand Livre des prénoms bibliques et hébraïques* (en coll. avec D. Rotnemer), Albin Michel, 1993.

—, *Lire aux éclats. Éloge de la caresse*, 3e éd. augmentée, Quai Voltaire, 1992 et Éd. du Seuil, coll. «Points Sagesses», 1994.
—, *Le Livre brûlé. Philosophie du Talmud*, nouvelle éd. revue et corrigée, Éd. du Seuil, coll. «Points Sagesses», 1993.
—, *Méditations érotiques. Essai sur Emmanuel Lévinas*, Balland, 1992.
—, *Tsimtsoum. Introduction à la méditation hébraïque*, Albin Michel, 1992.

Papageorgiou-Legendre, A., *Filiation. Fondements généalogiques de la psychanalyse*, Fayard, 1990.
Patocka, Jan, *La Crise du sens*, Bruxelles, Ousia; t. I, *Comte, Masaryk, Husserl*, 1985, t. II : *Masaryk et l'action*, 1986.
—, *Essais hérétiques sur la philosophie de l'Histoire*, Verdier, 1981.
—, *Le Monde naturel et le mouvement de l'existence humaine*, Dordrecht-Boston-Londres, Kluwer Academic Publishers, coll. «Phaenomenologica», n° 110.
—, *Le Monde naturel comme problème philosophique*, La Haye, Nijhoff, coll. «Phaenomenologica», n° 68, 1976.
—, *Platon et l'Europe*, Verdier, coll. «La nuit surveillée», 1973.
—, *Qu'est-ce que la phénoménologie?*, Millon, 1989.
Péju, Pierre, *L'Archipel des contes*, Aubier, 1989.
—, *La Petite Fille dans la forêt des contes*, Robert Laffont, 1981.
Pélicier, Yves, «Cet étrange malaise qu'on nomme dépression», in *L'Anticipation, clé du temps du déprimé*, Euthérapie, 1991.
Pennac, Daniel, *Comme un roman*, Gallimard, 1992.
Philon d'Alexandrie, *De vita contemplativa*, Pierre Miquel (éd.), Éd. du Cerf, coll. «Les œuvres de Philon d'Alexandrie», 1963.
Picard, Michel, *La Lecture comme jeu*, Éd. de Minuit, 1986.
Pommier, Gérard, *Naissance et renaissance de l'écriture*, PUF, 1993.
Pragier, Georges, et Faure-Pragier, Sylvie, «Un siècle après "L'esquisse" : nouvelles métaphores? Métaphores du nouveau», in *Revue française de psychanalyse*, PUF, t. LIV, n° 6, 1990, p. 1395-1529.
Proust, Marcel, *Sur la lecture*, Actes Sud, 1988.

Quignard, Pascal, *Le Nom sur le bout de la langue*, Pol, 1993.

Reichelberg, Ruth, *«Don Quichotte» ou le roman d'un Juif masqué*, Philippe Nadal, 1989.

Reik Theodor, *Le Rituel. Psychanalyse des rites religieux*, Denoël, 1974.
Renaut, Alain, *L'Ère de l'individu*, Gallimard, 1989.
Rey, Jean-Michel, *La Naissance de la poésie*, Métailié, 1991.
Ricœur Paul, *A l'école de la phénoménologie*, Vrin, 1986.
–, *Le Conflit des interprétations*, Éd. du Seuil, 1969.
–, *De l'interprétation. Essai sur Freud*, Éd. du Seuil, 1965.
–, *Du texte à l'action. Essais d'herméneutique II*, Éd. du Seuil, 1986.
–, «L'identité narrative», in *Esprit*, n° consacré à Paul Ricœur.
–, *Lectures II. La contrée des philosophes*, Éd. du Seuil, 1992.
–, *Les Métamorphoses de la raison herméneutique*, colloque, sous la dir. de J. Greisch et R. Kearney, Éd. du Cerf, 1991.
–, *La Métaphore vive*, Éd. du Seuil, 1975.
–, *Soi-même comme un autre*, Éd. du Seuil, 1990.
–, *Temps et Récit*, Éd. du Seuil, t. I, 1983; t. II, 1984; t, III, 1985.
–, *«Temps et récit» de Paul Ricœur en débat*, colloque, Éd. du Cerf, 1990.
Robert, Marthe, *L'Ancien et le Nouveau*, Payot, 1967.
–, *Roman des origines et origines du roman*, Gallimard, coll. «Tel», 1992.
Rosenzweig, Franz, *L'Étoile de la Rédemption*, Éd. du Seuil, 1982.
Roth, Phillip, *Le Sein*, Gallimard, coll. «Folio», 1984.
Roviello, Anne-Marie, *Sens commun et modernité chez Hannah Arendt*, Bruxelles, Ousia, 1987.

Safran, Alexandre, *La Cabale*, Payot, 1979.
Salomé, Jacques, *Contes à guérir, contes à grandir*, Albin Michel, 1993.
Sami-Ali, *Le Banal*, Gallimard, 1980.
Sartre, Jean-Paul, *L'Être et le Néant*, Gallimard, 1945.
–, *L'existentialisme est un humanisme*, Nagel, 1946.
Saussure (de), Ferdinand, *Cours de linguistique générale*, Payot, 1980.
Sauverzac (de), J.-F., *Françoise Dolto. Itinéraire d'une psychanalyste*, Aubier, 1993.
Schapp, Wilhelm, *L'Homme empêtré dans des histoires*, Éd. du Cerf, 1993.
Scholem, Gershom, *La Cabale et sa symbolique*, Payot, 1975.
–, *Les Grands Courants de la mystique juive*, Payot, 1973.
–, *Le Messianisme juif. Essais sur la spiritualité du judaïsme*, Calmann-Lévy, 1974.
–, *Les Origines de la Cabale*, Aubier-Montaigne, 1966.

Shafer, Roy, *A New language for Psychanalysis*, New Haven, Yale University Press, 1976.
Sibony, Daniel, *L'Autre incastrable*, Éd. du Seuil, 1978.
–, *Écrits sur le racisme*, Christian Bourgois, 1988.
–, *Jouissance du dire. Nouveaux essais sur une transmission d'inconscient*, Grasset 1985.
–, *La Juive. Une transmission d'inconscient*, Grasset, 1983.
–, *Le Nom et le Corps*, Éd. du Seuil, 1974.
–, *Les Trois Monothéismes*, Éd. du Seuil, 1992.
Spinoza, Baruch, *L'Éthique*, R. Misrahi (éd.), PUF, 1990.
Stengers, Isabelle, *La Nouvelle Alliance* (en coll.), Gallimard, 1979.
Sutter, Jean, *L'Anticipation*, PUF, 1983.
Szondi, Léopold, *Diagnostic expérimental des pulsions*, PUF, 1973.

Tasitano, Maria, *L'Œil du silence. Éloge de la lecture*, Verdier, 1989.
Taylor, Mark C., *Errance. Lecture de Jacques Derrida*, Éd. du Cerf, 1985.
Thomassaint, J., *Conte et (ré)éducation. Chronique sociale*, Lyon, 1991.
Tomatis, Alfred Ange, *La Nuit utérine*, Stock, 1987.
Trigano, Shmuel, *Le Récit de la disparue*, Gallimard, 1977.

Vasse, Denis, *Le Temps du désir*, Éd. du Seuil, 1969.
Vattimo, Gianni, *Éthique de l'interprétation*, Éd. de la Découverte, 1991.
Vernant, Jean-Pierre, *Œdipe*, Complexe, 1986.
Viderman, Serge, *Le Céleste et le Sublunaire*, PUF, 1977.
–, *La Construction de l'espace analytique*, Denoël, 1970.
–, *Le Disséminaire*, PUF, 1987.
Villa, François, « *Layla* : La nuit parle aux hommes de leur destin », in *Corps écrit*, n° 31, 1989 (en collaboration).
–, « *Les Mille et Une Nuits.* La parole délivrée par les contes symbolisés », in *Psychanalyse*, n° 33, 1989 (en collaboration).
–, « *Les Mille et Une Nuits.* Un mythe en travail », présence et actualité du récit, in « Mythes et récits d'origine », *Peuples méditerranéens*, n° 56-57, 1991.

Wahl, Jean, *Études kierkegaardiennes*, Vrin, 1974.
Wiesel, Élie, *Célébration biblique*, Éd. du Seuil, 1975.
–, *Célébration hassidique*, Éd. du Seuil, 1972.

–, *Contre la mélancolie*, Éd. du Seuil, 1982.
–, *La Nuit*, Éd. de Minuit, 1958.
Wilgowicz, Pérèle, *Le Vampirisme. De la Dame blanche au Golem*, Lyon, Césure, 1991.
Winnicott, Donald Woods, *Jeu et Réalité*, Gallimard, 1975.
–, *La Consultation thérapeutique et l'enfant*, Gallimard, coll. «Tel», 1979.

Yerushalmi, Yosef Hayim, *Zakhor. Histoire juive et mémoire*, Éd. de la Découverte, 1984.
–, *Le Moïse de Freud. Judaïsme terminable et interminable*, Gallimard, 1993.

Zagdanski, S., *Céline seul*, Gallimard, 1993.
–, *L'Impureté de Dieu*, Éd. du Félin, 1991.
Zarader, Marlène, *La Dette impensée. Heidegger et l'héritage hébraïque*, Éd. du Seuil, 1990.
–, *Heidegger et les paroles de l'origine*, Vrin, 1986.

Index

Remerciements

Ce livre, écrit entre 1991 et 1993, est le fruit de recherches menées dans le cadre du Centre ALEPH (Centre de recherches et d'études juives), qui ont fait l'objet d'enseignements divers — cours et conférences —, et dont certaines idées ont paru sous forme d'articles dans différentes revues.

Le Centre Aleph, c'est un lieu, une équipe et une collaboration :

— Monique Sander, dont la discrétion n'a d'égale que la gentillesse et l'efficacité, qui offre généreusement son temps et son savoir-faire, permettant ainsi au Centre Aleph d'être un lieu vivant et accueillant.

— Michèle et Claude Kaminsky, directeurs du Cours Spinoza, qui, par leur dynamisme et leur chaleureuse amitié, ont réussi à donner au Centre Aleph, qu'ils accueillent dans leurs locaux, un caractère fraternel et familial autour de l'étude.

— Judith Klein dont le talent pédagogique et la passion de la langue hébraïque ont permis l'ouverture et le développement de l'Oulpan du Centre Aleph.

Ces recherches ont aussi été rendues possibles par tous ceux qui, par leur amicale générosité, ont permis le bon fonctionnement du Centre Aleph, tout particulièrement Mimi et Max Benhamou, Claudie et Raymond Danziger, Bernard Touret.

Que tous trouvent ici l'expression de ma profonde et chaleureuse amitié ainsi que de ma reconnaissance.

Je voudrais aussi témoigner ma reconnaissance et mon amitié à tous ceux qui ont accueilli ces réflexions en train de se faire et qui, par leur écoute et leur dialogue, ont ouvert les chemins d'un sens vivant et d'une étude féconde.

Je voudrais ainsi remercier tous les compagnons d'étude du « séminaire du mardi soir » qui, semaine après semaine, ont construit avec moi ces voies passionnantes de la bibliothérapie.

Ces réflexions sur la bibliothérapie ont fait l'objet de nombreuses conférences et séminaires réguliers. Il m'est agréable de remercier tous ceux qui, au cours de ces dernières années, m'ont accueilli très chaleureusement chez eux ou dans leurs différentes institutions pour prendre la parole et dialoguer autour de ces questions, leur donnant une dimension toujours plus riche et plus complexe :

— Liliane et Paul Atlan, Danièle et Maurice Biderman, Thérèse et Michel Edel, Arlette et Jacques Garih, Mary et Lazare Kaplan, Lisa et Robi Lifchitz, Noëlle et Georges Meyer, Roland Meyer, Nicole et Sydney Ohana, Sylvie et Georges Pragier, Simone et David Süsskind, Pérèle Wilgowicz, Chantal et Léo Zauberman.

Parallèlement à ces séminaires réguliers ont été données des conférences de synthèse. Je voudrais ainsi remercier particulièrement :

— Jean-Claude Sempé et François Villa qui m'ont invité à développer une introduction à la bibliothérapie dans le cadre du Collège de psychanalyse.

— Isabelle Stengers et Odette Chertok qui m'ont accueilli dans le cadre des Séminaires transdisciplinaires fondés par Léon Chertok, pour présenter quelques fondements de la bibliothérapie.

— François Racheline qui m'a accueilli dans le cadre du cycle Montaigne consacré à l'éthique, où ont été débattues les questions de la différence entre l'éthique et la morale et des voies pouvant conduire à une éthique post-moderne.

— Ingrid Lohmann et Küno Füssel de l'université de Hambourg qui « ont mis en scène » l'idée de traduction-guérison, en m'invitant à prononcer une conférence en français, admirablement traduite simultanément en allemand par Küno Füssel sur le thème de « dialogue, traduction et thérapie », dans le cadre du colloque « Dialog zwischen den Kulturen » organisé par Ingrid Lohmann et l'« Institut für allgemeine Erziehungswissenschaft ». Une partie de cette conférence est parue dans la revue de psychanalyse *Césure* n° 5, numéro dirigé par Hugues Zysman et Charles Nawawi.

— Suzette et Guy Huzan, Stéphane Gatti qui m'ont invité à partager les joies de la rencontre sur le travail et l'œuvre d'Armand Gatti et toute son équipe, en prononçant une conférence d'hommage et de dialogue autour du livre de Gatti, *Le chant d'amour des alphabets d'Auschwitz*, moment inoubliable de chaleureuse fraternité.

Un livre, c'est un dialogue avec d'autres livres, d'autres auteurs, Maîtres et Compagnons d'étude : ils sont tous présents dans la bibliographie.

Ce travail doit beaucoup à l'enseignement de mon père le Grand Rabbin Jacques Ouaknin et aux conseils dynamiques de ma mère Éliane-Sophie.

Je tiens encore à remercier tout particulièrement le docteur Paul Atlan pour ses indications, explications et commentaires concernant les problèmes de stérilité et leur approche psychosomatique, ainsi que le docteur Katia Illel qui m'a fait découvrir certaines recherches et auteurs dans le domaine de la psychiatrie et en particulier sur les problèmes de l'« anticipation ».

Je dois beaucoup aux nombreuses discussions que j'ai eues avec le docteur Aldo Naouri qui par sa riche et originale expérience de la pédiatrie m'a permis de découvrir et mieux comprendre l'art de « l'enfant bien portant ». Qu'il trouve ici l'expression de ma gratitude et de ma chaleureuse amitié.

Les précieux dialogues que j'ai eus avec mon ami Claude Bochurberg (ostéopathe) concernant la philosophie du corps m'ont été d'une grande utilité pour approfondir les nombreuses implications de la philosophie de la caresse. Qu'il voie ici la marque de mes chaleureux remerciements et de ma profonde amitié.

Pendant de nombreuses années m'ont accompagné le savoir questionnant et la vigilance critique de Roland Meyer (psychanalyste); qu'il trouve ici l'expression de ma reconnaissance et de ma profonde amitié.

Un livre, c'est aussi et d'abord une équipe qui partage la passion du livre. Merci à mon éditeur Jean-Louis Schlegel, et sa collaboratrice Isabelle Wagner, dont l'accueil toujours patient et souriant et dont l'écoute attentive ont permis de donner à ce texte le meilleur de sa forme et de son contenu.

Le temps de l'écriture d'un livre ne suit pas la logique des calendriers. Parfois la nuit se fait jour, le jour se fait nuit, les vacances s'oublient et la disponibilité pour ceux qui nous entourent devient parfois défaillante. Merci à Dory, infatigable première auditrice et lectrice dont les conseils toujours pertinents ne cessent d'éclairer la route difficile mais passionnante de l'écriture. Merci aussi à Gaddiël-Yonathan, Sivane-Mikhal, Shamgar-Maor et Nin-Gal qui, par leur présence et leurs encouragements dynamiques, ont fait en sorte que ce livre voit le jour... et la nuit !

Table

SECOND LIVRE

Le complexe d'Abel

COMPOSITION : CHARENTE-PHOTOGRAVURE À L'ISLE-D'ESPAGNAC
IMPRESSION : NORMANDIE ROTO IMPRESSION S.A. À LONRAI
DÉPÔT LÉGAL : MARS 1994. N° 20109 (I4-0260)